グローバル化する互酬性

拡大するサモア世界と首長制

山本真鳥

弘文堂

アンティークのファイン・マット。1900〜1922年取得、ニュージーランド国立テパパ博物館提供

細部拡大

名士の葬式の最後に妻のアイガに贈られた上質ファイン・マット（政府公認のイエ・サエとしてはやや編み目が大きく、サイズも大きい。光沢やしなやかさについては納得の1枚）、2011年

政府役人同伴の専門家のチェックを受けるファレ・ララガ、2011年

まえがき

　サモアを初めて訪れたのは1978年6月のことである。最初は首長制というものに興味を持ち、その研究を行うはずであったが、やがて彼らが全人生をかけて行う儀礼交換、彼らの生活がそれを中心に回っているといって過言ではない儀礼交換に興味が移っていった。とはいってもそれは首長の権力とも密接に結びついていた。首長の権力を、儀礼交換を通して考察するようになった、というのが正しいかもしれない。そして現代の儀礼交換は移民という形での人口移動とも深く関わっていることから、サモア人の移民先にも足を運び、移民と本国人との関係を深く考察することとなった。第二次大戦後しばらくの間の出稼ぎから定住移民コミュニティが十分に成立するようになると、移民先でも儀礼交換は行われるようになった。移民の送金の多くは儀礼交換を軸として行われ、儀礼交換のためのファイン・マットは、飛行機での本国から海外への移動につきものとなり、ファイン・マットを詰めた大きな黒色のビニール袋は空港でも目立つ荷物となった。

　儀礼交換については、すでに山本泰との共著が存在しているが、前書がその基本構造から、サモア社会の基本原理を描こうとしているのに対し、本書は40年近いタイムスパンで移民のトランスナショナルな活動によって拡大しCきたサモア世界において、ダイナミックに変わってきたものと、それと同様に変わらないものとを描こうとしている。ほぼ40年の間に、サモアやサモア人に関わるいろいろな研究（政治システム、口頭伝承、観光開発、選挙、人種、アート）に首をつっこむ結果となったが、この本はその中でも儀礼交換や互酬性、首長制といった議論に集中して論じるものである。

　一旦終了していたはずの儀礼交換の研究に私を引き戻したのは、世紀の変

わり目頃から盛んになった、ファイン・マット復興運動であった。女性の名誉ある仕事として、また現金獲得手段として、粗悪化していたファイン・マットの品質を高めるこの運動は実に興味深く、ちょうど科研費も取得し、またサバティカルもとれたので、2011年にはたっぷり2ヶ月の現地調査を行うことができた。

　本書はもともと、総合研究大学院大学（国立民族学博物館）文化科学研究科に提出した博士論文（文学）をもとに出版を目指して加筆訂正したものである。2017年3月には博士号（論文博士）をいただいている。それに至る、長い研究史の中で書き貯めてきた単発の論文が数多くあるが、それらをもとに削除、加筆、訂正し、まとまりもありつじつまもあうように書き直したのが提出した博士論文である。現代的には、大学教員になるイニシエーションとして書かれる博士論文であるが、私の世代では論文より先に教員となることが多かった。しかし、就職後これまで長く博士論文の執筆を放置してしまったのは、偏に私自身の責任である。もっと早く仕上がらなかったのは残念なことであるが、書かないでしまったよりはましだろうか。

　これまでの研究生活でお世話になった研究助成機関、研究機関、政府、団体の方々、また個人的にサポートをいただいた方々は数知れない。

　まず、助成をいただいたのは、アメリカ合衆国ハワイ州東西センター（1978.1-1980.4）で、サモアでのフィールドワークとハワイでの勉学の両方を含んだ奨学金であった。そして、放送文化基金（1981.4-1982.3）「伝統社会の放送——西サモアのラジオに関するケーススタディ」（代表：山本泰）、トヨタ財団（1989.4-1990.3）「現代移民と文化葛藤——ハワイにおけるサモア移民の生活史研究」（代表：山本真鳥）などで追加のフィールドワークが可能となった。国際文化会館新渡戸フェローシップ（1990.8-1992.8）はカリフォルニア大学バークレー校での研究と共にサンフランシスコ湾岸地域でのサモア移民研究を可能にしてくれた。さらに数々の科研費研究が行われた。科学研究費国際学術研究　課題番号04041117（1992.4-1995.3）「オセアニア島嶼国家における海外移住・出稼ぎに関する民族学的研究」（代表：須藤健一）、科学研究費国際学術研究　課題番号08041003（1996.4-1999.3）「アメリカ大都市圏に

おけるアジア・太平洋系移民集団の民族間関係に関する比較研究」（代表：小野澤正喜）、科学研究費国際学術研究 課題番号 08041016（1996.4-1999.3）「オセアニアにおける植民地統治と島嶼民の歴史経験に関する人類学的研究」（代表：須藤健一）、科学研究費基盤研究 B 課題番号 11691035（1999.4-2001.3）「太平洋島嶼国における芸術とアイデンティティ——太平洋芸術祭を焦点として」（代表：山本真鳥）、科学研究費基盤研究 A　課題番号 16251008（2004.4-2008.3）「オセアニア島嶼国におけるグローカリゼーションと国民文化に関する人類学的研究」（代表：須藤健一）、科学研究費基盤研究 C　課題番号 20520716（2008.4-2011.3）「移民と本国社会——グローバル・サモア人世界のアイデンティティと互酬性」（代表：山本真鳥）、科学研究費基盤研究 C　課題番号 23520999（2011.4-2014.3）「グローバル化する互酬性——サモア儀礼交換の新たな展開」（代表：山本真鳥）などである。

　さらに、本書の出版に関して、日本学術振興会科学研究費補助金・研究成果公開促進費（学術図書）の平成 30 年度助成（課題番号 18HP5123）をいただいた。記して感謝したい。

　また 1990.8-1992.8、2003.4-2004.3、2011.4-2012.3 には勤務先法政大学のご厚意により、サバティカル・リーブをいただいている。とりわけ最後の期間は、多大な助成金もいただいた。その間滞在先としては、カリフォルニア大学バークレー校人類学部、ハワイ大学マノア校人類学部、東西センター、サモア国立大学サモア学研究センター、オークランド工科大学大学院パシフィック・スタディーズ研究科等が便宜を計らってくれた。それらの研究機関にて、同僚たちはさまざまな手助けをしてくれた。とりわけ、バークレーでは、ネルソン・グレーバーン先生に、ハワイではジェフ・ホワイト先生、ジョナサン・オカムラ先生、ナンシー・ルイス先生に、サモアではラフィタイ・フォノアイー先生、マラマ・メレイセアー先生、ペネロペ・シェッフェル先生に、オークランドではペギー・フェアバーン先生、アルバート・レフィティ先生に、公私ともにお世話になっているが、他にここではお名前をあげることができないほど多くの同僚に恵まれた。

　また、サモア政府のいくつものオフィスでも大変親切にしていただいた。とりわけ 2011 年の調査では、女性・共同体・社会開発省女性局から多大な

ご協力を得ることができ、ファイン・マット増産のための視察にも同行させていただいている。また、統計局や教育省、サモア博物館、ネルソン記念図書館、サモア国会図書館、国立サモア大学図書館等にもお世話になっている。観光局も例外ではない。さらに、サモアでは、非政府組織 WiBDI（Women in Business Development Inc.）にも多くの協力を得ることができた。

　サモアの友人たちにも多大なご協力を得ることができた。プライバシーに触れる恐れがあるため、いちいち名前をあげることはしないが、日々やさしく接して、サモアに関する多くのことを教え、私を励ましてくれた彼らには、何度お礼をいっても感謝を十分伝えることはできない。彼らがいたからこそ私の調査は可能であったし、実に多くのことを彼らの言動から学んだ。

　学部時代から大学院を通してご指導いただいた増田義郎先生は、2016 年秋に鬼籍に入られた。私の怠慢ゆえにこの出版をお見せできなかったのが大変申し訳ないことである。また、中根千枝先生、故吉田禎吾先生、故大林太良先生にも暖かいご指導をいただいている。早くから海外調査に同行をお許しくださった畑中幸子先生にも大変お世話になった。サモアで調査をすることになると、サモアの友人をご紹介くださり、そのおかげでサモア調査の足がかりができたのである。東京大学文化人類学研究室の諸先輩方、同僚の皆様にもセミナー等で大変有益なご指導・ご意見をいただいている。また、日本文化人類学会（旧日本民族学会）や日本オセアニア学会等で所属が異なる方々ともおおいに意見を交わし、互いに研鑽してきた。

　出身大学は卒業以来、またとりわけお世話になった先生方が定年退職されるに従って次第に疎遠になり、一方で、大学共同利用機関法人人間文化研究機構国立民族学博物館の共同研究プロジェクトに参加することは私にとって貴重な研究の場となっていった。諸々のプロジェクトやそこを通じての同僚との交流は私に多くの恵みをあたえてくれた。またそれらを基軸とした、須藤健一氏の科学研究費プロジェクトに参加したことが、おおいに実りある研究成果を生んでいった。包容力ある氏の主宰する研究プロジェクトに参加できたのは、大変幸運なことであった。この出版はもともと総合研究大学院大学（国立民族学博物館）に提出した博士論文をもとにしているが、論文博士号請求の論文を出身大学ではなく民博に提出したのは、そのような経緯から

である。審査を行ってくださった先生方のご指導も大変ありがたいものであった。

　またフィールドワークという困難を分かち合い、共に研究を続け、また家庭にあってささえてくれた家人にも感謝したい。共著論文のうちの私の執筆部分の一部をサマリーという形で用いているが、これについても快く許可してくれた。

　これら、助成機関、研究機関、研究の同僚たち、サモアの友人たちに敬意を払うと共に、多いに感謝している。皆さんの協力がなければ、私の研究は不可能だった。記して幾重にも感謝を伝えたい。

　最後になるが、本書の出版元弘文堂の三徳洋一氏にも大変お世話になっている。先の共著出版に際してのご縁で、再び本書を出版するに際しても、出版の手続きから始めて深くお世話いただくこととなった。

2018 年 9 月

山本真鳥

目 次

まえがき

第1章 序論
──ファイン・マットをめぐる言説と経済 ……………………………… 1
1. モースと贈り物交換 ……………………………………… 4
2. 譲渡できない所有物 ……………………………………… 8
3. サーリンズと互酬性の類型 ……………………………… 11
4. 互酬性と再分配 …………………………………………… 13
5. ファイン・マットに関する先行研究 …………………… 18
6. 本書の構成 ………………………………………………… 26

第2章 サモア社会の概観となりたち
──地縁組織と称号システム ……………………………………… 31
1. 序 …………………………………………………………… 31
2. サモアの概観 ……………………………………………… 32
3. サモアの称号システム …………………………………… 35
4. ファレアタのファアルペガ ……………………………… 38
5. 地縁合議体（フォノ）…………………………………… 47
    1）会議場
    2）席次
    3）地縁合議体（フォノ）の式の進行
    4）地縁合議体（フォノ）召集権と連絡網
6. アリイたち ………………………………………………… 60
    1）ツアマサガの組織

2）ファレアタのアリイたち

7. アリイ／ツラファレ関係 ……………………………………… 69

8. ツラファレたち ………………………………………………… 73

9. 結 ……………………………………………………………… 79

第3章　交換システムの基本構造
——ファイン・マットと親族間の儀礼交換 ……………………… 83

1. 序 ……………………………………………………………… 83

2. 交換財 ………………………………………………………… 84

3. 結婚式の儀礼交換 …………………………………………… 85

　　1）結婚式

　　2）結婚式の主交換（第二段階）

　　3）花嫁方の財の集積（第一段階）と分配（第三段階）

　　4）結婚式の財のフロー

4. その他の儀礼交換 …………………………………………… 101

　　1）初子の誕生祝い、結婚の追認式

　　2）称号就任式

　　3）称号保持者とその妻の葬式

　　4）落成式と教会落成式

5. 儀礼交換の基本構造 ………………………………………… 114

6. 互酬性と再分配 ……………………………………………… 116

7. 結 ……………………………………………………………… 122

第4章　交換財の変容
——市場経済への対応と新しい財の取り込み方 ………………… 123

1. 序 ……………………………………………………………… 123

2. 交換財の伝統的カテゴリーとその用いられ方 ………… 126

3. トガ財とその変容 ………………………………………… 128

4. オロア財とその変容 ……………………………………… 137

5. スア ………………………………………………………… 141

6. カテゴリー化の基準と曖昧なもの ……………………… 146

7. 結 …………………………………………………………… 150

第5章 移民と本国社会（ホームランド）
―サモア移民のトランスナショナリズム ………………… 151

1. 序 …………………………………………………………… 151

2. サモア移民の移住の歴史 ………………………………… 152

3. サモア移民の暮らしとコミュニティ …………………… 160

4. サモア移民の送金と儀礼交換 …………………………… 166

  1）送金

  2）移民コミュニティの儀礼交換

  3）ファイン・マットと現金

  4）マラガ

5. ファイン・マットとサモア人アイデンティティ ……… 182

6. 結 …………………………………………………………… 186

第6章 儀礼交換と称号システム
―西サモアにおける首長称号名保持者間の役割分化 ……… 191

1. 序 …………………………………………………………… 191

2. 理念的なサモア首長システム …………………………… 193

3. 西サモア（サモア独立国）の都市化 …………………… 202

4. 称号分割と不在マタイの増加 …………………………… 205

1）A村のN称号名
　　2）B村のQ称号名
　　3）C村のサーR（称号名Rを頭とするアイガ）
　5. 不在マタイ増加のメカニズム ……………………………………… 219
　6. 結 ………………………………………………………………………… 224

第7章　ファイン・マットの行方
──ファイン・マット復興運動と儀礼交換 ……………………… 229
　1. 序 …………………………………………………………………………… 229
　2. NGO ウィメン・イン・ビジネスの活動 …………………………… 230
　3. 政府の文化経済政策 …………………………………………………… 233
　4. イエ・サエの経済学 …………………………………………………… 239
　5. 大ファイン・マットの経済学 ………………………………………… 244
　6. 結 …………………………………………………………………………… 252

第8章　結論 ……………………………………………………………… 255

初出一覧 …………………………………………………………………………… 263
文献 ………………………………………………………………………………… 265
現地語グロッサリー ……………………………………………………………… 275
索引 ………………………………………………………………………………… 279

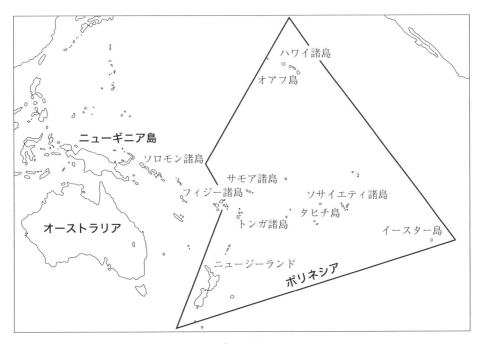

ポリネシア

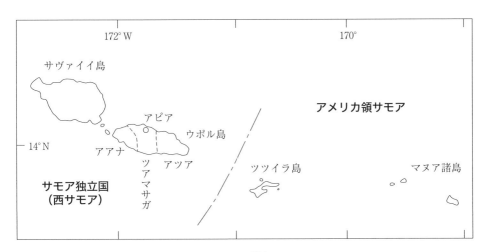

サモア諸島

第1章

序　論
——ファイン・マットをめぐる言説と経済

　サモア人がファイン・マットに寄せる思いには特別のものがある。ファイ
ン・マットとは、サモア語でイエ・トガ（*'ie tōga* 細編みゴザ）と過去から呼
び倣わされてきた、パンダナスで斜め平織りに手で編んだ編み物である。パ
ンダナスにもいろいろな種類があるが、ファイン・マットの本来の材料はサ
モア語でラウ・イエ（*lau 'ie*）という種類のもので、葉を用いて作る。この
葉を太陽にあてたり海水にさらしたりという複雑な工程を経て、細かく裂き
葉肉を取り除いたうすい皮膜を用いて手で編んで作るのがファイン・マット
である。大きさは最小のもので、おおよそ2メートル×1.2メートルの長方
形をしている。長辺の一方が編み放してあり、その少し上に鳥の羽の飾りが
ついている（口絵参照）。編むのは古くより女性の仕事とされ、製作には数
ヶ月から1年以上もかかるのを常としていた。近年、ラウ・イエより堅く寝
具マットの材料であるラウ・ファラ（*lau fala*）という種類のパンダナスの葉
を葉肉を除去せずに用いた、編み目も大きめに製作されるファイン・マット
が横行するようになり、そうなると滅多に見られない本物のファイン・マッ
トはますます珍重されるようになった。
　儀礼交換（*fa'alavelave* ファアラベラベ）の財のやりとりの場で、そのよう
な貴重品のファイン・マットが登場すると、人々は息を呑みため息をもらす
のだった。やりとりするときには、贈与する側と贈与される側が10メート

1　アンティークのものを見ると正方形に近いものもある。

ルを越える距離を置いて対座し、贈与する側からファイン・マットを広げて2名の女性がそれぞれの上端を持ち、その場にいる人々の誰の目にも見えるようにしながら、相手方に歩み寄って行って渡す。「サーオー・ファアラーレレイ！(*Sāō fa'alālelei!*)」というファイン・マットの褒め言葉を叫ぶ声が聞こえる。その間1分もあるかないかであるが、披露されるファイン・マットの編み放しの房が風にさざめき、裾が優雅に揺れる。艶のある表面の輝くさまと風に揺れるさまを見れば、貴重品のファイン・マットであるということは一目瞭然なのである。贈る側も贈られる側も胸が熱くなる。しかし、それは一瞬のできごとなのだ。受け取られるや、すぐさまファイン・マットはたたまれてしまうのであるから。

　人々のファイン・マットに対する思いは実は複雑である。ファイン・マットを儀礼の度に用意しなくてはならない世帯の責任者にとって、ときどきやってくる儀礼交換の機会は悩ましい。筆者の一連のサモア滞在の最初、1978年から79年に世話になったファミリーの老人は、巡り来る儀礼交換の度にやりくりが大変で、パオパオ（*paopao* 小型カヌー）との交換で入手したり、現在の妻には内緒にしつつ別れた元妻に何とか分けてもらったり、そこらを駆けずり回って調達するのを常としていた。「儀礼交換さえなければ」と老人はため息をつく。当時彼が集めていたのは、大量生産されるようになった粗悪品のファイン・マットであり、必ずしも人々が注目するようなしろものではなかったが、それでもともかく儀礼までに数合わせをすることが必要だった。しかし駆けずり回った後、一族が集まる現場に、人より多くのファイン・マットや現金、食物などを持ち寄って、彼は実に満足そうにしていた。それを一族と共に儀礼交換の場に持参して交換の儀礼を行うと「どうだ、見たか。われわれの持ってきたファイン・マットは他をしのいで圧倒していたな」と自慢げに話すのだった。

　ここ10年以上世話になっている別のファミリーは、収入からいえばずっと裕福な暮らしをしている都市住民であり、いざとなったら現金を用意して知り合いの生産者の女性から粗悪品ではないファイン・マットを購入する、

2　男性でもかまわないが、女性であることが多い。

ということをしている。結構インテリでもあり、海外生活の経験もあり、サモア人の日々のさまざまな営みについて、批判する目も持っている。父親が牧師をしていたために比較的見事なファイン・マットに恵まれていた幼少時代に、母親が大事にしていたマットの手入れはこうしていたといった話をしてくれた後に、「いろいろ批判もあるし、こんなものない方がどれだけ楽かと思うこともあるけれど、でも儀礼交換に行って、いいファイン・マットがないとがっかりする。立派なファイン・マットを見ないといい気分になれないんだ」と語った。

　筆者が本書で試みようとしているのは、サモア世界——本国と移民社会を合わせてのグローバル化するサモア社会文化圏——でのファイン・マットを巡る交換システムと社会や権力との関わりを描く民族誌である。西サモアで最初に調査を始めたのは 1978 年 6 月のことであった。最初の調査は翌年 9 月に終了しているが、それから断続的に 2 週間から 3 ヶ月程度の短期調査を 1 年〜5 年の間隔を置いて行ってきた。また、興味が移民社会にも広がった結果、合衆国カリフォルニア州サンフランシスコ湾岸地域、ハワイ州ホノルル、ニュージーランド・オークランドなどでも調査を継続してきた。カリフォルニア大学バークレー校に在外研究で 1990 年より 2 年間滞在した折には、湾岸地域のサモア人コミュニティの教会を訪問する機会も得た。最初の興味はポリネシア的政治権力の一形態であるサモアの首長制にあったが、首長制やローカルな権力の源泉を伝承や言説に探るといったことよりも、日々生じている儀礼交換の営みとそれを通した相互行為として首長制を見ていくことに興味を引かれるようになった。とりわけ、当時は既に海外での出稼ぎが始まり定住するようになり、移民コミュニティが安定し、海外移民の本国への影響力が拡大しつつある時期であった。筆者は既に 40 年に亘り断続的にサモア世界の儀礼交換の現場を見てきているが、その間に生じた儀礼交換のさまざまな変化、そしてそれらの変化を乗り越えて変わらなかった側面をここで描こうと思う。筆者が最初に観察した事例においても、過去の文献に見られる通りの儀礼交換とは異なっていた。当時既にファイン・マットの粗悪化は始まっていたが、これはその後も進行した。粗悪化とともに海外サモア人コミュニティでの大量のファイン・マットの存在が示唆されるような儀礼交

換を目の当たりにした。またファイン・マットが海外へと運ばれていくと共に、首長称号名も海外移民に多く渡されていった。そしてそれらと反対方向に海外移民の稼いだ現金は本国へと流れていったのである。

　潮目が変わってきたのは、1990年代も後半になってからである。まずはNGOの活動として始まったファイン・マット復興運動に加えて、サモア独立国（西サモア）政府が、本来の目の詰んだファイン・マットの生産を文化政策の一環ととらえ、さらに女性の現金収入確保の策も兼ねて、生産を後押しする政策を始めたのは、今世紀に入ってからのことである。また、首相が演説の中で、粗悪品のファイン・マットの使用停止を呼びかけたことが、儀礼交換のやり方に大きな変化をもたらした。少なくともサモア独立国内での交換においては、ほとんど粗悪品のファイン・マットは出番を失った。移民コミュニティでも西サモア系の人々はこの新たな「慣習」を守る傾向が強い。筆者の調査は2011年[3]が最後であるが、この後もまだ変化の最終出口はわかっていない。一方で、サモア政府は、ファイン・マットを無形文化遺産[4]として認可を得るべく、2018年にユネスコに申請した。ただし、それらの結果をすべて待つよりも、現在まで得られたデータで本書を執筆すべきであると判断した。むしろこれまで長く時間をかけすぎたと感じている。

1. モースと贈り物交換

　このファイン・マットは、19世紀にサモア人の行動を深く観察するようになった欧米人が「貨幣」であるとしばしば述べていた。この流れで、ファイン・マットは経済人類学用語を用いて特定目的貨幣（special-purpose money）などと呼ばれることもある。また交換財（exchange valuables）、儀礼財（ritual valuables）、貴重財（valuables）などとも呼ばれている。この社会には、女性の生産物であるトガ（tōga ファイン・マットを始めとするマット類、ココナツ

3　2014年にも短期の調査を行っているが、儀礼交換を実際に観察することはかなわなかった。2017年の別件調査の折に若干データの追加を行っている。
4　特定の物品に関するものではなく、ファイン・マットの製作・技術・慣習に関する文化遺産認定となるため、無形文化遺産となっている。

4　第1章　序　論

オイルなど）と男性の生産物であるオロア（'oloa 食物や武器、道具など）という財のカテゴリー[5]があるということは、19 世紀の宣教師の報告［Turner 1986 (1861), 1984 (1884); Stair 1983(1897)］にも、19 世紀末にサモアで調査を行ったクレーマーの報告書［Krämer 1994 (1902, 1903)］にも見ることができる。これらの詳細については、先に述べることとする。また、モースの名著『贈与論』［2014 (1923-24)］にも、ファイン・マットは登場する。一貫してアームチェア人類学者だったモースは、主としてターナーの資料を用いて議論を展開している。

　サモアの民族誌でモースがこだわっているのは、以下の部分である。子どもが父親の姉妹のところに養子に行くことが多いが、そうすると、この子はトガと呼ばれる。実際、この子が養子に行ったことでトガ財が常に実家から養取先のオバ夫婦のところに入ってくることになり、その逆にオロア財が実家に入っていることにモースは注目している［モース 2014: 83-84］。ただし、筆者は以下のように考える。父親の姉は父親にとってのフェアガイガ[6]（feagaiga 聖なる姉妹）であるから、養取の事実がなくても、父親は諸々の機会にその姉妹と夫にファイン・マットを贈り続けるはずである。ただし、この子はかすがいとして、そのような関係強化の布石となるのであろう。

　モースの見解で興味深いと思われるのは、トガ財を不動産に相当するもの——この文脈では親族集団についていて移動しないもの——に対してオロア財を動産と考えている点で、既に欧米との交流が始まっている時点で、トガ財＝伝統的なもの、オロア財＝外来のもの、といったカテゴリー化がなされているという指摘[7]である。この議論は、同じ第 1 章の後半でニュージーラ

5　両方ともに、読者にわかり易いように、本書ではトガ財、オロア財、と記述する。

6　太平洋諸島においては、兄弟姉妹関係で、兄弟が姉妹に敬意をはらわなくてはならないとされている。兄弟は姉妹に対して「敬して遠ざかる」忌避関係に入ると同時に、姉妹に惜しみなく与える義務がある。隣国のトンガ、フィジーでは、それぞれに *fahu, vasu* という制度があり、親族一同にも及ぶ兄弟姉妹関係を軸とした上下関係として、規制はサモアより厳しい。これと関連してハイパーガミーが一般的である。それに対して、インドネシア、フィリピン等では、兄弟姉妹関係では、姉妹の方が下に位置する関係となり、ハイポガミーが一般的である［馬渕 1980］。

7　ただし、オロア財に外来のもの（トンガ、フィジーなどから伝来のもの）が含まれて

ンド・マオリ人のタオンガ（*taonga*）に注目している点でも重要である。タオンガは、人・土地・クランに霊的に強く結びつけられた「もの」であり、これが他人に贈与されると、タオンガに潜むハウ（*hau*）という霊的力が作用して、返礼を促すのである。何も約束などしないのに、ものに潜む霊力によって人は返礼をする、とマオリ人は説明する。このタオンガにしてもトガ財にしても、「もの」が「もの」以上の存在となり得て、それが互酬的贈与交換につながるという議論が導かれているのである。すなわち、贈与にまつわる3つの義務、1）贈与する義務、2）贈与を受ける義務、3）贈与に返礼する義務、のうち3）の義務の由来が霊力ということばで説明されている。贈与された品に憑いている霊力が、贈与された人に返礼を働きかけ、返礼が行われるとしているのである。もしモースが近代人として、ものに霊力がありそのせいで返礼が行われるのだと真面目に信じたとしたら、「神秘主義者」ということになるのだろうが、われわれはこれが一種の喩的表現であると考えるべきなのだろう。[8]

　一方、贈与というものに関してモースのいう3つの義務はまさに互酬性の本質であると筆者には思われる。互酬性が互酬性たるゆえんは、贈与が返礼を引き出すという理由によるものである。互酬性の贈与と返礼を別の事象として捉え、切り離して考える研究者もいる。例えば、『贈与論　他二篇』の翻訳者である森山工は、その解説の中で、贈与と交換という異なるものが贈与交換という語に合体しているのはおかしいと指摘する。贈与と返礼とは切り離して考えるべきで、贈与交換というのは矛盾する概念であるとしている［森山 2014: 476-479］。そこには、返礼なしの贈与や、返礼の期待なしの贈与の重ね合いといった形があることへのこだわりがある。しかしこれは、「交換」という語をどう定義するかで異なってくると筆者は考える。経済人類学の父であるポランニーは、交換という語を市場社会での売買に相当するものにだけ当てはめて用いている。これが最も狭い交換の定義となろう。一方でレヴィ＝ストロースは、親族の基本構造を論じる中で、交換を、かなり時間

　　いるのは、欧米との接触以前からである。

8　実際にモースはハウの議論を『贈与論』の結論部分にまでは引っ張っておらず、議論は論考全体の中では立ち消えている。

をおいて行われる財、また財ばかりではなく人（女性）のやりとりについても、さらに一方的に「もの」が廻り巡る一般交換のようなものも含めた語として用いている［レヴィ゠ストロース 1977, 1978; Pouillon et Maranda 1970］。実際には一方的に贈られて返礼が期待できない場合もそのうちには含まれているのである。人類学者にとって、ほとんど「財のやりとり」全体を「交換」と定義するこのレヴィ゠ストロースの概念の方が、人類学が研究対象とする世界のものの動きを研究するには実り多い、というのが筆者の考えである。

　返礼は社会常識として義務と考えられている場合もあるが、あくまでも、返礼をすると期待されている主体は贈与を受けた側であり、義務であるかどうかは、その主体が義務であると感じるかどうかである[9]。すなわち返礼を強制する力は、最初の贈与の受け手である主体の外部にはない。そのように考えると、贈与と返礼は切り離した方がいい、という議論に導かれてしまう。しかしその一方で、贈与を受けた側が何かお返しをしなくてはならない、と感じるのは人間社会の普遍原理であるとまではいえないものの、ほとんどの社会で人類学者が経験してきた事実である。返礼主体が期待に添った返礼をしないのは、返礼主体の自由であるが、それを社会が受け止める受け止め方がある。贈与をなす人や集団は、やがて返礼が来たときに、私はこういうことを期待していたわけではない、と述べたりする。返礼はあくまでも最初の贈与を受け取る人や集団の自由意志で贈られたものである。しかしそこに「自由意志で」といいながら、慣習上の「常識」からして返礼を強制する何かが存在している。その返礼を引き出す圧力が、3) 返礼をする義務、であるが、これを行うかどうかは、全く最初の贈与の受け手側の判断であるにも拘わらず、そこに何らかの見えない力が働いている。そしてこの贈与と返礼のリンクはもちろんさまざまな事情で途切れることもあるのだが、多くの場合ずっと連なっていくのであるし、そのリンクこそが交換であり、これが贈与交換であり、互酬性の意味である。すなわち、贈与が一度きりの贈与に終わらず返礼を引き出して、財の活発な移動の連鎖が生じるところに贈与交換

9　『儀礼としての経済』［山本・山本 1996: 194-204］には、これを義務と感じなかった相手方によって、大変過小の返礼しか返ってこず、期待外れの交換になってしまう儀礼交換のケースがある。

のおもしろさがある。

モースは、受け手に返礼を促す要因について、以下のように論じている。

　　贈り物を受け取ったにもかかわらずお返しをしないでいれば、その人が
　　劣位に置かれるということは昔とかわりない。とくに、あげる側がはな
　　からお返しなど期待しておらず、受け取る側がもらいっぱなしで終わる
　　ような場合には、エマソン（Emerson）の興味深いエッセイ、「贈り物と
　　プレゼントについて（On Gifts and Presents）」のことをここで想起しても、
　　ゲルマン的倫理の領域から離れることにはならない［モース 2014: 394］。

ここには訳注がついていて、エマソンは「贈り物のやりとりにおいて受益
者が与え手に対していだく憎しみ、相手の寛大さによって受益者が課される
ことになる負債について」論じているとのことである。贈与する側は贈与に
よって名誉を得るが、贈与の受け手は贈与を受けることで、劣位に立たされ
る。その劣位を回復する道は返礼をすることなのである。

2. 譲渡できない所有物

さて、モースが、贈与の品に霊魂が憑いていると述べている点については、
多くの議論がわき起こっている[10]が、その中で近年多く取り上げられたのは、
アネット・ワイナーの「譲渡できない所有物」（inalienable possessions）という
概念［Weiner 1992］で、これはモースの議論の延長上にあるのだろう。同名
の書籍は広く取り上げられる存在となった。

10　例えば、『贈与論』が収められたたモース著作集の第一巻『社会学と文化人類学Ⅰ』
　　［モース 1973（1950）］にはレヴィ゠ストロースによる序文が収められている。ハウ
　　という現地語に基づく詳細な分析を賞賛する一方で、そこに留まったことを批判して
　　いる［レヴィ゠ストロース 1973］。また、サーリンズは、マオリ人の文献を詳細に分
　　析して、ハウの概念をモースが誤解していたとする。しかし、『贈与論』全体として
　　は、ホッブスの『リバイアサン』との絡みで、贈与が集団同士の関係を作り出すもの
　　であるという議論を賞賛している［Sahlins 1972: 149-183］。

ワイナーの議論は大変興味深い論点を含んでいるし、あちこちで応用可能な概念として用いられているが、サモアのファイン・マットについてはあてはまらないと筆者は考えている。これは第3章で議論することになる。

　ワイナーは、タオンガに存在するハウ（霊魂）の議論から始める。端的に言えば、ものにはさまざまな権利・義務が付随していて、それらが人々を繋ぎ、人々の関係性を作っていく働きを持っているというわけだ。その中に、贈与物を返還しなくてはならないものもあれば、返礼を促す場合もある、という。

　譲渡できない所有物とは、主にサモアのファイン・マットの調査から彼女が着想を得た概念のように思える。サモアには、儀礼交換に供されるファイン・マットがあるが、これを、客側が儀礼の主宰者側に、現金や食物などと合わせて贈ると、返礼として必ず返ってくるとされている[11]。それはファイン・マットが貴重な財であり、これを持っていることはサモアでは一目置かれるからである。良質のファイン・マットを所有していることは、由緒ある一族である証であり、誇りである。一族の由緒正しさを証明するものとしてのファイン・マットは、儀礼交換に際して周囲の人々にそれを印象づけるものとして披露されるが、またもとの一族へと戻されていく譲渡されざる所有物である、とワイナーは述べている。「与えつつ保持する」というわけだ [Weiner 1992: 77-80]。

　ワイナーはポリネシアでサモアも含めいくつかの布（樹皮布）や羽などを使った装飾品をとりあげ、それらが階層分化の著しいポリネシアで、首長層の権威ある装飾品となっているケースを拾い、それらの品が、家系の権威の象徴として用いられたこと、その生産者としての女性の地位が、家系の中で重視されていたこと[12]へと結びつけてフェミニスト的な議論の展開を行ってい

11　これが、すべてのレベルでそうした交換になっているわけではないことは、第3章以下の議論でまた詳細に論じる。しかし多くの場合にそのようなやりとりがなされ、またサモア人に儀礼交換の説明を求めると、そのような答えが返ってくる。

12　これについては、ゴドリエが述べるように、女性一般が権力の生成に加わっていたと考えるのは無理がある。太平洋諸社会では、姉妹は兄弟の上位を占め特別な地位にいることは多いが、妻はむしろ夫に対して弱くへりくだる立場にある。

る。これらの財物は親族集団内での贈与が繰り返され、集団から外に出て行くことはほとんどなかったとワイナーは結論づけている。こうして、女性を交換する、という親族構造の研究をしたレヴィ゠ストロース（レヴィ゠ストロース 1977, 1978）を批判しているのである。

　ワイナーの「譲渡できない所有物」の概念は大変に興味深い考え方である。ただし、これはつまるところ、ものというのがただの物品に終始するのではなく、さまざまな意味を運び、権利を帯びている、ということなのであろう。たとえば、何か人に贈られたものは、完全に自分のものとして自由に使用、譲渡、破壊してよいだろうか。自分で使うようにと贈られたものを第三者に贈与してしまうということは、場合によっては慎まなくてはならないし、少なくとも贈与してくれた人に知れないように行うのがエチケットであろう。そして家宝に相当するような物品である場合は、それを簡単に外部の人に渡してしまうのは、家族の間ではとんでもないこととして責められるかもしれない。その家の当主であったとしても。しかし、それが何らかの権威の象徴である限り、後生大事にしまっておいては役目が果たせない。何かの機会にそれを見せて、権威を示すことは必要であろう。

　The Enigma of the Gift（Godelier 1999）でワイナーの議論をさらに展開しているのが、ゴドリエである。ゴドリエは、社会が贈与の積み重ねできあがったという印象をモースが作り出すなら、それは違うと述べる。家系の由緒正しさを示す貴重財、護符、知識、儀礼など、家系に格を与えるもろもろのものは、家族内に留め置かれ、外に出て行かない。それらが家系や個人に権威を与える一種のアイデンティティとなっている。贈与が社会関係を作り出す一方で、贈与せずにとっておくものも必要である。そのようにして、贈与されるものとされないものがあるとゴドリエは考える。贈与するために、留め置かれるものなのである。そして贈与は、それによって贈与の受け手と贈り手の間に格差や従属を産む。そうして社会関係が形成されるのである。だから、ゴドリエは「与えつつ保持する」のではなく、「与えるために保持し」、「保持するために与える」のだと述べるのである。

10　　第1章　序　論

3. サーリンズと互酬性の類型

さて、互酬性と互酬性を取り交わす人や集団の社会関係に沿って互酬性の型を論じる論文「未開交換の社会学」［Sahlins 1972: 185-275］の中でサーリンズは、

a) 一般的互酬性
b) 均衡的互酬性
c) 否定的互酬性

の3種の互酬性を区別する。

モースが贈与論で述べている互酬性の中心モデルは、この均衡的互酬性である。これはやや距離のある、しかし姻族に相当するリニージ同士といった相同的集団間[13]において行われる儀礼交換などが主な機会である。個人間というよりは、関係をもつ集団間であることが多い。さまざまな慣習に取り巻かれた贈与が行われる儀礼交換は、まさにこの典型であろう。時間差があってもそれに対する返礼の循環はきちんと守られる。

否定的互酬性は、それに対して敵に相当する関係において行われる奪い合いである。市場で赤の他人との間で、少しでも相手より利益を得ようとする場合にもこれに近い態度が出る。東南アジアのバザールの研究では、商品には定価がなく、外国人には高い料金を要求してくるが、一方で近隣住民にはそれほどではなく、顧客ともなると一時的な損が生じても値引きを行ったりする、とある。関係が遠いと、均衡的互酬性で考えられる交換の裏返しのような奪い合いとなるのである。異なる部族同士での牛泥棒、馬泥棒の類いはともすれば、奪われた過去の経験がリベンジを仕掛けるといった行動になり、宿敵の間での奪い合いとなるが、そこにもひたすら相手が再起不能なまで奪

---

13 ポランニーは互酬性を説明する箇所で、「対称的集団」という用語を使っている。おそらく集団同士が対面しているというイメージを喚起するので、用いられているのであろうが、人類学で「対称的交換」といえば、同じものを交換することになってしまう。混同を避けるために「相同的集団」の用語を用いるようにしている。これは集団同士が同じような形をとっているが、交換するものが同じであるかどうかは問わない。

うのではなく一定の限度、節度が存在している。

　一般的互酬性の説明を最後にまわしたが、これが本書では注目が必要な概念だからである。一般的互酬性というのは、比較的親しい間柄で行われるやりとりであるが、これはとりたてて一度の贈与に対して返礼を行うといった、逐一の交換ではなく、むしろ一方的に贈与を行うといった行為の繰り返しとなる互酬性である。多くものを持っている人がそれを周囲の人に与える、ということを通じてのやりとりとなる。場合によっては、持たざる人が持てる人に要求するということもある。一般的互酬性は、比較的貧富の差が少ない仲間内では、時折生じる一時的な財の偏在を一方的贈与により平準化する性格を持っている。採集狩猟民の間で猟師が大動物をしとめたときは、それを独り占めすることなく、キャンプ仲間で分け合うのである。しかし、獲物を仕留めることがそれほどたびたびないとすれば、そのように分け合っている限り、肉にありつく回数は増える。たとえ一時的に誰かが豊富にものを持つことがあってそれを周囲の人に与えてしまっても、また次のときには、別な人が何かを豊富に持つことになり、そうやって互いに多く持っているものを贈与し合っていれば、飢える危険性は減るし、肉の融通そのものは長期的にはバランスがとれる、というふうにサーリンズは説明している［Sahlins 1972: 210-219］。またこれは一種の保険のような性格を帯びていると考えることができる。

　しかし、一般的互酬性の持つ含蓄は、貧者同士の助け合い以上の意味を持っている。サーリンズが着目するのは、これが持てる人と持たざる人の間でも起こりうるということである［Sahlins 1972: 210-215］。このとき、「人より多く持っている人は、持っていない人に分配すべき」というルールに則るなら、持てる人の贈与は持てない人の贈与に比べてずっと価値の高いものであるのが普通で、このとき、人より多く持っている人は持っていない人に分けるべきという一般的互酬性の論理が、社会全体の不均衡な財の平準化をもたらすということになる。この間にはさまざまな駆け引きが常に行われている。持てない者はそれなりに何らかの「呼び水」となる贈与を行って、「海老で鯛を釣る」ことを目指すこともあるだろう。他者を凌駕する贈与によって人を従わせようとする持てる者もいる。贈与する側に名誉が生じ、贈与される

側が一種の負債（ないしは負債感）を負うという互酬性の一般原理を通じて、贈与する側は例えばポリティカルにこの優位性を生かそうとするし、贈与される側はより多くの財を返礼として贈ってこの劣位をはねのけ、贈与する側の優位性を消そうとする。また、いつも持てない者にむしり取られることをできるだけ回避しないと、持てる者は金持ちにはなれないということにもなる。

　現在のサモア経済において、この一般的互酬性は大変大きな意味を持っている。人より多く持つ人は持たない人に気を遣って常に何かのおこぼれを周囲にばらまく。バス代や飲み物をおごる、道で会って小遣いをやる、訪問するときに何かしら手土産を持参する等々。そのばらまきが少ないと陰口をたたかれる。政治家はこのような気遣いを常に行うが、それが慣習の範囲内であったかどうか、選挙が終わる度に新聞には選挙違反の裁判記事が満載となる。

4.　互酬性と再分配

　本書で用いる理論枠で互酬性に加えて必要となるのは再分配の概念であるが、これはポランニーによって提唱されたものである。互酬性に比べると利用しにくい概念であり、それだけに利用も少ない。互酬性は今日でも頻繁に議論されているが、再分配は違う。

　再分配はしばしば、分配を再び行うことだとして、その意味に用いられることがあるが、ポランニーの定義によれば、王や首長などの中心に一旦税や貢納などによって財が集積され、それがさらに下々に分配されるのが再分配である。つまり、最初に権力の中心に向かって財の移動がないと再分配は起こらないので、その財の運動が前提となっているが、その部分が再分配という用語には見えてこないので、イメージしにくい用語である。しかし、他には存在しないのでこの用語を用いるしかない。

　ポランニーは、財の移動の型を、

　　a）　互酬性
　　b）　再分配
　　c）　（市場）交換

の３つに分け、それぞれが主たる財の移動の様式となって支える政治体制を、

    a)   互酬性——部族社会

    b)   再分配——首長制社会、初期王朝

    c)   （市場）交換——市場社会

であると考えた［ポランニー 2005: 88-102］。ポランニーの「交換」は、ものを入手することを目的として行われるような、売買といった交換を指している。ポランニーは市場社会でなくとも、「交換」はあり得ると考えており、その点は正しいが、あくまでもものの入手に関心があるような交換は、贈与交換とは異なるものである。本書でとりあげる「交換」を「もののやりとり」一般を指すレヴィ＝ストロースの「交換」の概念で統一したいという筆者の意図から、ポランニーの「交換」は本書中では「市場交換」と呼ぶことで統一したい。

　さて、サモアはポリネシア特有の称号制度をもつ社会であり、首長制社会と呼んで差し支えないと思われるが、この社会で現在行われている財のやりとりは、多くの儀礼交換を含めて互酬的なものとなっている。筆者も著者の一人である『儀礼としての経済』では、先行研究であるティファニー夫妻が、儀礼交換（ファアラベラベ）では大量の財の集積が行われ、その財がさらに儀礼に集まる人々に分配——返礼であるのだが——されるところから、再分配が行われているとしている［Tiffany & Tiffany 1978］ことを批判している［山本・山本 1996: 168-169］。ティファニー・ティファニーにしてみれば、サモアは首長制であり、だからこれは再分配と考えたのかもしれないが、ファアラベラベそのものはあくまでも、縁組によって結ばれる親族集団同士が互いに財をとりかわす贈与交換がもっぱら行われるのである。すなわち、あくまでも相同的な２つの集団の間で財を取り交わすのである。ただし、親族間

14　マリノフスキ『西太平洋の遠洋航海者』［2017（1922）］にも、クラ（*kula*）と対比されるギムワリ（*gimwali*）の語が紹介されている。ギムワリは、クラ遠征に際してもちこむ相手方が欲しがる物資であり、ギムワリで行う財のやりとりは、交換するものはこちらで欲しいものを要求してよく、交渉が必要となる。クラの相手とはギムワリをすることができない。ギムワリはまさに市場交換に相当するが、ここに市場交換と互酬性が併存していることに注目したい。

14　第1章　序　論

の互酬的交換のために財の集積を行う親族集団内では、再分配の原理が働いており、親族集団の名で贈るための財を集積し、他の親族集団との間の贈与交換が行われた後に、得られた反対給付を親族集団内で再分配することが行われる。しかし、そのような家産制的な文脈での再分配は首長制全体での再分配が導く首長制社会の統合に関わる政治権力とは次元の異なる問題である。

　身分の異なる間柄での贈与交換を互酬性と考えるか、再分配の一部と考えるかは実は微妙である。王や首長に家来や農民から税や貢納として財が届くプロセスは、一極集中となる点に着目すれば再分配であるが、王と家来の1対1の関係の部分を見れば、再分配の個別の財のやりとりも互酬性ととらえられなくはない。サーリンズは互酬性の型を分析した前掲論文「未開交換の社会学」の中で、そのような贈与交換について言及しているが、それは互酬性でもあり再分配でもあるように彼は考えているようである［Sahlins 1972: 188］。

　しかし筆者は、互酬性と再分配とは異なるものとして理念的には区別すべきであると考える。その違いは何か？　互酬性はそもそも、与える側が優位に立つものであるが、再分配での臣下から王や首長に捧げる（与える）財の移動の場合、臣下は王や首長に対して優位性を得ることになるのだろうか。そんなことはあるまい。臣下から王や首長への財の贈与は、それは互いの身分関係を強化し、上下関係を明確にするものである。朝貢貿易を再分配の枠組みでとらえた方が良いのはそういう意味である。臣下はますますへりくだり、王や首長は自らの優位性を確認する。少なくとも、その間の上下関係を、強化するものなのである。また、王や首長から何かの財が与えられるとき、臣下はそれをありがたく押し頂く。すなわち財を贈っても贈られても、再分配の財の移動は、王や首長と臣下の間の上下関係を強化するものとなる。それでは、へりくだるために臣下はどうして王や首長に財を贈るのであろうか。そのためには税や貢納のとりたてという強制力の存在や統治機構を考える必要があるが、それだけで再分配の財の動きのすべては説明できない。というのは、しばしば貢納は自発的に行われていたことがうかがえるからである。それは他の臣下との対比において優位性をもつためであると考えることはできないだろうか。王や首長との関係強化を図ることで、臣下は他の臣下に対

4.　互酬性と再分配　　15

する優位性を得るのである。

　そのように考えたとき、サモアには大規模な再分配が生じていたことを確信するような制度はないものの、再分配に相当するものだったことを暗示させる財のやりとりの習慣がないわけではない。[15]それらは現在、大規模な儀礼交換であるファアラベラベの中で行われる財の移動の名目として活用されている。

　しかしサモアの現在の儀礼交換を見る限り、再分配よりははるかに互酬性の方が大きなはたらきを持っている。サモアの首長制はそもそも、地縁組織の中での口頭伝承や儀礼の席順、演説の順番等によって形作られる首長間の位階制（ランキング）に依存しているのだが、その位階は安定しているわけではない。首長間、親族集団間、地域間、村落間は競覇的関係にあるため、常に地位の強化を図っていく必要がある。儀礼交換によって名声を挙げ、人々に一目置かれるということが、サモアの首長制では重要である。ニューギニア高地メルパ族の間で行われるブタ等の儀礼交換の慣習が互酬的な財の贈り合いでありながら、その贈与する財の規模、巻き込む人々やブタの数が、ビッグマン[16]の名声を作り出し、ビッグマンの権力の源泉となっている様を描き出したのは、アンドリュー・ストラザーンであったが［Strathern 1971］、サモアでも互酬性原理が首長の名声を高める術となっている。おそらくはこの傾向——首長のビッグマン化——は近年強まっていると思われる。というのは、もともと格式が高い首長こそが、規模の大きな儀礼交換を行うことができたことは文献によって確かめられるからである。互酬性が権力を作り出すとしてもニューギニアのビッグマンとは少々事情が異なっていたであろうが、

15　たとえば、タアロロ（*ta'alolo*）という食物の贈呈がある。これはグラタンによれば、村や地方全体が、大変身分の高い首長に行うもので、巨大ブタの丸焼きを輿に乗せて運び、タウポウやマナイアがファイン・マットに体を包み、ダンスをしながら贈呈を行う［Grattan 1985 (1948): 89-92］。今日国家的な祭礼等において、海外の賓客（例えば、トンガの王など）に捧げられるものとして国の公式行事に目撃することができる。しかし儀礼交換との関わりで述べるならば、後述するスアの方がはるかに重要であるだろう。その性格がずいぶん変化したことは第4章に述べる通りである。

16　ビッグマンはその実力によってリーダーシップを握る有力者とされるが、世襲的権力をもたないメラネシアに多く見られる政治リーダーである。［e.g. Sahlins 1963］。

16　　第1章　序　論

そこで繰り広げられる規模の大小は、首長の名声と結びついていたはずである。

　互酬性については、ともすれば財を取り交わす二者間の関係に目が行きがちである。たとえば、吉岡政徳は、ヴァヌアツの北部ラガにおける位階制において位階を決める、ブタを殺して饗宴をはる儀礼ボロロリをめぐる二者間の制度化された財の贈与と返礼について分析し、従来の儀礼交換における互酬性に関する議論を批判している［吉岡 2018: 28-38］。北部ラガでは財の贈与を巡るやりとりに４つの異なる型があるが、これらのいずれもが、財を受け取った方が財を与えた方に対して負い目を持つことはなく、その意味で互酬性の議論があてはまらないとしている。確かに、なぜ返礼をするのか、ということについて、負債だけをあまりに強調するのは間違っているということはいえるかもしれない。なぜ返礼するかは、財の受け手が負い目を感じるからではなく、そういう慣習になっているからだ、という吉岡の議論も一理ある。しかし、この点に関して、注目したいのは、財のやりとりの規模が大きいということは、それによって周囲の人々に重要人物であることを示すことになる、ということである。すなわち、サモア的にいうならば、重要な称号名保持者の儀礼だからこそ大きな儀礼となるのであるし、大きな儀礼であることは、称号名の重要さを示すことになる、ということである。財は与えてもよし、受けてもよし、ということになる。サモアの首長が、持参した財よりも多い財を返礼されたなら、その財の規模に負い目を感じつつも、周囲の別の首長への返礼を横目で見ながら自分の名声は証明されたと考え、次に多くの財を贈り返す機会を狙うに違いない。また逆に、贈与した財に見合う返礼を受けられなかったときには、いささか憤りを感じながらも、全体の財の流れを見ては儀礼の主宰者を不憫に思い、同行した親族——一族としての財の供出に参加している——を気遣いつつ自分の分を減らして返礼を分配しながら、「これはゲームさ、得ることもあれば失うこともある」［山本・山本 1996: 195］とつぶやくかもしれない。不十分な返礼しかできなかった姻族たちは、後になって足りない返礼の追加を持ってくる可能性もあるが、同時にまた、有力な登場人物が参加しての儀礼なら、財の全体的不均衡はその地域の語り草になるかもしれない。

5. ファイン・マットに関する先行研究

　ファイン・マットについて詳述する前に、これの呼び名についてひとことお断りしたい。筆者はファイン・マットについてすでに何本もの論文を書いているが、「ファイン・マット」ではなく、「細編みゴザ」やサモア語である「イエ・トガ」という名称を主に用いていた。しかし、今世紀に入った頃から、サモア独立国政府はファイン・マットに対するさまざまな政策をとるようになり、その一環として、隣国トンガの名が入るイエ・トガ（'ie tōga）という呼称はやめて、イエ・サモア（'ie Sāmoa）と呼ぶことを決めた。政府の公式文書や委員会名にはすべてこの名称が使われている。しかし一方でこの名称は普及しておらず、一般の人々はまだイエ・トガと呼んでいる。さらに、細編みゴザという日本語名称は、ふりがながないと読めない人がしばしば出てややこしいと感じる。そのような経験があって、本書の中では一貫してファイン・マットの呼び名で統一することとした。サモア政府の文化政策としてのファイン・マットに関する政策の中で、ツイラエパ首相が 2003 年に粗悪品のファイン・マットをラーラガ（lālaga）と呼び、ラーラガはサモア人が本来誇りとしてきたファイン・マットとは違うものだから、これを使うことはやめようと呼びかけた。それが効を奏したかそれとも時宜にかなった提言であったかは、さらに検討しなくてはならないが、これ以後人々の意識は大きく変わった。粗悪品ファイン・マットはこの後、サモア独立国では軽蔑の意をこめてラーラガと呼ばれるようになった。またさらに政府は、ファイン・マットのスタンダードを決めて、その規格に合ったファイン・マットをイエ・サエ（'ie sae）と名付けている。これらの細かい違いをもつさまざま

17　サモア語の tōga の g は ŋ の発音であり、「鼻濁音のガ」に近い発音となる。「トガ」と「トンガ」の間のような発音である。

18　ミルナーのサモア語辞書によれば、lālaga は、「①比較的堅い種類のファイン・マット（望ましいものより幅広い繊維で編んである）。②（どんなに質のいいものであっても、）自分で贈与するファイン・マットを指すときのへりくだった言い回し」とある。編み物一般を指すララガ（lalaga）とは区別される。

なファイン・マットを指す語はやがて必要となるが、とりあえず、総称する語として「ファイン・マット」を用いる。

　ファイン・マットは興味深い存在であり、古くから民族誌的記述の中で言及されることが多かったが、これを理論的に取り上げたのは、リネキン「ファイン・マットと貨幣——植民地サモアの競う交換パラダイム」[Linnekin 1991] である。リネキンは歴史文献の中に出てくるファイン・マットに関する記述を多く拾い上げて、おおよそ1830年から1930年頃までを扱うファイン・マットの歴史人類学的研究を行った。[19] 1830年は、初めてロンドン伝道協会のジョン・ウィリアムズ師が「平和の使者」号でここを訪れた年で、それ以前にも欧米人とのコンタクトがないわけではなかったが、これがサモアにとっての欧米との接触元年といってもよい。1850年頃には、アピアに欧米人入植者のコミュニティが成立しており、1870年代には英・米・独のそれぞれの政府が互いに虎視眈々とサモアの植民地化を狙うようになる。1889年に3政府はベルリンで最終決議を行って、アピアに正式に欧米人の自治体、アピア行政区（Apia Municipality）[20] を登場させ、サモアを半植民地状態に置く。しかし1899年に、サモアで内乱が起きたのを機に、サモア諸島を東と西に分断して、西はドイツが、東はアメリカがそれぞれに領有することとなった。その後1914年の第一次世界大戦勃発からまもなく、ドイツ領サモアはニュージーランド軍が制圧し、軍政を経て国際連盟委任統治領としてニュージーランド政府がここを統治することとなった。ニュージーランド政府が統治を始めての後、反植民地運動マウが1926年に始まるのである。[21]

　このように、リネキンが扱っているほぼ100年の間は、半植民地状態から20世紀になって本格的に植民地となるに至る過程であるが、それはとりも

19　リネキン自身は西サモアでの予備的フィールドワークを終えて、現代サモアの交換システムの調査を計画していた時期がある [Linnekin personal communication 1989] が、諸般の事情でそれは断念しているように見受けられる。

20　境界をもつ外国人居住区で、欧米住民による自治政府を持つ。カピチュレーションにも似ている。

21　正確には、ドイツ時代の1908年に最初のマウが生じているが、ニュージーランド時代のマウの方がはるかに大きなものとなった。

なおさずサモア社会が一貫して世界システムに取り込まれていく過程であった。

　ただしリネキンは、歴史構造主義と政治経済学の間にある二元的理解、伝統社会の経済と資本主義経済とが対立し、後者が前者に取って代わるという理解や、贈答品（gift）と商品（commodity）が対立する概念であるという理解をアパデュライ［Appadurai 1986: 12］を援用しながら、あまりに二元的であると批判している。サモア人の儀礼交換が利得行為と無縁でないことは別の民族誌により示されている通りである［O'Meara 1990］。リネキンは、植民者が当初からサモア固有の財であるファイン・マットを「現地の通貨」であると見なしていた事実を、さまざまな歴史史料にあたって提示し、各時代の価格を示している。当時からサモア在住ないしサモア人との密なコンタクトのあった欧米人たち、とりわけ現地で貿易業に携わった人々が、通貨であると記述していることを重く受け止める。リネキンによれば、早くから現金との交換でファイン・マットを引き渡すという売買が欧米人との間で成立しており、そこに相場があったことが複数の記録の中に残っているのである。

　ファイン・マットを用いる儀礼交換が、利得と無縁でないとしても、そのやりとりの仕方は商品としての動きとは異なる。ファイン・マットは、古さ、目の細かさ、固有のストーリーなどで価値が異なってくるが、高い価値をもつファイン・マットの保持は地位とも関係深い。リネキンは、家やボートなどの建造を行う大工（*tufuga*）に対する支払いにも使われていると述べている。さらに、サモアの首長称号名を授与するプロセスにからむツラファレ（*tulāfale*）はキングメーカーであるとしばしば言われるが、この称号名授与に絡んでツラファレには多くのファイン・マットが渡されるのであった。ファイン・マットのやりとりには高度に文化的側面があるが、植民地政府の対応は、ドイツとイギリス及びニュージーランドでは大きな違いがある。ドイツはむしろファイン・マットをおおいに利用し、ファイン・マットで支払う

22　首長称号名には 2 種類あり、アリイ（*ali'i*）とツラファレがある。アリイは威信を体現して座っている役割であるが、ツラファレはアリイのために演説し、儀礼を執り行う実質的な役割を引き受けている。トンガのエイキ（*eiki*）とマタプレ（*matāpule*）は明らかに主従関係となるが、サモアの場合、ツラファレはそれなりの権力をもつ。

罰金を科したりもしたが、イギリスやニュージーランド政府はむしろこの習慣を理解せず、逆にサモア人の後進性を示すものとして禁止した。サモアにはマラガ（malaga）という慣習がある。これは、村なり地方なりの地縁組織が、よその地縁組織を公式訪問することである。その際に、訪問者はファイン・マットを持参し、主人側は宿舎に加え、食事・お土産等で歓待しなくてはならない。ニュージーランド植民地政府はこれを禁止したのであるが、リネキンはこのマラガ禁止の措置に対してサモア人が反感を募らせたことが、反植民地運動マウの一因であるとしている。

　リネキンの記述は確かであり、贈与交換が利他的であるのに対して商品交換を利己的であるとする二元的な分断に異議を唱える論文として大変成功しているのであるが、一方で植民者側の記述しか史料がないためか、ファイン・マットの売買（市場交換）に注目しているものの、当時の儀礼交換について、すなわちファイン・マットの贈与交換でのフローについてはほとんど具体的な言及がない。「ファイン・マットの商品化」を強く印象付ける欧米人との間の取引は、この時代メジャーなものではなかった——現在でもメジャーではない——はずであるから、商品化がどのような意味をもっていたのか、もう少し考察が欲しいところである。おそらく現金でファイン・マットを購入した欧米人は、現金を必要とするサモア人から買った場合もあるだろうが、ファイン・マットをどうしても必要としているサモア人に恩を売る術として、入手しておく場合もあっただろう。もちろん、売られたファイン・マットの一部は欧米の骨董品市場に流れたことは間違いないが、それは限られた数だったと筆者は想像している。また、ファイン・マットの商品化という問題は、おそらく1970年代ころから大きく表面化する問題であるが、19世紀のファイン・マットの商品化と近年のファイン・マットの商品化との間には大きな隔たりがある。というのは、19世紀にファイン・マットを買ったのはもっぱら欧米人であったと思われるが、その時代ファイン・マットを現金で購入できるサモア人はごく例外を除いてはいなかったのではあるまいか。それに対し、近年のファイン・マットの購買者はほとんどがサモア人自身であるからだ。今日でもファイン・マットは市場での取引があるが、それは儀礼交換があるからで、ファイン・マットはあるときは商品、しかし次の

瞬間に贈答品になってしまう。あるいは、商品でありながら贈答品でもある、という二重の性格を帯びているという方が正しいかもしれない。その意味では、コピトフの「ものの文化的履歴（cultural biography of things）」[Kopytoff 1986] という考え方がおおいに参考になる。

オランズは、1997年のオセアニア社会人類学会のシンポジウム「世界を編む——オセアニアにおける〈布〉（Weaving the World: "Cloth" in Oceania）」において、ファイン・マットに関する論文を口頭発表している [Orans 1997]。引用不可と記されたままの原稿を本人からもらっているが、未発表なので残念ながら詳細な論評は避けなくてはならない。ただひとつ述べるなら、この中でオランズはリネキンと同じ時代を扱いながら、むしろサモア人の間での財の交換、とりわけツラファレへの財の流れに議論を集中させている点でリネキンの論文とは好対照をなす。

高位首長やマナイア（mānaia 高位首長の跡取り称号）の結婚式には、花嫁方から多くのファイン・マットが贈られてくるはずで、高位首長のツラファレはその分け前にあずかることができるので、高位首長に次々と新しい縁組を持ちかけて結婚式をさせるように仕向けたという記事に注目している。サモアはハイパーガミーの行われる社会であったということと、一夫多妻ないしは、妻が出産に際して実家に帰り出産後も実家に留まることが多く、ツラファレの勧めもあり首長やマナイアは次々と結婚したらしいが、このような縁組のせいで、首長位の継承を巡って継承可能な子の姻族（子の母の一族）はサモア各地に存在することが多く、首長に女性を嫁がせた姻族たちの間での熾烈な競争があり、またキングメーカーであるツラファレを抱き込むためにもファイン・マットがさらに必要となるのであった。

シェッフェルの論文「サモアの交換と〈ファイン・マット〉——歴史的再考」[Schoeffel 1999] は『ポリネシア協会誌』で「キエ・ヒンゴア（名のあるマット）、イエ・トガ（ファイン・マット）その他サモアとトンガの珍重される布地（*Kie hingoa* 'named mats', *'ie toga* 'fine mats' and other treasured textiles of Samoa and Tonga)」[23]という特集に収録された論文である。

23　あと2本の論文はトンガのマットや樹皮布に関する論文である。トンガとサモアは、

シェッフェルも歴史的な検討を課題としているが、大変興味深いことに、まずはモースの批判から入る。モースが、ターナーの文献を援用して、トガ財とオロア財の2つの財のカテゴリーを取り上げていることを批判しているのである。シェッフェルはファイン・マットがトガと呼ばれる財に包括されることを拒否するのだが、その理由として取り上げているのは、用語の起源を追うことから議論を始めるチャルケーゾフの議論［Tcherkezoff 1997］である。チャルケーゾフは、トンガでファイン・マットがコロア（koloa）と呼ばれるカテゴリーに含まれていることを指摘する。これはサモア語ではオロアに相当するので、トガがオロアに対立する財というよりは、マオリ語のタオンガ（taonga）やタヒチ語のタオア（taoa）、すなわち貴重な財を意味する語であるという。

　さらにシェッフェルはファイン・マットがタウポウ（tāupou）[24]をシンボリックに表すもので、裾の方に付けられた鳥の羽（現在はニワトリの羽を染めて使っているが、本来はフィジーでとれるオウムの赤い羽根が用いられた）は結婚に際して示される処女の印としての血を意味している、という師フリーマンの説［Freeman 1983: 233］に賛同している。シェッフェルは19世紀のサモア社会は現在よりはるかに階層制が厳しく、貴族の間の慣習と一般の人々のそれとの間には大きな違いがあると述べ、ファイン・マットは貴族階層のもので、貴族の娘、とりわけタウポウが高位首長やマナイアに嫁ぐときの持参財（dowry）であると述べている。

　シェッフェルは、宣教師の書いたものをモースが誤解したと主張しているが、トガ財とオロア財とのカテゴリーについては、特にターナー師のみが記述しているわけではなく、同時期に宣教師を務めたステア師、また19世紀

　欧米との接触が始まる以前から交流があり、サモアからはトンガ王家等への嫁入りが口頭伝承で確かめられているが、同時にサモアのファイン・マットも流入しており、トンガではキエ・ヒンゴアと呼ばれて、貴族の地位の印として大変珍重された。同特集中のケプラーの論文は、王家の財宝庫にあるキエ・ヒンゴアのコレクションの分析である。

24　高位首長の「娘」を表す女性称号。実際には高位首長の親族の未婚の女性に授与される。政治権力は全くないが、名誉はある。公式行事で接待役を務める。

5. ファイン・マットに関する先行研究　　23

終わり頃に調査したクレーマーも述べていることである。またファイン・マットがタウポウの嫁入りに際しての持参財となる貴重品であることとトガ財のカテゴリーが存在することの間にさしたる矛盾はない。また、トンガと財のカテゴリー化が異なっていても、チャルケーゾフのいうようにトンガのカテゴリーをサモアの古代型と考える必要はないと筆者は考える。

　しかし、シェッフェルがむしろこだわっているのは、サモアの首長制が現在よりも高度に発達していて、首長と下々の間に大きな隔絶があったという仮説である。サモアに19世紀に王が誕生しなかったのは、宣教師の多大な影響や19世紀の英・米・独の植民地主義的介入やタマアイガ (tama'āiga)[25] の勢力争いのためだと考えているようであるが、筆者はそのようには考えない。むしろ、社会の組み立て方が違っていたと考えるべきである。シェッフェルはメレイセアーの議論 [Meleiseā 1995] を援用して、高位首長が神の成り代わりと考えられていたことや、各地に同盟関係を作り上げることで勢力を競っていたこと、首長の系譜や位階の伝承が伝わっていることなど、大変格の高いパラマウント首長がいたことなどを記述している。しかしながらサモアの社会組織上の分析は行っていない。民主主義を強調するようになった今日のマタイ・システムはかつての首長制とはずいぶん異なるものとなってきている [山本真鳥 2012] が、もともとのサモアの首長制が王国を形成したハワイやトンガ、タヒチなどのそれとずいぶん異なることはサーリンズが議論している [Sahlins 1958]。それに触発されてサモアとトンガの首長制の違いを検討したのが筆者の修士論文であった [山本真鳥 1976] し、その後サモアのフィールドワークを経て、サモアの首長制が、地縁組織内のさまざまな伝統的慣習による首長称号名の序列化に立脚していることを議論した。それは、ラメージ（親族システムで形成される首長の地位のピラミッド）が形成されるポリネシアの首長制の典型とは異なる構造をなしているのである。この議論は第2章で行う。

　さて、シェッフェルは、リネキンと同様に、19世紀のファイン・マット

25　19世紀後半に重視されるようになった四大称号名で、Malietoa、Tuimaleali'ifano、Tupua Tamasese、Mata'afa である。サモア全土に名を馳せるパラマウント首長称号。

24　第1章　序　論

の売買の記録に興味を持っている。欧米人のもってきた青いビーズは大変人気があったようであるが、それとの交換でいわゆるファイン・マット以外の手の込んだマットが欧米人の手に渡った。シェッフェルは、コンタクトの早い時期から、「ファイン・マットは、商品になることも、そうでなくなることもあった」［Schoeffel 1999: 130］が、これはコピトフが世界中で起こったこととして述べていること［Kopytoff 1986］に相当する、と指摘している。

　その後、シェッフェルはファイン・マットそのものよりもサモアの社会変容について詳細に述べていて、例えば教師や牧師が教区の村人の尊敬を一身に集めて、ファイン・マットや食物などを捧げられるようになり、首長の地位を乗っ取ったかのようだと述べる。また、親族集団（アイガ）内のタマタネ（*tamatāne* 男性の子孫）とタマファフィネ（*tamafafine* 女性の子孫）の権利の区別、すなわちタマタネはアイガの根幹となってアイガ経営に当たるのに対し、タマファフィネは嫁いだ女性の子孫として、アイガの繁栄を見守るといった役割分担、またタマタネにふさわしい継承者が見付からないときに初めてタマファフィネが継承できる、といった区別も現在では曖昧になっている。女性マタイも増えているが、これは近年の変化であるとする。

　そうした社会変化の中で、ファイン・マットはどうなったか？良質の古いファイン・マットは退蔵される傾向にあり、ますます儀礼交換に出てくることはないが、これはワイナーのいうように、「譲渡できない所有物」であるからではなく、良質の古いマットは特別な場面で必要となるために、そのような場面まで大切にしまわれているからであるという。これは正しい指摘である。というのは、良質のファイン・マットは決定的場面で贈与されるものであるからだ。身分の高い娘がその身分にふさわしい男性と正式に結婚するとき、この娘の持参する良質のファイン・マットのほとんどは婿方に贈与される。親族集団の老人が亡くなったとき、家族が集めた中でもっとも良いファイン・マットは葬式を執り行った牧師に贈与されるのである。かつて貴族の娘が嫁入りに持参した財は、現在ではサモアのアイデンティティに関わる

26　キリスト教を教える現地人。やがて現地で 1844 年に神学校が設立されると、聖職者の現地化は速やかに進行した。

5.　ファイン・マットに関する先行研究　　25

ものとして儀礼でやりとりされ、売買され、貸借されるものとなったとシェッフェルは述べる。そのような変化があっても、ファイン・マットはまだ持参財であった頃の意味を失っていない、といった感慨にふけっているようにも思える。

これらの、近年の変化に関する指摘は、シェッフェルが実際にサモア人コミュニティで見聞きしている（参与観察している）ことに基づいているために、概ね正確であるといえる。しかし残念なのは、どちらかというとかくあるべきといった視点が強く、現在の変わってしまった部分には批判的な眼を向けつつ、変わらない部分に安堵しているというシェッフェルの価値観が図らずも見え隠れしている。

6. 本書の構成

さて、ファイン・マットを中心にすえて論じた論文というのは、このように数多くはない。またその内容についても筆者には議論が尽くされているとは思えない。ファイン・マットが多くの意味を運び、多くの感情や思い入れを運んでいることは確かであろうが、同時にファイン・マットは売買で取引されるばかりでなく、贈与交換においても経済的な意味を帯びたものであった。しかし、リネキンがこだわるように、商品として扱われる場面が多くはありながら、それがすべてではない。すなわち、人々は儀礼交換でどうしても必要であるから、市場で大枚をはたいてもファイン・マットを入手しようとする。しかし儀礼交換がなくなったら多くの人々はファイン・マットには見向きもしないだろう。すなわち少なくとも現代において儀礼交換あっての商品化なのである。

儀礼交換が盛んに行われる背景として、2つ前提がある。ひとつはサモア社会が基本的に持っている競覇的関係である。もともと統合システムとして弱かった再分配がさらに弱まったこともあり、競覇的関係はサモア社会を考察するときの重要な視点である。それと、第二次大戦後に大勢の移民が海外へと行ったという事実がある。彼らの存在が儀礼交換の外形も機能も変えていったといってよいと筆者は考えている。この点については特に力点を置き

たい。

　そしてさらに、近年サモア独立国政府がファイン・マット政策を始めたことは特筆すべきである。それによって、粗悪品のファイン・マットはもはやサモア独立国やニュージーランドでは用いられなくなってしまっている。いわゆる粗悪品のファイン・マット、ラーラガはそれによって駆逐されたが、しかし興味深いことに政府が奨励するような純粋な復古調ファイン・マットは政府の意図通りには普及していない。その浸透は亀の歩みの如くであり、代わりに品質はラーラガに等しいが、その数倍の大きさの大ファイン・マットが流行することになった。

　さて、本書の前提となる議論がおおよそ終了したので、いよいよ本論に入りたい。

　それにしても、まずは背景となるサモアの基本データと政治制度について議論しようと思う。それが第2章「サモア社会の概観となりたち――地縁組織と称号システム」となるが、サモアの互酬的贈与交換は、サモアに潜在的に存在するアイガ間、首長称号名保持者間の競覇的政治関係に深く関与しているからである。第3章「交換システムの基本構造――ファイン・マットと親族間の儀礼交換」は、筆者の調査データに基づき、1980年前後の儀礼交換の基本構造を描写する。第4章「交換財の変容――市場経済への対応と新しい財の取り込み方」は、土着の儀礼交換の構造からどのように、何故変化したのかを考察する。儀礼交換に用いられる財のカテゴリーは、欧米との接触により社会に取り入れられた新しい財を取り込んで、この社会の儀礼交換を再編してきたのである。第5章「移民と本国社会――サモア移民のトランスナショナリズム」は、移民と儀礼交換への関与を主として移民の側から見た章となっている。本書のタイトルに含まれている「サモア世界」という概念は、近年筆者が使うようになった。かつてのディアスポラのように、故郷にもどれず外の世界から望郷の念をこめて本国を思いやるといった根無し草的経験は、サモア移民のものではない。彼らは本国社会と深く結ばれ、度々往来し、連絡をとり、送金をする。離れていてもすぐ飛行機に乗って帰ることは可能だ。そのような見えない糸で結ばれている。1980年代には主に電話・手紙で結ばれていたが、現代ではメール、フェイスブック、スカイプ等

6.　本書の構成　　27

も多用されている。そして何らかのサモア的文化的紐帯が結ぶ人々の世界をサモア世界という語で表現した。サモア世界は、ちっぽけな本国に比してグローバルな広がりを持って存在している。第6章「儀礼交換と称号システム——西サモアにおける首長称号名保持者間の役割分化」は、移民と本国のつながりを、今度は本国の称号（首長）システムの変容という観点から眺めてみた。第7章「ファイン・マットの行方——ファイン・マット復興運動と儀礼交換」は、政府がファイン・マットに対して行った文化経済政策を素描し、その社会へのインパクトについて描写・分析した。

　本書は、これまで筆者が出版してきた論文を基に加筆訂正をかなり行った4章と、それに3章分の書き下ろしと、1章の内容要約で成立している。既発表の論文はそれなりに必要な書き直しや省略、書き足しを入れているが、できるだけそれぞれの論文の基づくデータ収集の時期とそのデータの有効な年代を尊重するようにしている。ある程度時間の経過が本書のテーマと関連しているので、時間経過を示す手法は重要な戦略であるとも考えている。しかし、適宜新しい統計データや新しい動き等は注などにして本書に盛り込むようにした。

　最後に、本書中で用いられている表記について述べておきたい。まずは、サモア語の表記である。原則としてサモア語の単語は章の初出について、（　）内にサモア語のアルファベット表記を記入し、固有名詞以外はイタリックスを入れてあるが、本文中はカタカナで読めるようにした。巻末の索引と現地語グロッサリーを参照していただきたい。また地名等サモア在住者以外に馴染みのない単語は、できるだけ村、地方等の単語をつけて、読みやすくしている。サモア語アルファベットのカタカナ表記は、v について「ヴ」を用いているが、ファアラヴェラヴェだけは、何度も出てくる語でありながら、あまりに長く読者にも読みにくいだろうと配慮したため「ファアラベラベ」と表記してある。

　もうひとつは、国名である。調査地は、独立した当初は英名が Independent State of Western Samoa で、日本では通常「西サモア」と呼ばれていた。1997年に国名が変更され、Independent State of Samoa となった。諸島名やアメリカ領サモアと区別する必要上、日本では「サモア独立国」という呼び名が一

般的に用いられるようになっている。本論では、データの収集年代によって、使い分けをしており、両国にかかわるときは、その比重に従って「西サモア（サモア独立国）」または「サモア独立国（西サモア）」としてある。

　19世紀の植民地争奪の結果、1899年にサモア諸島は東西に分断される結果となった。現代に至るまで分断は続いており、これが解消する見通しはない。文化的にも言語的にもおそらくは差異は無かったと考えられるが、政治経済的分断により、差異は広がってきている。ただ、土着の首長制システムは共通であったと考えられる。ファイン・マットを用いる儀礼交換は、双方で行われている。

第2章

サモア社会の概観となりたち
──地縁組織と称号システム

1. 序

　この章では、贈与交換の記述に入る前に、この社会の全体像を記述する。サモアを簡単に紹介する記述を行い、その後、この社会の成り立ちを素描するためにサモアの称号システム、それはとりもなおさずサモアの地縁組織を形づくるものであるが、それをひとつ取り上げて、その構成とその成り立ちを素描し、分析する。

　サモアは、ポリネシア社会の例にもれず首長システムに立脚した社会であるが、称号名の格づけについてポリネシア社会の中では異色のシステムをもつ。

　他のほとんどのポリネシア社会において、称号名の格付けは年長優位の原理と系譜の一元化により行われる。その最も良い例はサモアの南隣に位置するトンガで、キャプテン・クックがここを訪れた18世紀後半には、ツイトンガ（Tu'i Tonga）という土の卜、社会は年長優位の原理によりひとつの系譜に統合されていた。すなわち、タンガロア（Tangaloa）神の子のアホエイツ（Ahoeitu）が初代ツイトンガで、ほとんどは長男継承によりラインを辿ることができる。そしてツイトンガの年少ライン、ツイハアタカラウア（Tu'i Ha'atakalaua）、さらにその年少ラインのツイカノクポル（Tu'i Kanokupolu）のあわせて3つのラインを基幹として、他の称号名はすべてそのいずれかのラ

31

インへ系譜を逆のぼることができる。つまりトンガの称号名はその称号が発生した時のツイトンガからの系譜上の距離をはかることができるのである。すべての称号名はこの系譜的距離によって格づけされ、かくしてピラミッド型のひとつの構造に統合されているのである［Sahlins 1958: 139-151; Marcus 1980］。

それに対してサモアでは、すべての称号名の格づけの基準となるような中心的な称号名は存在せず、サモアに中央集権は発達しなかった。サモア全土に名のきこえたいくつかの称号名も存在するが、分権的原理が優先しているので、傍系として派生した称号名がありながら必ずしもそれらの格づけの中心とはなっていない。すなわちツイトンガのような中心的称号名に対する系譜上の距離によって称号名の格づけが行われるのではない。サモアの場合に重要なのは、相対的な自立性をもった分権的な地縁組織であり、その内で諸々の称号名は互いに関係づけられ、固有な政治空間を形成するのである。

本章の焦点は、そのような地縁組織内で、必ずしも起源を同じくしていない複数の称号名同士がいかにして互いに結びつけられ、関係づけられているか、という問題に向けられている。ここではファレアタ（Faleata）という一地縁組織をとりあげ、記述、分析する過程でその問題を考察していこう。

2. サモアの概観

サモア諸島は、南太平洋ポリネシアの一角、ハワイとニュージーランドを結ぶ直線上の、ニュージーランドからほぼ三分の一の距離、西経168°から173°、南緯13°から15°に存在している。西にはフィジー諸島、南にはトンガ諸島がひかえる。サモア諸島は伊豆半島ほどの島2つと、いくつかの小島からなる。トンガ諸島と並び、ポリネシアでは最も古く人が住み始めた地域であり、それは約3,000年前にさかのぼる。サモア語はオーストロネシア語族の1分枝ポリネシア諸語に属している。

サモア諸島人は、太平洋踏査の旅を広く行ったキャプテン・クックには遭遇していない。欧米人との出会いが全く無かったわけではないが、タヒチでキリスト教布教を開始したロンドン伝道協会の太平洋本部から派遣されたジ

32　　第2章　サモア社会の概観となりたち

ョン・ウィリアムズ（John Williams）師が「平和の使者（Messenger of Peace）」号で、ラロトンガで改宗した現地人教師を連れてやってきた 1830 年が、コンタクト元年である。このときに、サヴァイイ島のサパパリイ湾に入港したウィリアムズの一行は、ウポル島での戦いに勝利して帰還したパラマウント首長（アリイ）の一人マリエトアに遭遇し、その庇護の下で宣教を始めることとなる。この宣教活動は大変成功したと言われている。1850 年頃には、アピアで貿易等に携わる欧米人のコミュニティができあがっていた。1870年頃には、英・米・独の 3 カ国がサモアの植民地化に興味をもち、さまざまな手段でサモアの政治に介入するようになった。ウィリアムズを迎えたマリエトア・ヴァイイヌポー（Malietoa Vaiinupō）が亡くなった後、サモアはアリイ同士の戦いが繰り返されるようになり、英・米・独もこの覇権争いに陰に陽に荷担するのであった。さまざまな介入が行われた後、1899 年についにドイツが西経 171°を境として西側を、アメリカがその東側を領有するということでサモア諸島は分断されることになってしまった。ドイツは植民地の経済開発に興味があり、一方アメリカ合衆国は、南太平洋に海軍基地を築くことを狙っていたのである。イギリスはサモアから手を引く代わりに、トンガを保護領とし、また世界の他の場所の利権を得た。

　西の旧ドイツ領は、第一次世界大戦を経て国際連盟委任統治領としてニュージーランドが統治し、第二次大戦後の 1962 年に南太平洋で初めての独立を果たした。当時は西サモアと呼ばれていたが、1997 年にサモア独立国と国名を変えた。西サモア（サモア独立国）は首長制に立脚した社会であり、国家元首の地位には当時の 2 名のパラマウント首長が共同で就いた。2 人の没後は、5 年毎に国会で投票によって選ぶこととなっていた。一方のタマセセ・メアオレ（Tamasese Meaole）は独立後ほどなくして亡くなったが、もう一方のマリエトア・タヌマフィリ II（Malietoa Tanumafili II）は 44 年間在位した。後者の没後は 5 年ごとに国会で選挙が行われている。国家元首はどちら

1　ここで首長制といっているのは、chieftainship のことである。サモアには、称号名というものがあり、称号名には役割が規定されており、これが代々継承されて人々の社会内での役割を規定してきた。この称号システムがとりもなおさず、サモアの首長制である。「アリイ」については p.36 にて詳述。

2.　サモアの概観　　33

かというと日本の現在の天皇にも似て、国の象徴ではあるが実権は持たない。イギリスを範とした、しかし一院制の議会制民主主義の国である。筆者自身のフィールドはこのサモア独立国（旧西サモア）である。

　東のアメリカ領サモアは、自治を行う、アメリカ合衆国の未統合領土（unincorprated territory）である。1951 年に、アメリカは既に基地としての役割を終了したとして、駐留していた海軍をすべてハワイのパールハーバーに移転させた。アメリカ領サモアはその後海軍軍政から内務省の管轄となる。国連信託統治委員会からは独立の勧告を受けているが、次第に自治権が拡大しているものの未だ独立の気配はない。二院制をとり、知事を直接選挙で選ぶ民主政治を行っているが、財源の多くを合衆国連邦政府に依存している。

　サモア諸島は熱帯雨林気候に属している。東西サモア共に火山島が主であり、似たような気候であるが、西に比べて東サモアはさらに峻険な山がちの地形であり、もともと農作物を作るにはあまり適していないし、耕地面積も少ない。諸島全体の住民はポリネシア系で言語差、人種差、文化差はあまりなく、東西で似たような文化・社会を共有していた。ポリネシア特有の豊かな口頭伝承による神話的世界、首長制社会制度を有し、最近は核家族が増えているがもともとは大家族で暮らしていた。火山島でほとんどの村は島の海岸沿いに位置している。土器をもたず、機織り技術ももたなかった。焼畑耕作で、バナナ（プランテン）、パンノキ、タロイモ等の根栽類を育て、周囲の海で魚介類を得ていた。

　西サモアが独立した今から 50 年前、西サモア経済はバナナ、コプラ、カカオの三大商品作物の輸出で成り立っていた。また多くのサモア人は村で大家族の生活に立脚した半自給自足的経済を営む一方で、商品作物の栽培は現金収入をもたらす道であった。しかし独立前後から若い人が中心となり、ニュージーランドに出稼ぎに行くことが増えた。市場経済の浸透に伴い、より現金を入手することが必要になっていた、ということが主張されることもあるが、一方で、戦後の工業化で先住民マオリの都市への移住だけでは工場労働者が不足していて、ニュージーランドの側にプル要因があったという意見もある。出稼ぎ者はやがて定着してニュージーランドの都市、とりわけオークランドにコミュニティを形成するようになる。また、アメリカ領サモアへ

の出稼ぎやそこをステッピング・ストーンとして合衆国へと移民するケースも出てきた。この移民の現象については、儀礼交換の変容を考える上できわめて大事である。第5章ではその点について詳述したい。

なお、西サモアの1976年の人口は152,000、サモア独立国に改名した後の2011年の人口は188,000（センサス）である。合計特殊出生率の大変高い地域である割に人口増加がさほどでもないのは、常時移民が海外に出て行っていることと、それら移民が子産み子育て世代であることの2つの要因による。一方のアメリカ領サモアは、1980年の人口が32,000、2010年は56,000（センサス）であった。あとで詳細に論じるが、現在のアメリカ領サモアの人口の半分以上は近隣諸国、とりわけ西サモアからの移民ないしその子孫である。

3. サモアの称号システム

さてまずは、サモアの称号名と親族組織との関連、及び称号名のカテゴリーと役割について、以下簡単に述べておく。

サモアの個々の称号名の母体となるのは、ひとつの村をベースとして祖先を共有するアイガ（'āiga 親族集団）である。アイガは村の中に宅地、耕地、そして単数ないし複数の称号名をもつ。称号名は例えばアイオノ（Aiono）とかスア（Sua）とかいうような固有の名で、アイガの故事に由来し、代々アイガのメンバーにより受け継がれていくものである。実際にアイガの土地に住み、宅地、耕地を利用して暮している人々は通常3～10世帯ほどであるが、性無視的（cognatic）に系譜を辿り得る人は皆、土地や称号名に関して幾分かの権利を主張できるので、潜在的なメンバーは相当数に上る。アイガのうちで最高位の称号名を継承する人を選出する母体はそのような潜在的メンバーを含むアイガであるが、アイガの土地に住んでいる人々は選系的（ambilineal）に構成されている。称号名の継承者は前任者の長男とは決まっておらず、その都度アイガの集会を行い全員一致で適任者を選び出すのであり、時には共通の祖先の血を受け継いでいない婚入者や養子が選ばれることすらある。アイガ内の他の称号名に就く人は、この最高位の称号名保持者により適宜任命されることになる。

称号名を授与された人はアイガの内ではマタイ（*matai* 称号名保持者、家長）として、アイガ経営にリーダーシップをとることとなるが、対外的にはアリイ（*ali'i* 首長）かツラファレ（*tulāfale*）という政治的役割のいずれかひとつを担っている[2]。アリイ／ツラファレの区別は各々の称号名に定められてあるものだが、アリイは首長としての威厳を一身に体現する役割であり、ツラファレはアリイの「家来、従者」としてアリイのかわりに儀礼的演説をしたり、食物を分配したり、メッセンジャーの役を果たすなど、さまざまな具体的仕事を引き受けるのである。アリイが威厳を示すため何もせずに黙して座っているのに対し、アリイの代理人であるツラファレは、表向きはアリイの忠実な従者としてへり下っているが、実際にはツラファレはアリイの支配を抜け出し、政治活動の大きな部分を担うことにより、実権を掌中におさめている[3]。またそればかりでなく、アリイもツラファレも各々のカテゴリーの内で序列を形成しており、中には非常に位の高いツラファレがいる一方、自分のために演説してくれるツラファレももてないような位の低いアリイもいるのである。

　かくしてサモアの地縁組織は、称号名間の格式の差、アリイ／ツラファレ

2　称号名保持者のアイガ内の役割であるマタイ（家長）と、アイガ外での政治的役割を区別するために、この章では「称号名保持者」の用語を主として用いる。対照的にアイガ内での役割にこだわる他の章では主として「マタイ」を用いる。アリイとツラファレは、文化人類学でしばしば用いる学術用語としての「首長」に相当するが、サモア語としては、アリイは chief（首長）、ツラファレは talking chief または、orator の語が当てられることが多い。アリイもツラファレも広義では「首長」であるが、サモア全国レベルの最上位を占めるのはアリイである。その意味で、パラマウント・アリイは存在するが、パラマウント・ツラファレは存在しない。本書中でパラマウント首長と表記してあるのはすべてアリイである。

3　このツラファレの力は、アリイの称号名保持者同士が系譜という明確な証拠により序列化されているのではない、というサモア特有の称号システムの状況と無関係ではあるまい。というのはひとつの地縁組織の内で、各称号名、各称号群は、ともすれば不安定で、一貫性もなく、矛盾だらけの口頭伝承により媒介されているのだが、これらの伝承を管理し、公式の場での演説という行為を通じて、ほころびをつぎ合わせながら称号同士を結びつけるのはツラファレの仕事である。トンガにも同様にエイキ（*eiki*、首長：サモアのアリイと語源は同じ）の家来として仕えるマタプレ（*matapule*）という役があるが、これがトンガの政治活動の実権を握るということはなかった。

36　第2章　サモア社会の概観となりたち

演説をするツラファレ、サモア独立国 50 周年記念祭にて　2012 年

の別、各々の称号名に固有の役割といった複雑な要素を含み構成された小宇宙となっている。地縁組織としてのファレアタを分析するにあたり、まず次節ではファレアタのファアルペガ（*fa'alupega*）という公式の呼びかけに表れる有力称号名を検討する。ファアルペガの中では重要な称号名がすべて唱えられなくてはならないが、称号名の「重要性」とは地縁組織の統合レベルに応じて異なる相対的なものである。その点について考察するために、ファレアタの中のひとつの村トアムアのファアルペガについても同様に検討を加える。

　第 5 節「地縁合議体」では、地縁組織の合議体が開催する会合——各称号名の保持者たちが集まる——を称号名の序列を繰り返し強調するための儀礼としてとらえ、席次、演説、カヴァ杯の順位、そして情報伝達のための連絡

3.　サモアの称号システム　　37

網のうちにそれを探ってみる。

第6節から第8節においては、前2節の検討をふまえ、さらにデータを加えつつ、ファレアタ内部の有力称号名間の関係についての分析を行う。そのためにアリイ相互の関係、アリイ／ツラファレの対の関係、ツラファレ相互の関係、の3つの分析軸をもうけて検討する。

本章の中で以下に検討する情報は、サモアの伝統文化に通じたひとりのツラファレから得たものであるが、彼はトアファー（To'afā）と呼ばれるファレアタの有力ツラファレ団のうちの一称号名に仕えるツラファレである。サモアにおいては、とりわけ称号名にかかわる情報はそれに直接関係のある人しか口にすることができないし、集団及び集団内部の利害対立が激しいから、立場を超越して真理であるような、客観的な情報というものを得るのは難しい。従って筆者の得た情報も、ある意味ではトアファー寄りであるといえるだろう。将来ファレアタの他の称号名保持者からも情報をとってみると、さらに意義深い研究が可能となるのは明らかである。しかし本章で行っているのは、そうした情報の間のヴァージョンを研究する以前の段階において、それなりに首尾一貫していると思われるひと組の情報から、ともかくもひとつの組織体のなりたちを明らかにすることである。

4. ファレアタのファアルペガ

ファアルペガとは、ひとつの地縁組織——村、地方などの地縁組織には、必ず地縁合議体（fono フォノ[4]）が存在して、地縁組織を統合している。フォノは最小の村（nu'u ヌウ[5]）からサモア全土に至るまでさまざまなレベルで存在する——に対する形式を備えた呼びかけであるが、実質的にはそれぞれのフォノの重要な称号名ないし称号集団名を列挙するものである。サモアでは、人や集団が出会った時には相手の称号名を唱えて挨拶をする習慣があるが、この行為を行う動詞をファアルペ（fa'alupe）という。その名詞形がファアル

---

4 以下、「フォノ」と称する。
5 実際には、村の下位区分の小村（pitonu'u ピトヌウ）が存在することがしばしばあり、定着したファアルペガを持っている場合も多い。

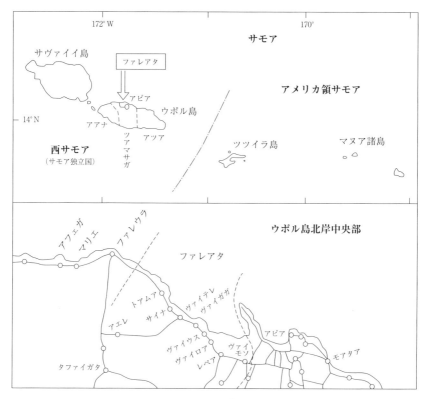

図 2-1 サモア及びウポル島北岸中央部

ペガである。複数の称号名に対しファアルペする時、相手方の序列をとり違えたり重要な称号名を抜かしたりして礼を失することのないように、細心の注意を払う必要がある。そのために地縁組織に対する呼びかけは、常套句として人々の間に語り伝えられているが、これがファアルペガである。有能なツラファレは皆、サモア各地の地縁組織のファアルペガに習熟していなくてはならない。ファアルペガはこうして集団内部ばかりでなく外部によっても

---

6 ファアルペガは村を正式に訪問する場合、常に必要となるので、宣教師たちが集めたファアルペガが 19 世紀から文字化されていた。近年出版もされている [Congregation Christian Church of Samoa 1978 (1940)]。

4. ファレアタのファアルペガ 39

認定された、地縁組織が有する諸称号名間の序列であるということもできよう。ファレアタの地縁組織を調べるにあたりまずこのファアルペガから始めるのが適当であろう。

　さてファレアタのファアルペガを検討する前に、サモアの地縁組織の中でのファレアタの位置について一応述べておこう。サモア諸島第二の島ウポル（Upolu）島は、人口が集中し政治権力をめぐる争いの最も激しかったところである。伝統的には西からアアナ（A'ana）、ツアマサガ（Tuamasaga）、アツア（Atua）の３つの地方に分かれているが、本章の中心であるファレアタはツアマサガ地方の北岸中央に位置する小地方である（図 2-1 参照）。海沿いの通約 6.6km に人家は集中しているが、耕地は山の斜面を南へと広がっている。首都アピア（Apia）に近いため最近の人口集中が著しく、このデータを採取した 1980 年に最も近い 1981 年センサスでは、16,800 人[7]が住んでいるが、そのうち伝統的村に住んでいるのは 7,200 人である［Western Samoa Government, Statistics Department 1983:57］。ファレアタは伝統的には８つの村に分かれており、それらは東から順に、ヴァイモソ（Vaimoso）村、レペア（Lepea）村、ヴァイロア（Vailoa）村、ヴァイウス（Vaiusu）村、ヴァイガガ（Vaigaga）村、ヴァイテレ（Vaitele）村、サイナ（Saina）村、トアムア（Toamua）村である。原則として村は、ひとつの自治体として、称号名保持者で構成されるフォノを有する最小単位であるが、あまりに人口の多い村ともなるとさらにいくつかの小村（*pitonu'u* ピトヌウ）に分かれて、各々の小村が細かいことを決定するフォノを構成し、村のそれは大事なことを決める時に集まるだけという場合もある。すなわち人口増加に伴い、村が機能しにくくなりやがて分裂していくという過程が存在しているようにみえる。ファレアタに関しても、もと

7　都市化現象に伴い、アピアで職をもつ人々が構成する非伝統的コミュニティが行政区としてのファレアタにも多く形成されている。この国勢調査にはそうした村々も含まれているので、伝統的村に属する人口は 7,200 人。一方、ファレアタ以外のところ（アピア、外国の他、他村も含めて）に住みながらファレアタの称号をもつ人々もおり、何かあると彼らはファレアタまでやってきて行事に参加する。2016 年の人口は都市化の中で 36,900 人に膨れあがっているが、伝統的村落に住んでいるのは 12,500 人である［Samoa Bureau of Statistics 2017: 14-15］。

は村であったのがこの過程を経て村の連合体である小地方になったということが推測できる。けれどもファレアタが村であるという意識はもはや人々の間にはない。ファレアタは強いていえば、地方（*itūmālō* イツーマーロー）というカテゴリーに入っている。イツーマーローとは国（*mālō* マーロー）の部分（*itū* イツー）という意味であるが、この語は村を超えた地縁組織にはすべてあてはめることができる。すなわちツアマサガのような大きなものにも、またその一部であるようなファレアタにも用いることのできる、大きさに関しては極めてルーズな語である。人々はむしろ、ファレアタやツアマサガという固有名詞のみを、地名及び地縁組織をさす語として通常用いている。

さてそれではいよいよファレアタのファアルペガについて検討しよう。

ファレアタのファアルペガ

1. Afio mai Tapa‘au,
2.   lau afioga Faumuinā o le tupufia.
3. Susū mai Matai‘a o le tama a le fale.
4. Susū mai Seiuli o le alo o Malietoa.
5. Maliu mai lo outou To‘afā ma lau fetalaiga Va‘aulu.
6. Maliu mai le Saofa‘iga,
7.   ma le Fa‘apito Saofa‘iga.
8. Maliu mai le Pulelua ma le Faigā.
9. Maliu mai le Nofoapule.
10. Maliu mai Lauati ma Motuopua‘a.
11. Maliu mai Pua‘asegisegi ma Pua‘alatamai,
12. ma le lautī ma laulelei.
13. Ia te ‘oe Faleata

（日本語訳）

1. ファレアタの最高位称号よ、ようこそ、
2.   王者、ファウムイナーよ。
3. ファレアタの王子、マタイアよ。
4. マリエトアの息子、セイウリよ。

5. あなた方トアファー、そしてツラファレのヴァアウルよ。

6. サオファイガ、

7. 　そしてファアピト・サオファイガよ。

8. プレルアとファイガーよ。

9. ノフォアプレよ。

10. ラウチーとモツオプアアよ。

11. プアセギセギとプアアラタマイよ、

12. そしてその他諸々のファレアタの称号名保持者たちよ。

13. あなた方ファレアタのツラファレたちよ。

　各行のはじめに出てくる *Afio mai, Susū mai, Maliu mai* はいずれも、「ようこそ」、「いらっしゃいませ」の意味の敬語であるが、ファアルペガの中では単に主人側から来客側に対する呼びかけとしてばかりではなく、来客側から主人側に対する挨拶としても同じく用いられる。前2者はアリイに対しての、後者はツラファレに対しての呼びかけである[8]。最初の4行はファレアタの三大アリイに対する呼びかけで、1行目で3人全員に対して呼びかけた後、ファウムイナー、マタイア、セイウリ、と個別に呼びかけていく。ファウムイナーはレペア村の最高位称号名である。

　マタイアの称号名については少々詳しい説明を要するだろう。この称号名は最高位アリイとしてファレアタに2つ、ひとつはヴァイモソ村、もうひとつはヴァイテレ村に存在する。もとはひとりのマタイアとして出発したのだが、ある時期に2人が同時にこの称号名を授かり、以後2人に定着し、互いに独立の称号名となってしまってこのような事態に陥ったと考えることができる。称号名のみならずマタイア選出の母体として親族集団も2つに分裂し、それにあわせて土地も分割している。こうした現象——ここでは称号分裂と[9]

---

8 サモア語の敬語語彙は、アリイに対するものとツラファレに対するものと異なる場合が多い。

9 英語で、title split と呼ぶ。親族集団で意見が一致せず、それぞれに自分たちの最高位称号名を授与する事態は大きな摩擦となるが、それがやがて定着して生じたものと思われる。20世紀初頭の植民地時代に土地称号裁判所ができると、裁判所が仲介したり、

呼ぶことにする——は称号システムの発達したポリネシアの中でもサモア特有のもので、他の称号システムにはあまり見られない。アイガの拡大に伴って1人のマタイのリーダーシップの下には連帯がはかりにくくなる、というのがその主たる原因と考えられる。こうした複数の同名称号名保持者は、対外的な場面では、誰でもよいがそのうちの1人だけがアイガの代表者となることができる。

　セイウリはヴァイウス村に属している。マリエトアとはファレアタを含めた上位区分であるツアマサガ地方全体を象徴する最も位の高い称号名である。初代のセイウリは、マリエトア称号保持者の息子であったことが知られ、それゆえにこの称号名は「マリエトアの息子」と呼びかけられる名誉を誇っている。

　5行目以下は、この3人のアリイに付き従うツラファレたちである。まず5行目の最初に来るのはトアファー（To‘afā　4人の意）で、その名の通り4つのツラファレ称号名から成るツラファレ団である。それらは最も東に位置するヴァイモソ村のマヌレレウア（Manuleleua）とウネ（Une）、そして最西端のトアムア村のアレ（Ale）とウル（Ulu）であるが、彼らの次にくるヴァアウル（Va‘aulu）は、トアムア村でアレ、ウルに続くナンバー・スリーのツラファレで、時としてトアファーに付随する称号名として登場する。[10]サオファイガは、レペア村の最高位アリイ、ファウムイナーに仕えるツラファレ団であり、その内には多くのツラファレを含むが、アイ（A‘i）とヴァイタグツ（Vaitagutu）という2つの称号名の各保持者がそのリーダーを務める。また7行目のファアピト・サオファイガ（Fa‘apito Saofaiga）はここではヴァイウス村でセイウリに仕えるウルギア（Ulugia）とその配下のツラファレたち（サー・ウルギアー：ウルギア一家）を指している。ただしこのツラファレ団の名は広義に用いられた時には、ヴァイモソ村、トアムア村（両方ともにトアファーのいる村）およびレペア村（サオファイガのいる村）を除く村々のツラファレたちを一括していう。8行目以下には、ウルギアを除いた、広義のファ

　　親族集団の分枝同士の合意の下にこれを行うことが増えた。合意の有無、分裂か分割かは、判断が難しいが、この文脈では「分裂」とした。第6章では「分割」としている。
10　トアファーとヴァアウルをあわせてファレリマ（Falelima、五家）ということもある。

4.　ファレアタのファアルペガ　　43

表 2-1　ファレアタの代表的称号名

村		称　号　名	
		アリイ	ツラファレ
東	ヴァイモソ	**マタイア**	マヌレレウア、ウネ（**トアファー**の 2 人）
	レペア	**ファウムイナー**	**サオファイガ**
	ヴァイロア		プレルア（ヌウ、アチヌウ）、ファイガー
	ヴァイウス	**セイウリ**	**ファアピト・サオファイガ**
	ヴァイガガ		プアアセギセギ、プアアラタマイ
	ヴァイテレ	**マタイア**	ノフォアプレ（トイー、ツーラガ、プラ）
	サイナ		モツオプアア、ラウアチ
西	トアムア		アレ、ウル（**トアファー**の 2 人）、ヴァアウル

＊太字の称号名はファアルペガに言及のあるもの。

アピト・サオファイガを列挙してある。8 行目はヴァイロア村のツラファレ
のことであり、プレルアとはヌウ（Nu‘u）、アチヌウ（Atinu‘u）を指している。
9 行目のノフォアプレとはヴァイテレ村のトイー（Toī）、ツーラガ（Tūlaga）、
ならびにプラ（Pula）を指す。10 行目はサイナ村、11 行目はヴァイガガ村の
ツラファレたちである。12 行目に登場するラウチー（Lautī）、ラウレレイ
（Laulelei）とは固有名ではなく、ファアルペガにわざわざ名の出ることはな
いような、雑用をこなす位の低い無名のツラファレたちをさして言っている。
13 行目のファレアタとは地名であるが、ここでは地名そのものではなく、
ファレアタを代表するツラファレのことをさしている。ファレアタを代表で
きるのは誰か、という問題は後に詳しく検討したいが、ここではファレアタ
とは地名であると共にフォノでもあり、代表者でもあるということに注意を
喚起しておこう。

　以上のようなファレアタのファアルペガに登場する称号名群を整理したの
が表 2-1 である。ファレアタの最高位は、ファウムイナー、マタイア、セイ
ウリの 3 つのアリイ称号名であり、これに多くのツラファレ団が付き従って
いるが、その中でも代表的なのはトアファー、サオファイガ、狭義のファア
ピト・サオファイガ（ウルギア一家）の 3 つのツラファレ団である。これら
称号名各々の役割や格の相違については以下において考察していこう。ただ

しその前にファレアタを構成する一部分であるところの村のファアルペガに
簡単に触れ、ファレアタの一部分と全体の関係をみておきたい。

　ファレアタはウポル島北岸に位置する8つの村から成っているが、これら
は各々独立した自治体であり自らのフォノをもち、同時に各々のファアルペ
ガをもつ。ここで例としてとりあげるのは、4つの小村から成り計1,400人
（1981年）の人口を擁するトアムア村である。

トアムア村のファアルペガ

1. Maliu mai lo lua To'alua, Ale ma Ulu,
2. 　　ma lau fetalaiga Va'aulu.
3. Susu mai le Gafa o Ātoe,
4. 　　ma le Itūlua Sā Tunumafono.

（日本語訳）

1. あなた方トアルア（2人）、アレとウルよ、
2. 　そしてツラファレのヴァアウルよ。
3. アートエのアリイたちよ、
4. 　そしてツヌマフォノ家の分家の人々よ、ようこそ。

　トアムア村はファレアタの代表的なツラファレ団、トアファーのうちのア
レとウルの村である。この村ではツラファレが最上位を占めており、同じよ
うな村はファレアタでは他にヴァイロア、ヴァイガガ、サイナがあるが、サ
モア全土でみるとこのような村はむしろ数が少ない。トアムア村は東より順
番に、トアムア（Toamua）小村、ウソアリイ（Usoali'i）小村、サフネ
（Safune）小村、プイパア（Puipa'a）小村の4つの小村に分かれている。東端
のトアムア小村はアレとそのアイガにより成り立っており、同様にプイパア
小村はウルとそのアイガの村である。アレもウルも数多くのツラファレ称号
名を配下にもつ。アレの配下のツラファレたちはイナイラウナオオ
（Inailaunao'o）、ウルの配下のツラファレたちはアオガーマーリエ（Aogāmālie）
と総称される。

　ファレアタの三大アリイ称号名のひとつマタイアが2つに分裂していたよ

4. ファレアタのファアルペガ　　45

うにトアムア村のアレとウルの称号名も各々2つと4つに分かれ、それぞれがアイガの分枝をひとつずつ率いている。これらの称号名保持者たちは実際にはその分枝のリーダーシップをとるにすぎないが、にもかかわらず、対外的にはひとりでアイガ全体を代表する存在である。保持者のいずれかひとりだけがフォノに出席している時、彼は彼の分枝のみならずアイガ全体を代表する存在とみなされる。つまり、分裂した称号名間に上下関係はなく、しかも各々の称号名はアイガを代表することにおいて置換可能な相似物となっているのである。しかし、各称号名保持者が複数出席した時には、ひとつの称号名に人が複数、という矛盾がおきることになる。このような時には、適宜順番にひとりが称号名に定められた役を行い、他はマロロー（*malolō* お休み）して矛盾を避けることが多い。ただファアルペガは、アレが2人出席していれば、「アレ・マ・アレ」（アレとアレ）、ウルが3人出席していれば、「ウル・マ・ウル・マ・ウル」（ウルとウルとウル）というように場合に応じて修正して用いている。複数のアレとウルの各々に配下のツラファレがいるので、イナイラウナオオが2組、アオガーマーリエは4組存在することになる。

　ファレアタのファアルペガにも登場したヴァアウルはトアムア村の東西に桔抗する形で存在するトアムア小村とプイパア小村の間のサフネ小村にいて、ナンバー・スリーの地位に甘んじている。アレとウルの次に付け足しとして出てくることが多いので、サモア全土にも名は知られているが、前2者と異なり配下のツラファレをもつということがない。

　トアムア村はアレとウルをはじめとするツラファレたちが勢力をもつ村であるが、ここにもアリイが全く存在しないというのではない。重要性は低く名前も有名ではないが、若干のアリイ称号名が主としてウソアリイ小村、サフネ小村にいる。ガファ・オ・アートエ（Gafa o Ātoe）（アートエのアリイたち）はサフネ小村のペペ（Pepe）、ファーネネ（Fānene）、ファアイツ（Fa'aitu）の3称号名を指し、レ・イツー・ルア・サー・ツヌマフォノ（le Itū lua Sā Tunumafono、ツヌマフォノ家の分家）には4つのアリイ称号名と数多くのツラファレ称号名が含まれるが、このうちのアウムアガオロ（Aumuagaolo）、パルサールエ（Palusālue）、マヌア（Manu'a）の3つのアリイ称号名を代表として指す。ツヌマフォノ家は、同じツアマサガ地方の南岸サーファタ（Sāfata）

46　　第2章　サモア社会の概観となりたち

で大きな勢力をもつアイガであるが、この一部が内輪もめをおこしてトアム
ア村のアレのもとに庇護を求めてきたのが、ウソアリイ小村のツヌマフォノ
家の由来であるという。したがってトアムア村のこの部分は、コンテクスト
に応じて独立のアイガと考えられたり、また時にはアレの配下と考えられた
りして一定していない。

　以上のようにトアムア村にも数多くの称号名が存在してはいるものの、す
べてがファアルペガに登場するわけではない。村の4つの部分を代表する称
号名や称号名群の名を呼びあげて村全体をつくすといっても、コンテクスト
に応じてそれは異なってくる。3行目と4行目のガファ・オ・アートエや
レ・イツールア・サー・ツヌマフォノはトアムア村だけのファアルペガには
登場してくるが、ファレアタ全体となると抜かされ、トアムア全体はトアル
ア（「2人」の意。アレとウルを指す）だけ、ないしはそれとヴァアウルだけに
よって代表されることが可能となるのである。

5. 地縁合議体（フォノ）

　地縁組織は自らにかかわる問題を話し合うための合議体、フォノをもつ。
サモアの意思決定は高位の者により単独でなされることはなく、必ずフォノ
という合議体を通じて全員一致で行われなくてはならない。そこには、高位
の者が威信をもってはいても、必ずしも権力を握る者とはなっていないサモ
アの政治状況をうかがうことができる。しかしここではフォノのそうした決
定機構としての重要性はさておき、フォノの儀礼的側面に着目してみたい。
すなわち席次、発言順位、カヴァ（'ava アヴァ）[11]儀礼等において、地縁組織
内の称号名間の関係を絶えず確認するメカニズムが存在するが、その実際を
ファレアタに即して検討しよう。

11　カヴァ（サモア語では 'ava）はポリネシア一帯に拡がっていた儀礼的飲料。コショウ
　　科に属する潅木 piper methysticum の根をくだいて水にひたし、その上澄みを飲む。フ
　　ォノに際しては必ずカヴァを飲むが、その時には難しい作法があり、カヴァ杯を配る
　　順位が定められている。現在でもこれを飲用しているのは太平洋ではサモア、トンガ、
　　フィジー、ヴァヌアツ、ポーンペイである［山本真鳥 2008］。

フォノは村—（小地方）—地方といった地縁組織のレベルごとに形成されており、前節のファアルペガと同様、ファレアタのフォノはその中間レベルに存在する。

1）会議場

　地縁組織は各々フォノを開催するためのマラエ（malae 広場）をもつ。村のように下位の集団では広場をひとつしかもたないことも多いが、地方のように上位ともなると2つの広場をもつのが常である。2つの広場は別々の機能があって、一方はマラエフォノ・フィレムー（malaefono filemū、静かな会議場）、またはマラエフォノ・マニノ（malaefono manino 澄んだ会議場）と呼ばれて平和を目的とした会合に用いられ、もう一方のマラエフォノ・オ・レ・アアヴァ（malaefono o le 'a'avaa 戦争の会議場）は戦争を目的とした会合に用いられる。ファレアタの場合、最高位アリイ、ファウムイナーのいるレペア村にはレペアと呼ばれるマラエフォノ・フィレムーが、またヴァイロア村にはヴァイタグツ（Vaitagutu）と呼ばれるマラエフォノ・オ・レ・アアヴァが各々存在する。今日でもレペアは会議場として健在である。首都アピアより西方面行きのバスに乗ると、5分ほどで芝をきれいに刈り込んだ、円形に家の建ち並ぶ直径200〜300メートルの広場のまん中を通り抜けるが、ここがレペア村である。その家の配置ゆえに初めてサモアを訪れる人にはとても印象深い景色である。マラエフォノ・オ・レ・アアヴァのヴァイタグツは、宣教師や植民地政府に戦争が禁じられて久しいためか、ファレアタの住民でも伝統文化によほど通じた人でなければ知らないほどに忘れられ、今や草深いやぶ地と化している。

2）席次

　村のフォノであれば広場に建っている伝統的な楕円形の一軒の家の中で行

12　地方（itūmālō）とは、国（mālō）の部分（itū）という意味であり、地方の中がさらに地方として区切れていることも多く、相対的な概念となっている。ファレアタは、ツアマサガというイツーマーローの中にあるイツーマーローである。

13　称号名にもヴァイタグツは存在しているが、ここはマラエの名前である。

48　第2章　サモア社会の概観となりたち

カヴァ儀礼、西サモア・サヴァイイ島にて　1978年

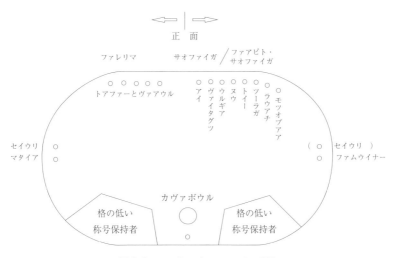

図 2-2　ファレアタのフォノの席次

5. 地縁合議体（フォノ）　49

われるのが常である。しかし地方のフォノの場合には、その普通の方式の他に、いくつかの下位地縁組織に分かれて別々の家の中に着席し、代表者が家々の間の広場に立って野外で演説を行う、という方式もある。これはフォノ・タウアチ（fono tauati）——以下野外フォノとする——と呼ばれ、重要な議題と認定されたものについて行われる。ファレアタの野外フォノは本来ならば戦争の会議場であるヴァイタグツで開かれるものである。

　まず一軒の家の中で会合が催される場合から記述していこう。サモアの楕円形の家は長軸が道に沿っており、道に近い方が正面、反対が裏手となっている[14]。楕円の長軸の両端はタラ（tala）と呼ばれる。両方のタラ及び正面が位の高い人々の席で、アリイはタラにツラファレは正面に、柱を一本ずつ背にして座る。他の位の低い人々は裏手にかたまって座る。この形式は別にフォノに限らず、単に家族が家の中で集う時にも、主人となるマタイ（家長）夫婦は一方のタラに、主客はその反対のタラに、その他の位の高い人は正面に、若い人々は裏手にという具合に座るのである。

　ファレアタのフォノの席次は図2-2に示してある。タラに座ることができるのはファウムイナー、マタイア、セイウリの3人であるが、ファウムイナーとマタイアが向かい合うように座る。マタイアの称号名保持者はヴァイモソ村とヴァイテレ村にひとりずつ計2人いるが、タラに座れるのはそのうちのひとりだけで、もうひとりは裏手に座る。セイウリはどちらのタラでもかまわない。正面はちょうど半分のところで分け、マタイアの側にトアファーとヴァアウルが座る。もう片方はサオファイガの数多くのツラファレたちを代表してアイとヴァイタグツの2人が、そしてウルギアを頭とする広義のファアピト・サオファイガのツラファレたちがひかえる。称号分裂を生じている称号名の場合は、その保持者のうちひとりが代表で正面に座る。他の称号名はすべて、多い時は2列になって裏手の下座にひかえる。裏の中央にはカヴァボウルが置かれ、正式の場合にはタウポウ（tāupou）[15]がカヴァをつくる

14　家の中で行われるとはいえ、サモアの伝統的な家屋は柱と屋根だけで壁がないので、外からもこの会議を見ることは可能である。

15　高位アリイに付属する「娘」格の称号。第1章の注24を参照。

50　第2章　サモア社会の概観となりたち

ためにその前に座る。

　一方野外フォノの場合の席次は以下のようになる。3軒の家が用意される。1軒にはヴァイモソ村のマヌレレウアとウネ以下、諸々の称号名保持者（但しマタイアは除く）が着席する。2軒目にはトアムア村のアレ、ウル、ヴァアウル以下諸々の称号名。最後の家にはファレアタの最高位アリイ、ファウムイナー、マタイア、セイウリの3称号名とサオファイガ及び広義のファアピト・サオファイガのツラファレたちである。つまりファレアタ全員が1軒の家に座る時の形式からトアファーとヴァアウルが抜けて、各々自分たちの村のフォノとほぼ同じように座る、という形式になっている。[16]

　ここで興味深い点を拾っておこう。まずアリイの席次について、セイウリの席が固定していないのに対して、ファウムイナーとマタイアが向き合って座るのは、この2人が互いに桔抗する二大称号名で、セイウリはそれよりやや低く見られている、といえそうに思える。しかし見方によっては以下のように考えることも可能であろう。村のフォノの席次であれば高位称号名は2つ以下であるのが普通であるから、タラにおさまるが、これが3つあるファレアタのフォノではひとつの称号名の保持者がひとつのタラを占めるというわけにはいかない。だから　セイウリがどちらも占めることができるとして、うまくやりくりをつけているのである、と。この3称号名の関係についてはさらに次節以下で検討していこう。

　次にツラファレの席次について。席次で見る限り、トアファーはファレアタで最も有力なツラファレの如くである。一軒の家の中で行われる時のフォノではサオファイガとファアピト・サオファイガの双方の合体した部分と対峙しているし、野外フォノの際には、他のすべての称号名保持者が一軒にひしめいている時にそれに対峙し、しかも2軒に分かれて悠々座るのであるから。しかし席次からだけでは検討が不充分であることは、追い追い明らかとなろう。

16　この時そのままであれば、正面の半分はトアファーが抜けたまま空席になってしまう。インフォーマントにはたずねそびれてしまったが、おそらくはサオファイガとファアピト・サオファイガがトアファーの抜けた部分にも広がっていくのだろう。

5. 地縁合議体（フォノ）　　51

アリイとツラファレの対の関係は絶対的なものではなく、コンテクストに応じて他の称号名とも結びつき得るが、一応ファレアタの有力称号名間では、同じ村に属する同士、サオファイガはファウムイナー（共にレペア村）に、ファアピト・サオファイガはセイウリ（共にヴァイウス村）に、ウネ、マヌレレウアはマタイア（共にヴァイモソ村）に仕えるといわれる。この時トアファーのうち同じ村に有力アリイのいないアレとウルは直接の主人をもたないことになっているが、しかしここで考察した一軒の家のフォノで見ると、ウネ、マヌレレウアと共にマタイアの側のツラファレ席に座るのであり、トアファー全体が何らかの形でマタイア称号に結びついていると考えることができそうである。一方、野外フォノとなるとトアファーはウネとマヌレレウアでさえマタイアとは別の家に分かれて座るのだから、マタイア／トアファーの関係は他の2組のアリイ／ツラファレ関係とは大分異なる結びつきのようにも思える。

3）地縁合議体（フォノ）の式の進行

　まず一軒の家の中で行われるフォノの式の進行をみてみよう。フォノは形式の整った独特の演説（*lauga*）[17]とともに開始する。最初の演説を行うのは高位ツラファレのたいへん名誉ある仕事であり、これを誰が行うかは演説に先だつファアタウ（*fa'atau* 交渉）[18]という話し合いを通じて決められることになっている。地縁組織によっては、慣例により誰が演説をするか予め決まっている場合もあり、またほぼ順位の等しいツラファレたちの間でその都度決められる場合もあるが、どちらもフォノの最初の手続きとしてかなり長い時間をかけて必ず、ファアタウが行われる。ファレアタの場合、最初の演説はサ

17　演説はサモアの正式な行事の場面で大変重要な機能をもつ。演説には形式があり、まずは吉兆やさわやかな朝に言及する決まり文句から入り、集まった面々に言及して主題へとつなぐ。故事やことわざなど引用しながらうまくまとめるのが演説巧者とされる。演説巧者はサモア固有の伝承等に長けていなくてはならない。演説は学校教育にも取り入れられており、人前で上手なスピーチをするのはサモア人の特技であり、国民文化であるともいえる。

18　ファアタウとは交渉という意味だが、サモアでは売買交渉をすることもファアタウといい、買うことはファアタウ・マイ、売ることはファアタウ・アツという。

オファイガのリーダーであるアイかヴァイタグツのどちらかが行うことになっている。村のフォノであれば、最初の演説の後すぐにカヴァが開始されることも多いが、それより大きい地方などの地縁組織の場合、さらにいくつかの演説が続く。ファレアタではトアファーがひとりずつ演説を行う。4人のうち、最初はアレで、マヌレレウア、ウル、ウネと続く。

　ウネの演説が終わるのを合図に、議場の称号名保持者たちはいっせいに手を打ちならし、カヴァが開始される。カヴァ杯を配る順位を以下に示そう。

ファレアタのカヴァ杯の順位

1 2	ファウムイナー マタイア
3	演説をしたサオファイガ（アイまたはヴァイタグツ）
4	アレ
5	マヌレレウア
6	ウル
7	ウネ
8	もうひとりのサオファイガ（ヴァイタグツまたはアイ）
9	ヌウ
10	ウルギア
11 12	トイー、ツーラガ
13 14	ラウアチ、モツオプアア
15 16	プアアセギセギ、プアアラタマイ
17	ヴァアウル
18	セイウリ

　この中で最高位アリイの3人のうちファウムイナーとマタイアの2人は1

5. 地縁合議体（フォノ）　　53

番目と２番目のどちらかに配られ、この順位は固定していない。またセイウ
リは最後である。カヴァ杯の順位は一応、称号名の序列に従っているが、最
後の一杯に限っては１番目と同じく名誉ある杯で最高位アリイに与えられる。
サモアではしばしば称号名間の序列が、微妙なところでは曖昧で、高位２者
または３者が同格であったり互いに順位を競い合ったりしていることが多い
し、かつそうした状況下では、「最後の一杯に最初と同じ位名誉がある」と
いう考え方は、決定的衝突を避けるための見事な工夫であるといえよう。こ
こではファウムイナー、マタイア、セイウリの３者がほぼ同格であることが
うまく示されている。

　カヴァ儀礼が終わると軽食が運ばれる。これはフォノ・オ・レ・アヴァ
(*fono o le 'ava*) と呼ばれる。かつてはファアウシ (*fa'ausi* タロイモのポイ) や
タウフォロ (*taufolo* パンの実のポイ[19]) などであったが、今日ではビスケット
とバターつきパンと紅茶である。

　軽食の次はいよいよ議題にはいる。ここからは、先のフォノのはじまりの
時の演説ほどに順位にこだわらず、比較的自由に討論することができる。ア
リイも発言してかまわないし、ツラファレも高位アリイの意見に反対するこ
とができる。個々の発言は先のものより簡略化されているものの演説の形式
をとっており、日本社会の討論の場での発言に比べればかなり長いものであ
る。しかし裏手の方に座っている位の低い称号名保持者たちは討論に参加す
ることができない。フォノの討論において誰がどのような意見を述べるかは
前もって予想のついていることも多い。というのも、発言の内容は称号名保
持者個人の考えによるというよりは、称号名同士の関係から決まってくるも
のであるし、また称号名にはじめから特定の発言内容が定められている場合
もある[20]。このサモア式討論はそれ自体興味深いテーマであるが、ここで詳細

19　ポイは、タロイモやパンの実等の炭水化物の食べ物を手持ちの杵のような道具でたた
　　いてペースト状にした食品。ポリネシア、ミクロネシアに広く見られる。

20　例えばアアナ地方の首村 (*tumua* ツムア) であるレウルモエガ村のトアイヴァ
　　(To'aiva) というツラファレ団は、叱責の演説を行う役割をもち、一方同じ村のアリ
　　ピア (Alipia) というツラファレはトアイヴァに叱責を受けた人の誤ちを許す演説を
　　行うことができる。

に触れることは避けよう。端的にいえば、あるできごとによって乱れてしまった共同体の秩序を、話し合いを通して確認し合うことが重要であり、問題解決というよりははるかに、伝統的な称号名間の権力秩序維持に向けられている。

全員一致にもっていけた時もいけない時も、最後の演説はトアファーのひとりが行う。調整、調停はトアファーの役割であるからだ。これに対してサオファイガが最初の演説をするのは問題提起役であるともいえよう。

野外フォノの場合の演説は、戸外に立ちツラファレのシンボルである杖（トオトオ to'oto'o）とハエ追い（フエ *fue*）[21]を持って普通のフォノの時と同じ順序で行う。ツラファレの演説は戸外で行う方が本式のやり方で、より威厳（ママル *mamalu*）のあるものとされる。サオファイガのいる家の中で手をうちならすのを合図に、各家で別々にカヴァの儀式が行われる。この方式のフォノの時、発言は戸外で行われなければならず、またアリイが外で演説することは普通にはないので、アリイの意見はツラファレが代弁する形式をとることになる。

ここではトアファーとサオファイガという2つのツラファレ団の間の関係に注意を払っておく必要がある。最初の儀礼的演説がツラファレの最も栄誉ある仕事であることは先に触れたが、これはサオファイガが独占している。またカヴァ杯もサオファイガがツラファレとしては最初に受ける。一方サオファイガは実際にはそのうちのひとりしか名誉にあずかれないのに対して、トアファーは2番目以降ではありながら4称号名すべてが演説もカヴァも行う、という点において、また違った扱いを受けているといえるだろう。このトアファーとサオファイガの関係については第7節で詳細に検討しよう。

4）地縁合議体（フォノ）台集権と連絡網

フォノについては一応検討を終えたが、フォノを開催するに到る過程につ

---

21 杖と共にツラファレのシンボルとして野外での演説の際に持つ儀礼的もちもの。50センチメートル程度の棒の上端にはヤシロープの房がついていて、演説を始める前にお祓いの如くに振る動作からハエ追い（fly whisk）と呼ばれるが、実際にハエを追う道具として用いられることはない。

5. 地縁合議体（フォノ）　55

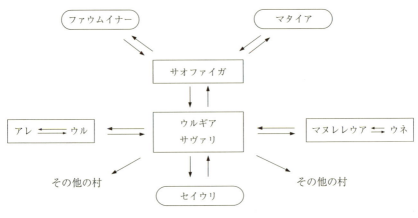

図 2-3　ファレアタの連絡網

いてここで手短に触れておこう。サヴァリ（sāvali）というのは公式のメッセージを運ぶ人のことであるが、地縁組織では特定の称号名にこの役割が定められていることが多い。ファレアタの場合にはヴァイウス村のツラファレ団ファアピト・サオファイガのリーダー、ウルギアがこの役を務める。

　サヴァリが出るのはフォノの開催に限らず、重要な称号名の保持者が亡くなったりした時も同様である。例えばファウムイナーが亡くなったとすると、その親族集団からサオファイガに知らせがいき、サオファイガはマタイアとウルギアに知らせる。そうしてウルギアはファレアタを西へ東へと駆けずりまわってあちこちに知らせることになる。トアムア村、ヴァイモソ村では各々、アレとマヌレレウアに知らせると、それぞれウルとウネに各々のサヴァリを出すので、ウルギアはウル、ウネに知らせる必要はない。この連絡網は図2-3に示した。ファレアタの重要な称号名がウルギアを中心に見事に対称的に構造化されている。ここでひとつ不可思議なのはトアファーの位置である。西のアレとウルの場合はともかくとして、マヌレレウアとウネのペアが同じ村のマタイアに知らせる役割をもたない。かわりにマタイアはサオファイガから知らせを受ける。これは席次のところで検討した主従関係からみても奇妙である。

　さてフォノ開催で重要なのはウルギアに情報を流すことのできる称号名と

できない称号名、つまりは召集権や提案権をもつ称号名ともたない称号名があることである。まず三大アリイ、ファウムイナー、マタイア、セイウリは単独でフォノを召集することができる。前2者はまずサオファイガを呼び、これを使いとしてウルギアに知らせる。セイウリは直接配下のツラファレであるウルギアにフォノ召集を命ずればよい。ツラファレの中ではトアファー、サオファイガの2グループは、開催を提案することができる。トアファーの場合、手続きとしては、トアムア村のアレとウルの2称号名、ヴァイモソ村のマヌレレウアとウネの2称号名の2組に分かれる。どちらの組も互いの間で相談して、フォノ開催が必要であるという結論に達すると、まずサオファイガに連絡する。さらにサオファイガはファウムイナーにお伺いをたてる。トアファーがフォノ開催を提案するとファウムイナーもサオファイガも普通それに反対したりはしない。サオファイガ自身もフォノ開催を提案することができる。

　ここで興味深いのが、フォノ召集権が別々に三大アリイにあることで、どのアリイが召集しても全員がフォノに集まるということである。その意味では3者の権利は相等しく、しかも、ひとつの権力を分け合うのではなく、互いに互換性をもつ相似的な地位にあるということがいえるだろう。しかしフォノを開催するのはファウムイナーの村レペアにおいてであるし、またトアファーやサオファイガが開催を提案した時に最終決定を下すのがファウムイナーであるということから、3者の中ではファウムイナーがやや特権的な立場にあるといえないわけではない。

　さて、本節においては、フォノの中で各称号名がいかなる位置を占め、いかなる役割を果たしているかを詳細に検討したが、その結果をここでまとめておく必要があろう。非常に大まかには、ファアルペガ中に表れた称号名の構造がここでも繰り返されているということができる。同じ三大アリイ称号名（ファウムイナー、マタイア、セイウリ）と三大ツラファレ団（サオファイガ、ファアピト・サオファイガ、トアファー）がここでも重視され、それらに高い敬意が払われ、あるいは重要な役割が委ねられている。しかし詳細な部分に目を向けてみると、それらの称号名間の関係は非常に複雑に込み入っている

し、そこに矛盾を見出すこともできる。まずアリイ相互、次にアリイ／ツラファレの間の関係も含め、ツラファレ相互の関係について、これまでの概略をまとめておこう。

　3つのアリイ称号名に関して、ファウムイナーは議場となるマラエフォノが自分の村であること、またトアファーのフォノ開催提案権に対しての決裁を行うなど、3者の中で最も勢力をもっているように見える。実際今日のファウムイナーは、内陸に広大な土地を領有してそれを国営の農業公社に賃貸しているために金持ちであり、かつての称号名保持者が二束三文で白人に土地を売ってしまったヴァイテレ村のマタイア[22]など、住む土地すら現所有者に借りている位であるから、一見これら称号名の間には格の差までありそうに思える。しかし3つの称号名は形式上等しく位置づけられており、平等であることを示す工夫がなされている。例えばカヴァ分配は、どうしても順番に配らざるを得ない性格の儀礼であるにもかかわらず、その中で同格であることを示すべくうまく構成されているといってよい。

　これに対して、3つのツラファレ団はどうだろうか。ただ座っているだけのアリイと異なり、ツラファレの間には細かな役割の区別があり、それと関連してその間に格の差もありそうに思える。ファアピト・サオファイガはファアピトが「次」とか「準」とかいう意味であるから、サオファイガに次ぐものと考えることができる。実際ウルギアという称号名に定められたサヴァリ（メッセンジャー）の役割は、重要ではあるが格の高いものではないし、フォノの最初の演説は行わない上にカヴァ杯の順位も決して高くはないから、ファアピト・サオファイガの第三位ツラファレ団であることには疑問の余地がなかろう。けれどもトアファーとサオファイガの関係はもう少し複雑な様相を呈している。それはすなわち、トアファーのファレアタにおける特別な位置とも関連しているだろう。

22　植民地時代を経て独立した現在、その土地は農業公社所有のプランテーションとなっている。道路に面したゆるやかな斜面の部分は、政府の手で開発されつつある「工業地帯」なっている。2011年にはここに市場もできた。後背地にはここ30年ほどの間に住宅地としての開発が進み、その東側には2007年の南太平洋ゲームのためにスポーツ・コンプレックスが建設された。

まずひとつには、トアファーの擁立するアリイが必ずしも明確でないことがあげられる。アリイ／ツラファレの組み合わせは相対的要素も含みながら、通常は特定のアリイには特定のツラファレが結びついて1組となっている。「3人のアリイに3つのツラファレ団が仕える」とは一般にいわれるものの、レペア村内部でのファウムイナーとサオファイガの結びつきは明らかであるし、またヴァイウス村のセイウリに対しては同じ村のウルギア（ファアピト・サオファイガ）が仕えている、という具合に2組のセットとなっている（表2-1参照）。それでは同様にマタイアにはトアファーが仕えているといってよいであろうか。この両者はある水準においてアリイ／ツラファレの対の関係をつくっているといえるだろうが、他の2組の主従関係とはやや性格を異にしているといえよう。まずトアファー自体がファレアタの西と東に2称号名ずつ分かれており、その2称号名とマタイアのうちの1称号が同じ村にあるものの、他はバラバラに異なる村に位置していることがあげられる。また野外フォノの際にマタイアはサオファイガとファアピト・サオファイガの座る家にファウムイナー、セイウリと同席するのに対して、トアファーは2称号名ずつ別に2軒の家をかまえるのである。トアファーはこの時別の家にいるマタイアの意見を代弁することはない。そしてまた連絡網についてみてみると、マタイアとウルギアを結んでいるのはサオファイガであり、トアファーではないことにも注意を払う必要がある。特にヴァイモソ村のマタイアについては、手近なところにウネ、マヌレレウア（トアファーのうちの2称号名）がいるにもかかわらず、隣村のサオファイガに頼るのだから、やはりマタイアとトアファーの関係は、ファウムイナーとサオファイガとの関係やセイウリとウルギアのそれとパラレルに考えることはできない。

　もうひとつは、トアファーとサオファイガの間にある種の葛藤が見られることで、格はトアファーの方が上であるという人々もいるが、最も名誉ある仕事をサオファイガが独占していることである。ファレアタが集まると最初に演説をし、ツラファレの中で最初にカヴァを飲むのはサオファイガである。すなわちこれは、サオファイガがツラファレとして最も栄光ある役割を掌中におさめていることを意味する。しかし一方、トアファーの方がサオファイガより格が高いという考えを裏付ける証拠もないわけではない。サオファイ

ガは1番に演説をし1番にカヴァを飲むけれど、実際にそれを行うことのできるのはサオファイガを率いる2人、アイとヴァイタグツだけである。それに対してトアファーは、それぞれの称号名につき1名ずつが、ヴァアウルと共に上座の半分を独占しており、演説も1称号名ずつ、カヴァも1称号名ずつという具合に、トアファーの各称号名が儀式に参加することができる。また野外フォノの際には他はすべてが1軒の家に入るのにトアファーは2称号名ずつ2軒の家を占めるということも注目に値しよう。

　本章の残りの部分では、以上2つの疑問点を解明しつつ、これまでに提示していないアリイの系譜やツラファレ間の権力の推移に関する伝承を明らかにしながら、ファレアタの政治構造にさらに深い分析を加えたい。そのために、アリイ相互の関係、アリイ／ツラファレの対の関係、ツラファレ相互の関係の3つの分析軸を設けて考察していこう。

6. アリイたち

　この節の目的は、ファレアタの最高位アリイ称号名の系譜を調べ、この小地方のなりたちを考察することにある。ファレアタはツアマサガ地方の一部分を構成しているが、成立はツアマサガよりもさらに古く遡ることができる由緒ある地縁組織である。ここで重要なことは、ツアマサガ地方とファレアタが全く異なる統合原理に基づいていることで、それはおそらくファレアタがもともと村として成立してから大きく成長したのに対し、ツアマサガは後世になって村の連合体として統合されたという成立の過程での相違に関係があろう。ツアマサガで最高位のアリイはマリエトアであり、ツアマサガの統合はこの称号名の系譜に基づいている。一方ファレアタは、マリエトアとは無関係に統合されているものの、ツアマサガ全体の統合レベルとは別の形でこの称号名が重んじられているのである。ファレアタを地縁組織全体の中で理解するために、ここではまず、ツアマサガの組織について記述した上で、ファレアタのアリイたちについて検討しよう。

1）ツアマサガの組織

ツアマサガのファアルペガ[23]

1　Tulouna Faleono o Atigana,

2　　ma le itūtolu o Sagana.

3　Tulouna Faleata ma le Gafa.

（日本語訳）

1　アチガナの六家よ。

2　　そしてサガナの三地方よ。

3　ファレアタとサファタよ。

ツアマサガを象徴する最も位の高い称号であるマリエトアの称号名は、かつてトンガがサモアを征服していた昔に、アチオギエという名の人物の息子のツナとファタがトンガの王をサモアより追い出した時、王が「マリエトア！　マリエタウ！」（何と勇敢な者たちよ！　何と勇敢に闘ったことか！）と叫びながら逃げていった故事に由来する［Stuebel 1897: 86、182; Krämer 1994 (1902) vol.1: 336; Henry 1979: 23］。しかしツナとファタはどちらがこの称号名を得るかで互いに譲らなかったので、アチオギエはけんか両成敗とばかりに別な息子のサヴェアに称号名を与え、サガナ（Sagana）の地に政治の中心を形成させた。そしてツナにはファレアタへ行きイツアウ（itū'au 戦いの時の主戦力となる地縁組織）を形成することを命じ、ファタには南岸へ下りサファタ（Sāfata ファタのアイガの意）村をつくり、アラタウア（alataua 戦いの時には神に勝利を祈り、和平の時にはその交渉にあたる地縁組織）を形成することを命じた［Krämer 1994 (1902) vol.1: 339; Henry 1979: 26］。

かくして今日に到るまでサガナはツアマサガ地方の政治の中心であり、ファレアタはイツアウとして勇敢な戦いぶりで知られ、サファタはアラタウアとして和平の時の媒介者という貴重な働きを担っている。サモアではこのイツアウとアラタウアは地縁組織を形成する時の対を構成する要素として重要であり、ファアルペガの3行目は特別にこの対となるイツアウとアラタウア、

23　このファアルペガはツアマサガの首村のひとつ、マリエ村の有力ツラファレから得た。

6. アリイたち　　61

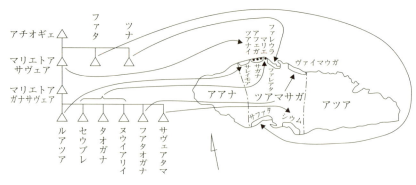

図 2-4　ツアマサガのなりたち

すなわちファレアタとサファタに対して呼びかけている。サガナの三地方とはトゥアナイ（Tuana'i）、アフェガ（Afega）、マリエ（Malie）の3つの村をさしていう。このうち、アフェガ村とマリエ村はあわせてツアマサガ地方の首村としてラウムア（laumua）[24]とも呼ばれる。アフェガ村にはツイサーマウ（Tuisāmau）、マリエ村にはアウイマタギ（Auimatagi）と呼ばれる ツラファレ団がおり、全国レベルの集会ではこれら2つのツラファレ団がツアマサガ全体の代表となる。

　マリエトア・サヴェアの息子はマリエトア・ガナサヴェアであるが、彼には6人の息子があり、それぞれはツアマサガ各地に村づくりのために派遣された。これがファアルペガの1行目に見えるアチガナの六家であり、ルアツア（Luatua）はサレイモア（Saleimoa）村へ、セウプレ（Seupule）、タオガナ（Taogana）、ヌウイアリイ（Nu'uiali'i）の3人はファレウラ（Faleula）村へ、フアタオガナ（Fuataogana）はヴァイマウガ（Vaimauga）村へ、サヴェアタマ（Saveatama）はシウム（Si'umu）村へ行き、各々の村を建設したといわれる〔Krämer 1994 (1902) vol.1: 304-308; Henry 1979: 33〕。系譜と村の関係を解り易く

24　ツアマサガの西、アアナ地方の首村はレウルモエガ（Leulumoega）村、東のアツア地方の首村はルフィルフィ（Lufilufi）村であるが、この両者は各々ツムア（tumua）と呼ばれるのに対し、ツアマサガの首村だけはラウムアと呼ばれる。これについてはいくつかの伝承があり、またさまざまに解釈されているが、ここでは深く立ち入らないでおく。

62　第2章　サモア社会の概観となりたち

示したのが図 2-4 である。

　ここでツアマサガ地方の連帯を形づくる上で、マリエトアの系譜がいかに用いられているか考察してみる必要があるだろう。先に引いたサレイモア村にはマリエトア・ガナサヴェアの息子を初代とするルアツア（Luatua）という称号名が今でも存在するが、この村の称号名すべてがルアツアないしはマリエトアの系譜に辿れる訳ではない。しかしサレイモアという地縁組織全体は、その一員であるルアツアの系譜からファレウラ村、ヴァイマウガ村、シウム村と並んで兄弟村として位置づけられているのである（図 2-4 参照）。つまり、マリエトアの系譜は称号名間の序列を形成するものでは全くない。系譜によって結びつけられているのは、称号名同士ではなくその称号名を含む各々の地縁組織である。そしてその地縁組織内に含まれたいくつかの称号名は互いの系譜とかかわりなく地縁により結びつけられているのである。次にファレアタに関していえば、ツナという名はもはやファレアタの重要な称号名のリストの中に見出すことはできないが、兄弟であったツナとファタの関係と父アチオギエの任命の故事ゆえに、南岸のサファタ小地方がアラタウア（勝利を祈り、和平の交渉にあたる媒介者）であるのに対し、それと対になるイツアウ（主戦部隊）という役割を担っていることに注目したい。つまり、地縁組織同士はこの系譜により格づけされているというよりは、単にそれを通じて互いの連帯を強め、役割分担を行っているのである。各々の地縁組織はいくつもの称号名から成っており、各々独立に発生したものであっても、そのうちの重要な称号名、あるいは過去の事件により、地縁組織全体としては互いに結びつけられ関係づけられているということがいえる。

2) ファレアタのアリイたち

　さてそれではいよいよ、ファレアタのアリイ称号名についての考察に移ろう。ファレアタはツアマサガの中では、初代マリエトアであったサヴェアの兄弟のツナがイツアウを形成したところとして他の村や小地方と関連づけられているが、起源そのものはマリエトアよりも古くに遡る。クレーマーの記したマリエトアの系譜は初代のマリエトア・サヴェアから遡り、8 代前のシウセイア（Si'usei'a）まで記録してある ［Krämer 1994 (1902) vol.1: 313］ が、シ

6.　アリイたち　　63

ウセイアの孫にアタ
(Ata) という人物が
見えており、これが
ファレアタ（アタの
家）の開祖であると
伝えられているので
ある。サヴェアの祖
父フェエポー
(Feʻepō) はファレア
タの西部の山の中の
村アエレ (Aele) に
住んでいたし、また
サヴェアはフェエポ
ーの息子のアチオギ
エとトアムア村のツ
ラファレ、アレの娘
のタウアイウポル
(Tauaiupolu) の間に
生まれた、という経
緯からは、ファレア
タがマリエトア家揺
籃の地としてこの称

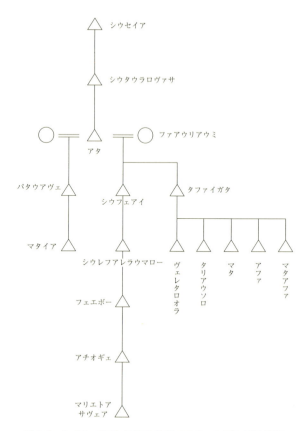

図2-5　シウセイアからアタを経てマリエトアに到る系譜

号名と特に縁が深いことを示すものであろう。

　さてこのシウセイアからアタを経てマリエトアに到る系譜［Krämer 1994 (1902) vol.1: 313］を図2-5に示してみた。アタの最初の結婚から出た孫にマタイアの名が見えるが、これが今日のマタイア称号の起源であるとみなすことができる。マタイアはこのようにマリエトア称号の成立以前からある古い称号名であるらしい。

　一方セイウリはあちこちの村に「マリエトアの息子」格の称号名として存在している。これはマリエトアが普通の村の高位アリイやツラファレの娘と

結ばれて男子が生まれた時につけられる名で、そのままその村の高位称号名
となって残ったものである。母方の親族によってその村の威信を高めるべく
擁立された称号名であるから、村の中では高い地位をもつが、マリエトアの
称号名を継承する直系ラインからは遠のく。[25]ファレアタのセイウリは、クレ
ーマーの系譜によると、サヴェアより数えて 13 代目のマリエトア・アエオ
アイヌウー（'Ae'o'ainu'ū）がウルギアの娘と結婚してもうけた息子から発生
している［Krämer 1994 (1902) vol.1: 318］。ここではセイウリとウルギアの間の
アリイ／ツラファレ関係がセイウリの称号名と同時に始まっていることがわ
かる。

　同格のアリイであるマタイアとセイウリも起源的にはこのように 20 世代
も隔たっているのである。互いに共通の祖先をもちながら、その称号名の正
統性の根拠は全く異なっている。セイウリがその出自を直接マリエトアに辿
れる称号名である事実を積極的に利用して、「アロ・オ・マリエトア（alo o
Malietoa)」（マリエトアの息子）として良い血筋を誇っているのに対し、マタ
イアはむしろアタの孫としてファレアタに君臨する根拠を示しているのであ
る。互いに祖先を共有していても、その正統性の根拠はかくも異なっており、
もはや互いに血筋を辿ることができるという意識ははとんどないし、また辿
る必要もないといってよい。

　ファウムイナー称号の起源はおそらく、ツアマサガの西のアアナ地方で最
も高い位の称号名、ツイアアナをもっていたツイアアナ・ファウムイナー
（マリエトア・アエオアイヌウーより約 2 世代古い）にあると考えられるが、そ
れがいかなる経緯でファレアタにやって来たのかについては今のところデー
タをもっていない。ツイアアナ・ファウムイナー自身かなり世代が新しいの
で、ファレアタのファウムイナー称号もそう古いものではなさそうだ。

　以上の如く系譜から判断すると、マタイア称号は今日ファレアタに君臨す
る三大アリイ称号名のうちでは最も古い起源であるらしいことがわかるが、
同様に、マタイアの称号名が 2 つに分かれ、ヴァイモソ村とヴァイテレ村の

25　同様の称号名にツイラエパ（Tuilaepa）、パパリイ（Papali'i）などがみられる。

双方にまたがっていることも、この称号名が古いことを示す証拠のひとつであろう。称号分裂は同じ村（地縁組織の最小単位）の内部で生じるのが普通である。ところがマタイア称号名は2つの村に分かれており、しかもその間にいくつもの村が介在するということは、何を意味するであろうか。これは他でもない、分裂直後のマタイア称号は地理的に隣合っていたのが、後に人口が増え多くの称号名や村が生じて2つのマタイア称号の間に割って入る結果となったことを示唆しているのである。おそらくはそれほどにマタイアの称号名は古いものなのだろう。

　さてここで、マタアファ（Mata'afa）という、かつてファレアタに最高位で君臨したが、今では他の地方へ移転してしまった称号名について触れておこう。先に検討した今日のファレアタのファアルペガの中にマタアファの名は含まれていないが、古いファアルペガの中には見ることができる。クレーマーのテクスト中のファアルペガ［Krämer 1994 (1902) vol.1: 291］とサモア会衆派教会（Congregation Christian Church of Samoa）の発行したファアルペガ集［1978: 150］を次に掲げてみよう。

クレーマーによるファレアタのファアルペガ

1	Tulouga 'oe Faleata	13[26]
2	tulouga 'oe Tauaitu	
3	tulouga āiga e fā	5
4	tulouga a ali'i e lua:	
5	susū mai lau susuga a Matai'a	3
6	afio mai lau afioga a Faumuinā	2
7	susū mai lau susuga a Seiuli	4
8	'o le alo o Malietoa	
9	ae tulouga a lou ali'i 'o le Mata'afa	

（日本語訳）

26　各行の終わりに付した番号は本章4節のファレアタのファアルペガにあらわれている称号名の行番号を示す。

1　あなた方ファレアタのツラファレよ
2　あなた方タウアイツよ
3　4つのアイガ（トアファーのこと）よ
4　2人のアリイよ：
5　マタイアよ、ようこそ
6　そしてファウムイナーよ
7　セイウリよ
8　　　　　汝、マリエトアの息子よ
9　マタアファよ、ようこそ！

　　　教会のファアルペガ集によるファレアタのファアルペガ
1　Tulouna oe Faleata　　　　　　　　　　　　　13
2　Tulouna oe Tauaitu
3　Tulouna oe le Saofaiga a le Atua　　　　　　　6
4　Tulouna oe outou to'afā　　　　　　　　　　　5
5　Tulouna le Pulelua ma le faigā ma le Nofoapule　　8、9
6　Afifio mai oulua Tama a le Fale
7　Afio mai Faumunā　　　　　　　　　　　　　2
8　Susū mai Matai'a　　　　　　　　　　　　　3
9　Susū mai Seiuli o le alo o Malietoa　　　　　　4
10　Afifio mai Tapaau e lua o Letele ma le Matā'afa.
（日本語訳）
1　ファレアタのツラファレたちよ
2　タウアイツよ
3　サオノァイガ・ア・レ・アツアよ
4　あなた方トアファーよ
5　プレルア、ファイガー、そしてノフォアプレよ
6　あなた方2人のファレアタの王子たちよ
7　ファウムイナーよ、ようこそ
8　マタイアよ、ようこそ

9　マリエトアの息子、セイウリよ

　10　最高位のレテレとマタアファよ。

　クレーマーのファアルペガでは9行目、教会のファアルペガでは10行目にマタアファが登場する。一方、先に示したシウセイアからアタを経てマリエトアに到る系譜（図2-5）を見るとアタの2度目の結婚から生まれたタファイガタ（Tafa'igata）[27]の5人の子のうち最後の子がマタアファである。タファイガタはマタアファと名づけた後、「タウアイツ（ツラファレ団と思われる）を呼び、この子をお前たちのアリイ（主人）とする」、と宣言した。これがファレアタのアオ称号名[28]、マタアファの起源である」とクレーマーのテクストには記してある［Krämer 1994 (1902) vol.1: 332］。

　マタアファは少なくとも系譜の上で見る限り、マタイアと同じ時代に発生し、しかもマタイアより高い称号名であったが、ある時から同じウポル島の東部、アツア地方のアマイレ（Amaile）村に移ってしまった。アツアで最高位を占めるが長らく空位となっており、ツプア・タマセセ・ツプオラ・エフィが最近就任したツイアツアの代用となるほどに格の高い称号名である。教会のファアルペガの10行目に見えるレテレはマタアファと同格の女性称号名（マタアファのタウポウ称号名かもしれない）[29]であったが、今日ではファウムイナーのタウポウ称号名となっている。またマタアファのツラファレ団としてタファイガタに任命されたと伝えられるタウアイツ[30]は今日レペア村にある。この2つの事実からは、ファウムイナーの称号名はマタアファがアマイレ村に移った後の空隙を埋める形でファレアタの地縁組織の構造の内に入り込んでいるらしいことが推測できる。とはいえ、ファウムイナーはマタアファほどに格が高くはない。

27　タファイガタは今日、刑務所の置かれているファレアタの内陸の地名であるが、同時にファレアタのいくつかの伝承に登場する興味深い名である。

28　親族集団ではなくツラファレ団により選出される名誉の高い称号。

29　第1章注24参照。

30　タウアイツはクレーマーのファアルペガ、そして教会のファアルペガの双方とも2行目にその名が出てくる。詳しくは次節で再びとりあげる。

以上で検討したアリイ同士の関係を整理してみよう。ファレアタのアリイ称号名はたいてい開祖であるアタへと系譜的につながっているようではあるが、それが必ずしも称号名の直接の正統性には結びついていない。例えばセイウリはアタにつながることよりも、もっと後に生じて最も勢力を得たパラマウント首長称号名マリエトアに辿れることの方をはるかに大切にしている。しかも 20 世代も間に隔たりのあるマタアファとセイウリの両称号名はほぼ同格にある。またマリエトアやアタに辿れるかどうかすらわからないファウムイナーの称号名もある。すなわちツイトンガなど他の多くのポリネシア社会の原則であった年長優位の原理による直系／傍系の別と直系への系譜的距離による称号名の序列づけ、といったものは、サモアでは必ずしも重要とはなっていない。サモアの称号名も系譜を大切にするが、それはトンガの場合のように直系／傍系の区別により称号名の序列の中で自分の占める位置を明確にする、という目的であるよりは、むしろ単に自分の称号名の由緒正しさを示すひとつの根拠とするためである。由緒正しささえ示せれば、セイウリのように起源の新しい称号名もマタイアのように古くからファレアタに君臨した称号名と同格になることができるのである。

　ツアマサガはマリエトアという称号名の権威により、部分の関係がつくられ、まとめられているけれども、それはごく表面的なことであり、細部まで行き届いているとはとてもいい難い。ツアマサガのレベルではツナに表象されるファレアタであるが、その内部ではもっぱらツナよりも古いアタやタファイガタの権威が、依然有力である。しかしセイウリのように、新しいけれど強大なマリエトアの権威に依存している称号もある。ファレアタという地縁組織はこれら多元的な権威を束ねるようにして成立しているのである。

7. アリイ／ツラファレ関係

　アリイとツラファレの間の「主従関係」は、固定的なものではないが、一応の組み合わせが成立していると思われる。ツラファレが特定のアリイのために働くというのは、フォノの公的行事よりも、むしろアリイの親族集団にかかわる私的行事の時の方がはっきりと現れてくる。ここでは高位アリイの

葬式（lagi）におけるツラファレの役割分担に注目してみよう。多くの社会と同じくサモアの葬式においても親族一同が集まってくるが、サモアの場合その他に全国からツラファレたちが集合して、ヤシの葉を捧げ持ち、大声で決まり文句を口々に叫んでアリイの死を悼む。これはアウアラ（'āuala）と呼ばれるが、アリイの位が高ければ高いほどアウアラは大きく、またアウアラが大きければ大きいほどそのアリイの称号名の権勢を示すものとしてアリイの親族は喜ぶのである[31]。こうして葬式が無事終了すると、アリイの親族集団はファイン・マットをアウアラに参加したツラファレたちに配らなくてはならない。ファイン・マットの分配は屋外で皆の見ている前で、長い演説と共に行われる儀礼的なものである。この時、親族集団とツラファレたちは互いに対面するが、この双方を代表する2人のツラファレのやりとりのうちに分配が進行する。親族集団にかわり、タリア（talia）またはタリ・トガ（tali tōga）と呼ばれる役を務めるツラファレは親族集団の利益を代表し、限りあるファイン・マットを有効に——できるだけ少なく、しかし親族集団の名誉及び称号名の名声は高まるように——分配しようとするが、一方、アウアラに参加したツラファレたちの代表を務めるツラファレは逆に参加者ひとりひとりが分配を受けるように親族集団の代理人たるタリアに迫るのである。ファレアタにおける各アリイの葬式でのツラファレの役割分担は以下の通りである[32]。

亡くなったアリイ	親族代理（タリア）	アウアラ代表
ファウムイナー	サオファイガ	トアファー
マタイア（ヴァイモソ村）	ウネ、マヌレレウア	サオファイガ
マタイア（ヴァイテレ村）	トイー、ツーラガ	サオファイガ
セイウリ	ウルギア	サオファイガ

31　葬式の詳細な分析やアウアラの役割については第3章第4節3項を参照。

32　古来からのならわしでは、ファレアタのアリイは本来誰もラギを行ってはいけないとされている。しかしながら近年の各称号間格差の平準化（第3章第6節）にしたがって、ファレアタでも他の地方同様、最近はラギが頻繁に行われるようになっている。

タリアは、対外的にアリイの対となって代理を務めるツラファレであるが、ここではファウムイナー／サオファイガ、セイウリ／ウルギア、またヴァイモソ村のマタイア／ウネとマヌレレウア（トアファーのうちの2称号）、ヴァイテレ村のマタイア／トイーとツーラガの組み合わせが成立している。トイーとツーラガはファレアタ全体ではそれほど格の高いツラファレではないが、ヴァイテレ村のマタイアの親族集団に属する専属ツラファレである。またアウアラを代表するのは、ファレアタを代表するツラファレとなっており、原則としてサオファイガが、またサオファイガがタリアを務める時にはトアファーがこれを務めるということがいえるだろう。

　アリイ／ツラファレ関係について、筆者はマタイアとトアファーの組み合わせは他の2組、ファウムイナー／サオファイガ、セイウリ／ウルギアの組み合わせとは性格を異にするのではないかと指摘したが、この節でのアリイのラギについての検討からも同じことがいえる。後の2つの組み合わせは、各々レペア村、ヴァイウス村の内部で成立しているもので、特にセイウリの場合は初代セイウリの母方祖父がウルギアであったわけだから、両者の結びつきは称号の成り立ちからして明らかなものとなっている。それに対してマタイア／トアファーの組み合わせはもっと緩やかなものだが、この両者の関係を理解するのに、各々の称号名の地理的な配置を考察することが役に立ちそうである。

　マタイアが2つの村──しかも間にいくつもの村をはさんでいる──にまたがって称号分裂をおこしているのが珍しいということは先に指摘したが、ひとつのツラファレ団がこのように西と東に分かれて存在していることも同じく珍しい。そしてこれはマタイアの称号名分裂と一致しているかの如くである。すなわち、東のマタイア（ヴァイモソ村）にはマヌレレウアとウネが、西のマタイア（ヴァイテレ村）にはアレとウルが、というように対称的な配置をとっている。但し、実際に西のマタイアとアレ、ウルのふたりは村を異にしているために「主従関係」の意識は消えてしまっている。西のマタイアの代理を務めるのはアレとウルではなく、ヴァイテレ村のトイーやツーラガである。

　この地理的な称号の配置を時間軸の中では次のように推測することができ

7. アリイ／ツラファレ関係　　71

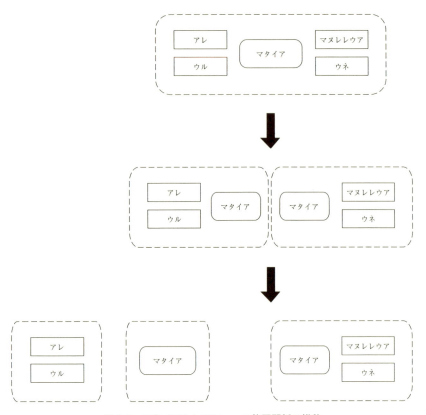

図 2-6　マタイアとトアファーの位置関係の推移

る。すなわちトアファーはかつてよりマタイアを主人とする由緒あるツラファレ団であり、村の中ではマタイア称号を囲むように、その西にはアレとウル、東にはマヌレレウアとウネというように住んでいた。その後マタイア称号が2つに分裂して、2つのアイガの分枝がこの称号名を各々独立に擁する

33　マタイアの称号の成立が相当古いものであることは系譜から容易に推測できるが、トアファーの場合、ツラファレの系譜が記録されることは少ないので、その成立がどれだけ古いかを調べるのは難しい。ただし、トアムア村のアレの場合、初代マリエトアであったサヴェアの母タウアイウポルがアレの娘であったことは有名な伝承であり、この頃既にアレの称号が成立していたのであれば、かなり古いということができよう。

ようになった時、ツラファレ団も2つのグループに分かれてアレとウルは西のマタイアに、マヌレレウアとウネは東のマタイアに仕えるようになった。やがて時間がたち、人口増加及びファレアタの膨脹に伴って両マタイア間の地理的距離も広がり、西のマタイアとトアルア（2人：アレとウル）は主従関係が薄れ、今日のようにアレとウルだけで単独の村を形成し、マタイアは自らのアイガのツラファレとしてもっと格の低いトイーやツーラガなどを用いるようになったのである（図2-6）。

　アリイ／ツラファレの対の関係を崩してしまっているのは西のマタイアとトアルア（2人：アレとウル）ばかりではない。東のマタイアとトアルア（2人：マヌレレウアとウネ）にしても、西の組み合わせほどに崩れてはいないが、ファウムイナー／サオファイガやセイウリ／ウルギアの組み合わせに比べると関係が弱まってきているといえよう。野外フォノの際にマヌレレウアとウネはマタイアとは別の家をかまえるのだし、フォノ召集に際してマタイアとウルギアとの間を結ぶのはこれら2称号のかわりにサオファイガである、ということはそのあらわれと考えられる。この理由はさまざまに考えられるが、そのひとつとして西のマタイアとトアルア（アレとウル）が関係を崩してしまっていることがあげられよう。対称型で存在している2組のアリイ／ツラファレの関係で一方の関係の崩壊が他方にも影響を与えているという推論がここでは可能である。東のトアルアもマタイアに仕えるツラファレとしてマタイアの下に安住できずに、西のペアであるアレとウルと一緒にトアファーとしてアリイから独立する傾向を見せているように思える。

8. ツラファレたち

　前節でアリイとツラファレの結びつきについて考察したが、このように特定のアリイとツラファレの関係がはっきりと現れるのは、アリイの身内の親族にかかわる行事が主である。第3節に示したようなフォノの機会には、これらアリイ／ツラファレの特定の関係よりもむしろ、ツラファレの中立性が主として表明される。例えば、サオファイガがファレアタのフォノで最初の演説をしても、それはファレアタのフォノ全体のためで、ファウムイナーの

8. ツラファレたち　　73

代理としてしゃべっているのではない。このサオファイガが不在であればそのかわりにトアファーが演説をしてみてもそれは同じである。この点についていえばアリイとツラファレは演説をする、しないの区別ばかりでなく、フォノにおける自らの代表性において全く異なる役割をもっているといえよう。すなわち、第6節で明らかとなったように、アリイはフォノにおいて地縁組織の各々の部分を代表し、各々の権威を体現しているのに対し、ツラファレはそれらをまとめ、たばねる役割を果たすのである。アリイ称号が複数あるのは問題もないし当然だが、それらを媒介するツラファレは役割ごとに1称号ずつでよいことになる。ファレアタのフォノにおいて、アリイは同格であることを強調するように席次やカヴァ儀礼が仕組まれているのに対し、ツラファレの間には役割の差、格の差がはっきりし易いのは、そうした理由によるものであろう。この節では以上の前提をふまえて、ファレアタのツラファレ相互の関係をとりあげてみよう。

　ファレアタの三大ツラファレ団、トアファー、サオファイガ、ファアピト・サオファイガのうちでファアピト・サオファイガが第三位であることにはさほど疑問はなかろう。ここで焦点となるのは何といってもトアファーとサオファイガの間に見られる葛藤である。ファレアタのツラファレ団のうちトアファーとサオファイガが一見奇妙な関係にあることは先に説明した。ファレアタの諸々の称号名保持者が集まった時に、ツラファレの最も重要な役割はサオファイガのうちの1称号名が果たすことになっている。しかし一方トアファーはサオファイガの次ではありながら、4人全員が演説をしカヴァを飲むのであって、1称号名ずつが重視されていると考えることも可能であろう。また野外フォノにおいては、トアファーは彼らだけで3軒のうちの2軒を占めるのである。このトアファーとサオファイガの関係について筆者はある興味深い伝承を得たので、これを中心に考察をすすめよう。

　ここに紹介する伝承は、第1節で述べたトアファーのうちのある称号名を頭とする親族集団に属するインフォーマントから筆者がきき出したものである。彼はこの話を、トアファーとサオファイガの関係について論争がおこった時にファレアタ全体のフォノが開かれ、当時のファウムイナーの称号名保持者が演説の中で語ってくれたものだといいつつ教えてくれた。

サオファイガのトフィガ（*tofiga* 任命）[34]

　タファイガタという名のファレアタのタマ（*tama* 身分の高いアリイ）がアエレ村から手さげ籠をもってやってきた。この中にアツア（*atua* 神）、またはアイツ（*aitu* 精霊）が入っていた。彼はまず最初に、アレの家を訪問した。アレはカヴァでもてなした。彼はアレにいった。「あなたはトアファーの中でも一番にカヴァを飲み、最初に演説しなさい。」これ以後今日に到るまで、ファレアタが集まると必ずアレがトアファーの中では最初にカヴァを飲み、最初に演説をする。次にタファイガタはヴァイモソ村へ行き、マヌレレウアの家を訪ねた。同じようにここでもカヴァを飲んだ。カヴァを飲みながら彼はここ（うしろ）に籠を置いていた。この中にはアイツが入っていた。そして彼はいった。「あなたはトアファーの中では、アレに次いで2番目にカヴァを飲み、2番目に演説をなさい。」これが済んでからもどってレペア村に来た。レペアではヴェレタロオラ（Veletaloola）という人の家に来た。マタイが集まってきた。籠もそこにあった。カヴァが始まった。彼はアレといる時も、まずうしろの籠にカヴァをふりかけてから飲んだ。ヴァイモソ村でもそうだったし、レペア村でもそうした。この籠の意味を初めて悟ったのはレペアのマタイたちであった。人々は彼がカヴァの杯を受け取って籠にふりかけているのを見た。

　ヴェレタロオラはいった。「お止めなさい。どうしてあなたはうしろにいるアイツに先にカヴァをあげて、自分は後から飲むのですか。」彼はこういった。「解ってくれてありがとう。あなたの名はサオファイガ・ア・アツア（精霊の集会）としなさい。あなた方はファレアタのモア・ヴィニ・ムア（*moa vini mua*　一番鶏）となりなさい。」このトフィガ（任命）の後今日に到るまで、ファレアタで会合があれば必ずサオファイガが一番に演説をし、そしてツラファレの中では最初にカヴァを飲むのである。

34　この記述は、サモア語で録音されたテープを筆者が聴きながら、日本語に大意訳したものである。

8.　ツラファレたち　　75

これは、サモアにおいて何らかの地位、役割、権能などの正統性を説明する起源伝承としてよく用いられるパターンを踏襲している。すなわち、権威をもつ人に対して何らかの功績をなしたが故に、今日の地位に任命された、というものである。ここではトアファーは既成のものとしてあり、その中でアレとマヌレレウアがいかに今日の順位を得たか、ということを説明すると共に、サオファイガの形成とそれがいかにしてトアファーよりも名誉ある役割を得たかということを説明しているのである。

　この伝承の目的は、最初に演説をして最初にカヴァを飲むというサオファイガの名誉ある役割の起源を語り、その権能の正統性を示すことであろう。ここではトアファーは既成のものとして現れ、そのトアファーの権能をこえているところにサオファイガが位置づけられている。この伝承はかくして、トアファーからサオファイガへの勢力交替を説明し正統化するものと解釈できるかもしれない。

　第6節においては、ファレアタにおける3つの最高位アリイ称号名のうち、マタイアが最も古くより存在していたらしいことを示した。また第7節でトアファーはかつてこのマタイア称号に仕えるツラファレであり、おそらくはこれも相当古くからファレアタに存在したであろうという推論を展開した。サオファイガは、マタイアより歴史が浅いと思われるファウムイナーに仕えるツラファレ団であるから、トアファーより新しい勢力であることは当然推測できることである。

　しかし一方、この伝承を以上の如く歴史的に解釈するのではなく、構造論的に理解することも可能であろう。サオファイガの役割の正統性を示しているとする歴史的解釈は、筆者自身が始めたのではなく、むしろファレアタの人々が伝承の中に織り込んで行っている説明である。この伝承はトアファーの側からはある種の無念さをもって語られるが、それと同時にトアファーの由緒正しさは、「儀礼のおりには、アリイの如き威厳をもってファアマーエパエパ（*fa'amāepaepa* おごそかに座る）する」と表現される。

　この伝承の内でトアファーを既成のものとしていることは、その由緒正しさを表現したものととれないことはない。すなわちこの伝承は、トアファーとサオファイガとの間の葛藤を、サオファイガには功績による権能を与え、

しかし一方トアファーには由緒正しさを与えることによって、解消しようと試みているという解釈も成り立ち得る。トアファーは名をとり、サオファイガは実をとったのである。

そしてこのサオファイガとトアファーの間を媒介しているのが、タファイガタという人物であるのは興味深い。これはファレアタの伝承にしばしば登場する名で、他の称号名の起源を説明する伝承に登場するものの、タファイガタという称号名は少なくとも今日では存在していないし、マタアファのようにかつて存在していたという話もない。タファイガタはファレアタ全体にとって、個別の部分（例えば、特定の村とか、特定の称号名とか）の利害にかかわらない、しかも権威ある名であるということができよう。その意味ではまさに、トアファーとサオファイガの利害対立を媒介するにふさわしい人物である。

さらにタファイガタのやってきた村アエレもまた興味深い。通常、内陸（uta ウタ）の村は畑つくりのための新開地で、海沿い（tai タイ）の村の一部であることが多いが、アエレ村は初代マリエトアの祖父フェエポーも住んでいたと伝えられるところであるから、由緒ある地名である上に、どの海沿いの村にも属さない。さらにアエレ村にはファアルペガもなく、称号名も存在しない。つまりは海沿いのファレアタのつくる称号システムからは超越的な存在なのである。ファレアタのどの部分でもない村として、まさにトアファーとサオファイガの利害対立を媒介する者の出身地にふさわしいといえよう。

つまり、ファレアタの個別の利害に属さない村からやってきた、やはり個別利害を超越した人物であるタファイガタによって、トアファーとサオファイガの間の葛藤が媒介され、トアファーは由緒正しさを、またサオファイガは功績による権利を得たとする解釈も可能である。

ここまでの分析を通じてみると、アリイとツラノァレの地位、役割、権能の正統性の源泉というものに差がみられることがわかる。アリイの場合の正統性の源泉は、主として血筋の由緒正しさである。初代マタイアはファレアタの開祖アタの孫であったし、セイウリはマリエトア・アエオアイヌウーの息子である。またファウムイナーは隣のアアナ地方の最高位称号ツイアアナの称号名を持っていたツイアアナ・ファウムイナーと関連をもつ。これに対

8. ツラファレたち　77

してツラファレの正統性の根拠は、主として何らかの功績に対するトフィガ（任命）であるといえよう。ここではトアファー及びサオファイガのトフィガしか提示できなかったが、ツラファレのトフィガに関する話はクレーマーにも数多く見られるし、筆者も他の地方に関していくつか採録した。その話の中には、ツアマサガ地方の成立伝承（アチオギエの任命とマリエトア・ガナサヴェアの任命）のようにアリイに関するものも混っているが、これらのアリイは話の中でトフィガと同時にその血筋が明らかにされており、功績というよりはむしろ血筋のゆえにトフィガを与えられたと考えることができる。たしかにトフィガをもつということ自体は、より高い何らかの権威に従属しているということを示すものであるともいえよう。ある高位アリイに、あなたの称号名のトフィガは何かとたずねた時、彼は嫌そうな顔をして、そのようなものはない、といい放った。すなわち、アリイの地位の正統性は生得^{アスクリプション}であり、ツラファレのそれは業績^{アチーブメント}であると大きく区別することも可能であろう。

　ここでトアファーというツラファレ団についてみてみると、トアファー自身のトフィガに関する伝承というのはこれまでのところ採録できていない。サオファイガ成立の伝承の中ではトアファーは既成のものであった。そしてそこではトアファーの由緒正しさというものが語られている。トアファーのうちの1称号名、アレに関しては、マリエトア称号の成立の伝承の中でその系譜の中に織り込まれ、これがマリエトアより起源の古い称号名である証拠として多くの人々の知るところとなっているのである。すなわちトアファーは、そのアチーブメントよりもアスクリプションが強調され、由緒正しさのうちにその存在の根拠が求められているのであり、ツラファレでありながらある意味ではアリイ的な正統性をもっているといえよう。最初の演説をサオファイガに譲り、「アリイの如き威厳をもって、ファアマーエパエパ（おごそかに座る）する」というその姿は、アリイ的性格を多分に有しているのである。事実トアファーには、ツラファレとしての敬称、トーファー（tōfā）が用いられ、ツラファレに対する挨拶、マリウ・マイ（maliu mai ようこそ）で呼びかけられながら、時にツラファレ・アリイ（tulafale aliʻi 称号名によってはアリイとツラファレのどちらの役割もとることができるものが例外的にある。

演説する役になることも、おごそかに座る役も、どちらも自らの自由意志で選択可能）であると称している。また称号就任式の際にも、アリイの就任式の特徴である、ファイン・マットの分配を行うのである［山本・山本 1996: 148］。また、はっきりした主従関係をもたないこともツラファレらしくない印といえる。

　以上の如くトアファーはアリイ化したツラファレとなっているといえるが、その原因は先の伝承の解釈と同じ様に二通り考えることが可能であろう。歴史的に解釈するならば、トアファーのツラファレとしての正統性の原理であるアチーブメントがあまりに古いものとなってくると、それが由緒正しさ、すなわちアスクリプションに転化していくのである。しかしツラファレがいくらアリイ化してもアリイとなることはできないから、中途半端なトアファーは「威厳を示すツラファレ」として結局実務より疎外され、実権をサオファイガに譲る結果となってしまったのである。一方、このトアファーのアリイ化は、トアファーとサオファイガの権力争いの結果と考えることもできよう。ツラファレとしての実権はサオファイガが掌中におさめてしまったので、争いに破れたトアファーはやむを得ず、「名誉」に救いを求めざるを得なかったのであるとも考えられる。いずれの解釈に従うとしても、トアファーとサオファイガの間の葛藤がこのようにさまざまな形で現れてきているといえよう。

9. 結

　未だ不明な点も多いが、これまで集めることのできた情報をもとに、ファレアタの地縁組織のなりたちを詳細に記述し、分析してみた。第4節、第5節を通じて公式な場面で表明されるファレアタの主要称号名の関係について記述し、さらに第6節〜第8節で各称号名の系譜や伝承について考察してみた。これらの称号名間の関係をとらえるのに、トンガ社会において可能であったような一元的な統合原理を見出すことを我々は断念しなくてはならない。ファレアタがファレアタという地縁組織としてまとまっているのは、ツアマサガの中のイツアウという役割で他から区切られているからであり、またこ

のイツアウはマリエトアの弟ツナにより形成されたところである。しかしツナの家系はもはやファレアタには存在しておらず、かわりにファレアタに「君臨」しているのは、ファウムイナー、マタイア、セイウリという3称号名の最高位アリイであるが、彼らは成立の時期や経緯もまちまちであり、称号名の起源としての系譜的よりどころも異なっている。ファレアタの最高位アリイたちは互いに異質な権威を背後にひかえながら、ひとつの地縁組織の中に同居しているのである。アリイとツラファレの対の関係にしても、それらの結びつき方は一様でない。セイウリとウルギアのように姻戚関係で結びつくものもあれば、マタイアとトアファーのように親族関係を辿ることのできないものもある。このように称号名相互の関係は多様であり、これらの結びつきは互いの矛盾を内に含みつつ、また含むがゆえに、サモアの称号システムは演説によってその場その場で再生されるツラファレたちの手仕事のようなものである。[35]

　サモアの政治構造のいくつかの特徴がファレアタの称号システムを描写する中で明らかになったはずである。まず第一に称号名の序列が多分に象徴的対立の原理に基づいていることである。フォノの際の席次はまさにその事実をよく表現している。右と左の両方にタラがあり、どちらも上座である。ファレアタにおいてファウムイナー、マタイア、セイウリの間でファウムイナーが最高位であるという意見もないわけではないが、すべて同格であると主張する声もある。しかしこれらの間に順位があるか、等位であるかは、さほど問題ではない。ほぼ同格の等しい称号名が互いに対峙しているということが重要である。ツラファレ同士の場合、ただ座って地縁組織の部分を代表するのではなく、アリイによって代表されたそれらの部分を接合する仕事ゆえ、役割分担ということを通じて順位が顕在化しやすい。しかしそれにもかかわらず、ファレアタの場合には実務と名誉の分離を通じてトアファーとサオファイガの2つのツラファレ団がねじれた位相の上で対峙しているのである。

　このように中心性をもたずに多元的な象徴的対立の上に成立しているのがサモアの地縁組織であるが、これがさらに上のレベルに代表者、もしくは代

35　本章注3参照。

理人をおくる際には、象徴的対立を忘れたかの如くに一見奇妙な互換性の原理が働く。ファレアタであればアリイなら三大アリイのうち誰でもが、ツラファレなら三大ツラファレ団のうち誰でもが代表者となり得て、代表者となった人はあたかもファレアタの唯ひとりの権威者の如くふるまう。例えばフォノ召集について最高位アリイ称号名の面々は互いに相談することによって決めるのではなく、個々の称号名保持者が必要と思った時召集を単独で決めることができる。またツアマサガのフォノにおいて、ファレアタの代表として出席する場合は、三大ツラファレ団の代表者なら誰でも、また場合によっては３人のアリイも含め、彼らのうち誰でもが代表者として演説し得るのである。称号分裂（分割）の生じている称号名についても同様で、フォノにおいてはひとりがあたかも単独の称号名保持者の如くふるまう。称号分裂は分身の術のようなもので、限りある権力を複数に分けて成立させるのではなく、相似的な権力をいくつもつくり出してしまうのである。

　同じく、中心性のないサモアの政治構造において、常にそうとは限らないが、権威の根拠は地縁組織の内部ではなく外部にあることが多いということも指摘できる。というのもすべてにとって権威となっているものを内部にみつけるということが困難である場合がほとんどだからである。本章で検討する機会はなかったが、いくつかの称号名の起源伝承を調べてみると、ツイマヌア（Tuimanu‘a マヌア諸島の王）や、ツイフィチ（Tuifiti フィジー王）、ツイトガ（Tuitoga トンガ王）、ナファヌア（Nafanua サヴァイイ島の戦いの女神）に出自を辿ったり、命名されているものがけっこう多い。また第８節で詳しく検討したタファイガタも、外部からの権威ではないが少なくとも地縁組織の内部からは超越していることが指摘できるのである。

　このようにファレアタは、中心性を欠きながらも、アリイ間、ツラファレ間、またアリイ・ツラファレ間の多元的な象徴的対立の上に、異質な権威をたばねつつ、複雑に構成された小宇宙である。このような地縁組織の秩序は、村といった狭い地域から始まってサモア全体を含みこむ最大限の拡がりに至

36　サモア諸島東端の小島群。西サモア及びツツイラ島の政治組織には属さない。図2-1
　　参照。

9. 結　　81

るまでのいくつものレベルにおいて固有に実現されている。確かに上位、下位のレベル間の関連づけは存在するが、むしろ一元的原理を欠くが故に、トンガにおけるのとは違って、それらは相対的な独立を保っているということができる。まさにこのような組織上の特性の故にこそ、サモアの首長制は、ポリネシアの伝統的政治システムの中でもユニークな存在となっているのである。[37]

　このような政治システムをとっている社会では、もちろん、再分配の財の移動が全く生じないというわけではないが、通常のラメージ型の首長制や王制をとる社会のように再分配の財の移動が主たる統合原理となり得るとは考えにくいのである。

---

[37] この意味で、M・ミードの批判として話題を集めたフリーマン著『マーガレット・ミードとサモア（*Margaret Mead and Samoa*)』［Freeman 1983］の、少なくとも首長システムに関する分析を筆者は認めない。サモアの首長システムを他のポリネシア社会のそれと根本的に変わらないものとしてとらえる彼の基本的論点［Freeman 1964; Freeman 1983: 131-140］は、表面的な「事実」の整合性にもかかわらず、サモア社会の本質をとらえ得ていない。

第3章

交換システムの基本構造
——ファイン・マットと親族間の儀礼交換

1. 序

　この章では、サモアでファアラベラベ（*fa'alavelave*）と呼ばれる儀礼とそこで繰り広げられている交換の基本構造を解明する。ミルナーの辞書によれば、ファアラベラベとは「通常の生活に介入し、特別な活動を必要とするもの。事故。重要なできごと。危険。トラブル」（Milner 1968: 203）を意味する。儀礼は重要なできごとだが、なぜ事故や危険、トラブルと隣り合わせなのか？　過去の考察では、分析の結果、人々は儀礼のすべてをファアラベラベと呼んでいるのではなく、親族としてイモヅル式にその交換に巻き込まれていくことを指してファアラベラベと呼んでいるということを明らかにした［山本・山本 1996: 153-160］。したがって厳密にはそれらの儀礼そのものを儀礼交換と呼ぶことは問題があろうが、ファアラベラベを親族間の儀礼交換と呼ぶことは問題ない。ファイン・マットの絡む儀礼として他に謝罪儀礼イフォガ（*ifoga*）があるが、ファアラベラベとは全くことなる財の移動となっていることに言及しておきたい［山本真鳥 2016］。

　まずは、交換財のカテゴリーについて説明し、その後に、結婚式をモデルとして儀礼を詳述してみよう。儀礼交換の基本構造を描き出すのがこの章の目的である。

83

2. 交換財

　サモアの儀礼交換で近年やりとりされている財は、ファイン・マット等の
マット類[1]、樹皮布、ココナツ・オイル、丸焼きのブタ、ウシの生肉、カート
ン入りの魚肉缶詰、コーンビーフ、樽詰め塩漬け肉、現金等々である。
　サモアに存在する2種類の交換財のカテゴリーについては、19世紀前半
にここに滞在したミッショナリーを始めとして既に多くの報告がある[Turner
1984 (1884):93; Stair 1983 (1897): 173; Krämer 1994 (1903) vol.2: 97-98; Mead 1969
(1930): 74]。このカテゴリーの変容を主として取り上げたのが次章であるが、
ここではとりあえず、その2つのカテゴリーを略述しておく。彼らによれば、
トガ＝女財、オロア＝男財とある。それぞれのジェンダー分けは、女性の
生産するものに対して、男性の生産するものとなっている。興味深いことに
クレーマーの場合、男性と女性のそれぞれの仕事が記述されている後にオロ
アとトガの区分の説明が出てきているが、その図式は必ずしも一致していな
い。トガ財は、ファイン・マット、寝具用マット、樹皮布、ココナツ・オイ
ル、バスケット等である。一方のオロア財は、ブタ、タロイモ等の食物が挙
げられる一方、道具類、武器類、海外伝来のもの、などが含まれる。オロア
という語は、現在では商品一般を指す語ともなっているが、「海外伝来」と
は欧米とのコンタクトが始まる以前から、サモア外の近隣の諸島の産物一般
を指して用いる語であったらしい [Krämer 1994 (1903) vol.2: 97-98]。現金も儀
礼交換でよく用いられる財である。現金にはさまざまな用いられ方があるが、
儀礼の場では主としてオロア財の役割を引き受けている。
　工業製品の食物がここに含まれているのは、もともとブタやタロイモの代

1　サモア語では *siapo* と呼ばれる。ポリネシア一般に存在する樹皮布にタヒチ語のタパの
　語を充てることもある。カジノキ（*Broussonetia papyrifera*）の木の皮をたたき延ばし
　て貼り合わせて作る布であるが、樹皮で作る布は、ポリネシア各地に存在していた。
　諸島によりそれぞれ独特のデザインで染色が行われる。かつては衣類として用いられ
　た。現在では実用には用いられない。一方贈答品としてはトンガで盛んに用いられ、
　そのための生産もされているが、贈答品としての使用はサモアでは限られている。

替品として広く用いられるようになっていたからであり、既に 20 世紀初め
にもそういった財の贈与の記録が存在している［Handy & Handy 1924: 16］。
1980 年頃には、カートン入り魚肉缶詰と樽入り塩肉が全盛であったが、そ
の後、樽はあまり用いられなくなり、コーンビーフやフリーポートであるパ
ゴパゴ（アメリカ領サモアの首都）から買ってくる箱詰めの冷凍チキンに人気
が出ている。

　実はオロアといった名称は、現代ではほとんど用いられていない。結婚式
の花嫁・花婿間の財の交換（結婚式の主交換）では、もっともその交換が純
化された形で行われるが、実際に交換されるものは、花嫁方からトガ財が、
花婿方からは現金が贈与される。筆者が最初に調査した 1980 年頃既に、花
婿方から贈与される現金をオロアと呼ぶことを知る人は、サモア人でも少な
かった。

3. 結婚式の儀礼交換

1）結婚式

　サモアの結婚式は、ファアイポイポガ（fa'aipoipoga）と呼ばれるが、これ
はキリスト教の教会での結婚の礼拝、祝宴、ならびに花嫁・花婿の親族間で
の財の交換という 3 つの要素からなる。キリスト教の布教は、1830 年の開
始以来長い歴史をもつが、それにも拘わらず教会での礼拝を人々は必須とは
考えていない。多くの場合、若い男女はいつの間にかどちらかの家族の下で
同居を始める。後に簡単な儀礼を牧師に依頼し、ごく内輪の食事会をして終
えることもあるし、そのプロセスは飛び越えて、子どもが数人生まれて 10
年くらい経た頃に、結婚の追認式（fa'ailoa ファアイロア[2]）を行うこともある。
　しかし、結婚の礼拝をすぐに行うか、後に行うか、あるいは全く行わない
か、いずれの場合でも、双方の親族が互いの財の交換を行ってカップルの結
婚を認める儀式、結婚の追認式を行う必要がある。これは、結婚を機とする
両者の関係を公認のものとし、儀礼交換への参加を可能にするものとなって

2　ファアイポイポガで行われる親族間の交換の代わりとなるものである。

いて、社会生活上きわめて重要なものとなる。すなわちファアイポイポガは、このいずれは行わなければならない両家の最初の交換を、まず行って関係を公認のものとするものなのである。

　さて、この最初の花嫁方と花婿方の財の交換が、ファアイポイポガのメインテーマ、主交換（第二段階）である。花嫁方にとってみれば、主交換を成功させるということに加えて、披露宴の準備も考える必要があるが、その2つの目的で、アイガの面々が集まって財を集め、さらに姻族に相当するアイガ——パオロ（paolo）——が訪問してきて財の交換を行う（第一段階）。さらに、第二段階を経て後、第三段階でそれぞれのアイガで残った財を分配する交換が行われる。

　ここでは、1979年12月に行われた結婚式を事例にして、主に財の動きに焦点を合わせて検討を行いたい。この事例は、実際に目で見ることはできなかったが、花嫁が筆者の友人であり、父親が克明にその詳細を覚えていて面接に応じてくれたので、詳しいデータを取得することができた。なお花嫁の父は政府の高級官僚で、かつ村でも活発なリーダーとなっている高位アリイである。また花嫁は長女であるので、称号就任式（saofa'i サオファイ）はしていないが、タウポウ格に扱われている。しかし結婚式は、白人式（fa'apālagi ファアパラギ）であって、サモア式（fa'aSāmoa ファアサモア）ではない、と父親が説明していた。ただし白人式というのは、サモアにあっての白人式であり、あまりサモア的過ぎない、という意味である。

2）結婚式の主交換（第二段階）

　第二段階の主交換から話を始めよう。

　礼拝に先立って、花嫁の村のマタイ（称号名保持者）たちは、アヴァ（カヴァ）をもって、花嫁のアイガの父親やマタイの留まる家を訪問する。これは入村式に相当し、村外の人間が入村するための儀礼である。乾燥したアヴァの棒の一部を砕いて水に浸し、上澄み液を儀礼的に飲用する。その後、村のマタイたちから、花婿の父と同行した3名のツラファレにそれぞれファイン・マットが1枚ずつ贈られる。花婿の父は牧師なので、アリイ扱いとなり、捧げられるファイン・マットはトーファー（tōfā）と呼ばれ、その他はツラ

86　　第3章　交換システムの基本構造

重要な贈答品、石蒸しのブタ、西サモアの結婚式にて　1981 年

ファレなのでラフォ（lafo）という。トーファーはファイン・マットでなくてはならないが、ラフォは現金でもかまわない。その意味で、ラフォにはツラファレのサービスに対する報酬の意味があるといえそうである。その後、今度は花婿の父から、村のマタイたちに 100 ターラーのラフォが与えられた。村は花嫁方なので、そのような交換になる。

その後、教会での礼拝も終了し、花嫁方の用意した家に落ち着いた花婿方の一行は、祝宴に先立って「結婚式のブタ」と呼ばれる石蒸しにした特大のブタを花嫁方に贈る。その後、招待された 300 人から 400 人の客たちは、ヤ

3　ターラー（tālā）は、ドルのサモア語転訛。サモア・ドルで、1980 年当時は 200 円前後であったが、2016 年現在は 40 円前後。
4　どういうわけか土器を利用しなくなったポリネシアにおいて、加熱調理には石蒸しの方法がとられた。地面に穴を掘り、そこに焼け石を入れて食材を葉などに包んで入れ、上から覆って、加熱する。大量の食材をいっぺんで調理するには大変都合が良い。現在は日常食は石油やガスコンロで調理している。

3．結婚式の儀礼交換　　87

シの葉でしつらえられた陽よけの下でごちそうをいただく。招待客たちは花嫁・花婿に新しい世帯道具などをプレゼントとして持参する。4頭の石蒸しブタと大量のウェディングケーキは切り分けられて招待客の土産として配布された。

　いよいよ花嫁方と花婿方がパオロ（儀礼交換の姻族同士）として相対して座り、互いに交換を行う、というのが定番の場面であるが、双方の間で申し合わせを行っており、当日は交換を行わないことになっていた。ただし、一応形式を踏まえた小規模な交換が行われている。最初に花嫁方よりスア（*sua*）が贈呈された。スアとは、一般的に客に敬意を表して捧げる食物セットとファイン・マットを組み合わせた贈呈である。

> 品目1（*vailolo*）：皮を剥いだヤシの実の口に穴を開けて、1～2ターラーの紙幣を丸めて差したもの。
> 品目2（*fa'avevela,* または *ta'isi*）：石蒸しにしたタロイモを輪切りにしたもの。
> 品目3（*ta'apaepae*）：石蒸しにしたニワトリ。
> 品目4（*sua tali sua*）：石蒸しにしたブタ。
> 品目5（*'ie o le mālō*）：ファイン・マットまたは樹皮布。[5]

　各1つである。これは1980年当時は定番であったものの、既に過去のものとは若干異なっていたが、さらに変容した。これは次章で詳しく述べよう。経済的な価値をもつのは、品目4と品目5だけで、あとは形式を整える意味しかない。略式として一部の品目を省略したりすることはあるが、最大級の敬意を払うべきこの場面ではすべての品目を恭しく捧げた。

　また花婿の父にトーファーが1枚、花婿方のツラファレ3人に対し各2枚のラフォとしてファイン・マットが贈られた。この時に恐らく花婿方からは、花嫁方のツラファレに現金のラフォが贈られているはずであるが、それは聞

5　ここで用いられているサモア語は、すべてスアについてのみ用いられる特別な敬語である。

き漏らしている。おそらく総額で150〜200ターラーのラフォが贈られているものと筆者は見積もっている。さらに、村の最高位アリイである花嫁の父の立場から、村のすべてのマタイと4宗派のそれぞれの牧師にファイン・マットを贈ったが、その総数はおよそ65枚であった。さらに花嫁の父は、式を挙げてくれた牧師と教区牧師に1枚ずつのファイン・マットを贈った。

　さて数日後に、新しいカップルを花婿のアイガに送り届けるというのが定番である。このときに、結婚式の時に行われたようなトガ財とオロア財（現金）の交換が小規模に繰り返されるのだが、この結婚式では式当日の交換はお印程度の小規模なものだったので、この数日後の儀礼交換が本来の結婚式の交換に相当するような規模のものとなった。

　まず花嫁方から花婿方へのトガ財贈呈であるが、まずは3枚の大きくて美しいファイン・マットがそれぞれに両端を2名の女性が持ち上げて披露しながら花婿方へと引き渡される。花婿方の人々は一斉に「マーロー（*Mālō*）！マーロー！」、「サーオー・ファアラーレレイ！」と褒め言葉を繰り返す。3枚のファイン・マットの名目は、1枚目が「イエ・アヴァガ（*'ie avaga* 縁組のイエ）」でこれが最も上質のマットであった。2枚目が「イエ・タウポウ（*'ie tāupou* タウポウのイエ）」であるのは、花嫁がタウポウ格の娘であったため。3枚目が「イエ・ファアツプ（*'ie fa'atupu* 王家のイエ）であるのは、父親の称号名がパラマウント首長マリエトアの息子格の称号名であるためである。この後、女性1名が1枚ずつ広げて持ち、10枚毎に区切りをつけながら、花婿方へと贈与された。こうして約100枚ほどのファイン・マットが贈与さ

6　結婚式での財の流れ中心のインタヴューだったため、父親の説明ではいきなりファイン・マットの贈呈の話になっているが、ここは花嫁方のツラファレがファアルペガを唱え、互いの先祖を関係づける伝承など述べた後、おめでたい結婚を祝福する演説を行うのが定番である。両家を関係付け挨拶を行うツラファレの演説は、すべてのパオロ交換に伴っても行われる。そのために、ツラファレは常に必要とされる。同行しているツラファレにラフォが与えられるのはそのためである。

7　父親が数年前に儀礼交換を通じて入手したもので、娘の結婚式を考えて手元においておいた。購入すれば、数百ターラーから千ターラー位もしただろうとの話であった。

8　1980年当時のファイン・マットの贈与の仕方は、大きなものは2名の女性が広げもち、小さなものは1名が広げもつが、いずれにしても1枚ずつ披露しながら相手方に渡さ

れた。また、花婿のアイガのマタイたちにはトーファーやラフォの名目で何枚かのファイン・マットが渡されているはずである。

さて花婿方から花嫁方への贈与がこれに続く。今回は客側となっている花嫁方に対し、スアが捧げられる。これは、ブタの代わりに塩漬け肉の樽が5つとファイン・マット1枚であった。さらに花嫁の父へトーファーが贈られる。さらに3人のツラファレにラフォとして20ターラーずつが配布された。そしてオロアとして1,000ターラーの現金が花嫁の父に贈呈され、ファアオソ（fa'aoso お土産の食物）として、皮をはいで適当に切り分けられたウシ1頭分が贈られた。こうして、花嫁のアイガは花嫁を残し、もらったものをトラックに積んで家路についた。

3）花嫁方の財の集積（第一段階）と分配（第三段階）

儀礼交換を主宰するアイガを、当事者アイガと呼ぶことにする。花嫁方アイガと花婿方アイガは、それぞれに当事者ではあるが、ここではまず準備がより大変な花嫁方当事者アイガについて記述してみよう。当事者アイガは、花嫁の世帯も含まれる、花嫁の父をリーダーとする世帯群は、6つの世帯（pui'āiga プイアイガ）からなるアウアイガ（'au'āiga）である。花嫁の父の異父兄弟の世帯、花嫁の父の母の祖母の兄弟姉妹の子孫たちが構成する5つの世帯からなる。系譜で結ばれていて、それぞれが世帯主（マタイであることが多い）をもっている。結婚が決まった後、花嫁の父はアウアイガを呼んで、具体的な計画に入った。ドレスとウェディングケーキの担当を決めた後、それぞれの世帯が、ファイン・マット20枚、寝具マット20枚、ブタ（大）1頭、塩漬け肉2樽、カートン入り缶詰5箱、料理、タロイモ、トリ、魚をそれぞれ適宜用意することとした。そのほかに普通は現金も集めるが、花嫁の世帯はとりわけ現金収入が多いため、他の世帯に現金を準備する必要はないとした。

さて、実際に結婚式にほど近くなったある日、会合を開いて財を持ち寄っ

れていた。これが10枚1束になるのは、もうちょっと先の話である。

9　花嫁の父から見て傍系のラインとなる。タウウソガ（tauusoga）と呼ばれる。

90　第3章　交換システムの基本構造

パオロ交換で演説するツラファレ、ファイン・マットの贈呈　1981年

た結果、計105枚のファイン・マットが集まった。その他の物品も目標よりは若干下回ったものの、かなり近いところまで集めることができた。また現金は、花嫁の父が集めないとアイガの面々に言ったにも拘わらず、それぞれが40〜70ターラーを持参した。また父親は銀行に1,000ターラーをローンして用立てたのである。

　第一段階でもう一つ重要なのは、パオロ交換である。パオロとは、一組の夫婦を軸として、それぞれ妻方、夫方に相同的なアイガが存在することになるが、とりわけ儀礼交換に際して一方から見て相手方を指す語である。姻族ということばが最も近いだろうか。ただし、この語は集団としての姻族に用いられ、アイガとして互いに対峙して座り、贈与の義務を果たすといった文脈で用いられる語である。サモアでは、一度縁組を行ったアイガは、他人ではなく、それぞれのアイガが他方のアイガのメンバーと結婚してはならないという規範がある。この規範に沿う限り、アイガ同士が姻族として互いを認識するにあたって、夫方、妻方は一義的に決まることになる。このパオロ同

3.　結婚式の儀礼交換　91

士にあたるアイガ間関係は、両者の結婚時において、どちらがトガ財を贈り、どちらがオロア財を贈ったかに応じて、その後の財の交換に同じ形式が守られることになり、長らく記憶に留まることになるのである。

　そうして当事者アイガのメンバーに縁組をもってつながるアイガが、パオロとして公式訪問し、当事者アイガの財の集積に助力する。パオロが持参する財は、シイ（*si'i*）[10]と呼ばれる。それに対して、シイの受け手は、テウガ（*teuga*）を返す。これが返礼に相当するものである。

　当事者アイガが前もって多くの財の集積を行うのは、祝宴や花婿方との間に行われる第二段階の交換のためということもあるが、多くはこの第一段階のパオロ交換での返礼を行うためという意味が大きい。もちろん、シイを一旦受け、形ばかりの返礼をしてパオロも帰宅し、結婚式が終了してから数日置いて、テウガを届けに行くこともできる。実際に大きなパオロについてはそうすることもある。しかし現在は、できるだけシイを受けた直後の返礼を行うことが多い。

　花嫁の父のアイガは、その父（花嫁の祖父）方も、母（花嫁の祖母）方も、同じ村にいたので、とりわけ大勢のパオロがここに形成されている。花嫁の父はもともと父方のアイガと共に生活していたが、母方のこの村の最高位アリイの称号名を授与されることになり、それ以後、母方に住んでいる。この当事者アイガから見て、パオロは、花嫁の父の父方のアイガであるが、その主たるパオロは、花嫁の父の父の兄弟姉妹やイトコたちの子孫で構成するアウアイガである。その中には彼の兄弟姉妹も含まれているが、彼の姉妹でよそに嫁に行っている人のアイガはそれぞれ別にシイをもってやってきた。そ

10　以前の山本泰との共著［山本・山本 1981; 山本・山本 1996］では、その助力の財にフェソアソアニ（*fesoasoani*）という語を当てていた。誤解を恐れずにいえば、持ち寄った財をフェソアソアニ（助力）であると演説の中で説明することが多いので、この語を当てることは間違いではない。そのせいだろうか、これまで、この語を用いて書いた英語論文を見せたサモア人読者からも間違いであると指摘されたことはない。しかし、正確を期すために、ここではシイの語を当てたい。「シイ」とは「持ち上げる、担ぐ」といった意味であり、財を持参してくるためにこの語が用いられるのだろう。ミルナーの辞書［Milner 1968: 208］には動詞しか記載されていないが、この文脈では名詞としても用いられている。

のほかに遠縁のアイガでパオロとしてやってきたアイガもある。

　また花嫁の母のパオロは、最多のファイン・マットを供給すべきパオロである。これは花嫁の母の兄弟姉妹と祖母が核となって、さらにそこに連なるアイガがシイを行って財を集めている。これらのアイガは必ずしもアウアイガを形成しているわけではないが、その中から親密な間柄のマタイが何人か、パオロ交換には共にでかけ、ある種の采配を行っている。これは花嫁の母の近親者に強力なマタイが存在しないせいだろうか。日頃から大きな儀礼交換には互いにシイを行って多くの財の集積を行うようにしているが、アウアイガを構成しているわけではない。花嫁の母方にシイをした人々は、形ばかりのスアはあるものの直接の返礼を受けていない可能性が高いが、この返礼は花嫁の母方パオロが当事者アイガからテウガ（返礼）を受けて後の分配に際して、さらに返礼をしたと考えられる。

　それぞれシイを持ち寄るパオロ群は、花嫁方であるからファイン・マットが必要であることを知っているので、それを多く持参するが、それ以外に、現金や、食物などの財をも持参している。花嫁の父の父方パオロが持参したのは、ファイン・マット10枚、寝具マットが10枚ほど、石蒸しの大きなブタが2頭、現金100ターラー、そして魚、トリ、タロイモ、ケーキ、チャプスイ[11]等、祝宴に用いるための細々とした食物であった。それに対する返礼は、スアとしてブタ1頭とファイン・マット1枚、トーファーとしてファイン・マット1枚、ラフォとしてファイン・マット3枚、さらに祝宴の後に余ったブタが1頭追加されたのであった。

　一方花嫁の母方パオロが持参したのは、ファイン・マット120枚、寝具マット80枚、特大のブタ2頭（花嫁の当事者アイガに持ち寄られた石蒸しのブタの中では最大のものであった）、塩漬け肉3樽に加えて、ケーキ、サラダ、チャプスイ、酢豚などの料理や、ブライドメイド（花嫁の付き添い）のドレスなどであった。あまりに多くのファイン・マットの贈与であったために、そのうちの何枚かは同席する花嫁の父方の人々や村の人々などに、トーファー、ラフォなどとして配布された。このパオロが持参したファイン・マットは、

11　サモアの祝宴に欠かせない、春雨とタマネギ、肉等をいためて醤油で味付けした料理。

当事者アイガの集積よりも多いことに注目したい。この返礼となったのは、まずスアとして大きなブタとファイン・マット1枚、3人のツラファレにラフォとしてファイン・マット1枚ずつ、パーセセ（*pāsese* 足代）として500ターラー、グループ全体に対するラフォとして200ターラー、そして4人のマタイと花嫁の母の母に対するラフォとして20ターラーずつであった。

　さて、第三段階とは、第二段階を経ての残余の財を当事者アイガで分配する、ということである。このうち、パオロで返礼が済んでいない場合があれば、そこには返礼を持参しなくてはならない。それもすべて済んで後の残余は当事者アイガ内で分配を行う。これはイナチ（*inati* 取り分）と呼ばれる。6つあった世帯はそれぞれに、ファイン・マット15〜20枚ずつ、寝具マット20枚ずつ、現金70〜100ターラーずつ分配された。世帯間の違いは、実際の供出貢献度による。それぞれ、もうけは出ていないが、それなりに持ち帰るものがあり、プラスマイナスすればそれほどの出費とはなっていないことに注目したい。

　花婿の当事者アイガの財の動きにも注目したい。花婿方は、実は花嫁方との交換の際に現金を贈与しなくてはならない。第一段階では、この現金を集めたが、実は花婿の兄弟姉妹と父親はそれぞれに現金収入が多く、そのレベルでかなり集めてしまっている。実子養子を含め6人の兄弟姉妹で1,150ターラー、ベッド、指輪、ドレス、家具等を供出した。父親と母親の兄弟姉妹が4人訪問してきて、計640ターラーを贈与した。さらに、期日近くになってもう少し遠い関係の親族40人ほどが来て総額700〜800ターラーが集まった。花婿の父は牧師であったため、任地の村人たちが何かしたいと申し出たが、これは極力断り、後に村で新夫婦を囲んでパーティを催した。結婚式のブタは父親が調達した。これが第二段階を経て、手元にファイン・マット100枚、寝具マットが85〜95枚残った。ファイン・マットは約30枚を花婿の父母の兄弟姉妹に分け、残りの70枚を少額の贈与を行った40人の人々に1〜2枚を分けた。

4）結婚式の財のフロー
　結婚式は、第二段階の花嫁方、花婿方の間で、前者から後者へのトガ財の

贈与と、後者から前者への現金の贈与が主たるテーマとなる。この事例の1980年頃人々は、おおよそファイン・マット1枚が10ターラーに相当すると見積もって、等価かどうかを判断していた。この換算法を使うとどちらが多いかということを簡単に判断することができ、勝ち負けをかけてできるだけ相手を凌駕しようとするのがサモア式（fa'aSamoa）結婚式であった。しかし、この結婚式の主交換では、あらかじめおおよその額を申し合わせていたようで、100枚対1,000ターラーとちょうど釣り合っている。ちなみに、ファイン・マット1枚に対して10ターラーというのは、1980年前後の儀礼交換の場での話で、市場で売っているファイン・マットは最低20ターラー位していた。現金と食物の2種の財は使い分けられているが、どちらかというと両方ともに過去の民族誌で語られているオロア財に相当すると考えて良いと思われる。しかし現金という財のもつ性格が過去のオロア財とは若干異なっているだろう。

　この主交換に先立つ第一段階では、花嫁方は、トガ財と同時にスアに用いる食物や祝宴の食物料を必要とするために、現金やブタ、コーンビーフ、樽詰め塩肉や缶詰のカートンを必要としている。ファイン・マットと共にそれらを持参してやってくるパオロから贈与を受け、それに返礼をするという財の交換を行うことになる。パオロ交換での持ち寄りの財と、返礼の財をそれぞれ一覧表にしたのが、表3-1である。これを更に、男方／女方で分け、財の出入に焦点を当ててみたのが、表3-2である。ファイン・マットの返礼率を見ると男方へは平均で52%となっているのに対し、女方へは11%、特にファイン・マットの多いアイガMを除いても31%となっている。現金の出入を見ると、男方からは220ターラーが贈与されているのに、返礼は全くないが、女方からは65ターラーの贈与に対し、返礼の合計が900ターラー、特に多いアイガMを除いても100ターラー返礼しており、出超となっている。それぞれのパオロは、自分たちが男方か女方かを考慮しつつ、女方はフ

12　経済学の立場では現金は財とは考えないようである。しかし、それは現金が何にでも交換可能な場合である。儀礼のコンテクストでも現金は他の財の代わりとすることができるようになっているものの、ここは現金でなくてはならない、というコンテクストがある以上、儀礼交換において現金を財ととらえることは可能であると考えている。

表3-1　パオロ交換 (1)

パオロ	男方／女方	持ち寄り財 ファイン・マット(枚)	持ち寄り財 現金(ターラー)	持ち寄り財 ブタ(頭)	持ち寄り財 その他	返礼財 スア**	名目 トーテー(枚)	名目 ラプォ又は(ターラー)(枚)	名目 パーセセ(ターラー)	名目 その他(ターラー)	実物* ファイン・マット(枚)	実物* 現金(ターラー)	実物* 食物
アイガ A	男方	5	20	—	カートン (2)	1a	1	—	—	ブタ切り身	2	—	樽 (1)、ブタ切り身
アイガ B	男方	—	—	—	チャーブスイ、ケーキ、パイ他	—	—	—	—	—	—	—	お裾分け？
アイガ C	女方	5	—	1	—	1a	1	1	—	—	3	—	樽 (小1)
アイガ D	女方	10	—	—	カートン (2)、樽 (1)	1a	1	1	50	—	3	50	樽 (1)？
アイガ E	女方	20	50	2	ケーキ (10)	1ab	1	2	50	—	4	50	ブタ (1)
アイガ F	男方	5	50	1 (大)	樽 (2)	1a	1	—	—	—	2	—	樽 (1)？
アイガ G	女方	10	15	—	—	1ab	1	2	—	—	4	—	ブタ (1)
アイガ I	男方	5	50	1	—	1a	1	2	—	—	4	—	樽 (1)？
アイガ L	男方	10 寝具マット10	100	2 (大)	樽 (3)、サラダ、トリ、魚、タロ、ケーキ、チャーブスイ	1ab	1	3	—	ブタ (1)	5	—	ブタ (2)
アイガ M	女方	120 寝具マット80	—	2 (大)	樽 (3)、トリ、魚、酢豚、ケーキ 他	1ab	—	ファイン・マット3枚、200ターラー、20×5ターラー	500	—	4	800	ブタ (大1)

* 名目として贈られた財を財の種類別にまとめたもの。

** スアにファイン・マットがついているものをa、食物がブタであるものにbを付加した。

表 3-2 バオロ交換 (2)

	ファイン・マット			現金（ターラー）		食物							
			返戻率			入				出			
	入	出	出／入（%）	入	出	ブタ	樽	カートン	その他	ブタ	樽	カートン	その他
男方 アイガA	5	2	40	20	—	—	—	2	—	—	1	—	ブタ切り身？
アイガB	—	—	—	—	—	—	—	—	チャプスイ、ケーキ、パイ	—	—	—	お裾分け？
アイガF	5	2	40	50	—	1（大）	—	—	—	—	1？	—	—
アイガI	5	4	80	50	—	1	—	—	—	—	1？	—	—
アイガL	10	5	50	100	—	2（大）	—	—	トリ、魚、タロ、ケーキ、チャプスイ他	2	—	—	—
計	25	13	52	220	—	4（3大）	—	2	ケーキ、料理	2	3	—	—
女方 アイガC	5	3	60	—	50	1	—	—	—	1	1（小）	—	—
アイガD	10	3	30	—	50	—	1	1	—	—	1？	—	—
アイガE	20	4	20	50	—	2	—	—	ケーキ（10）	1	—	—	—
アイガG	10	4	40	15	—	—	2	—	—	1	—	—	—
小計	45	14	31	65	100	3	3	1	ケーキ（10）	2	2（1小）	—	—
アイガM	120	3	3	—	800	2（大）	3	—	サラダ、トリ、魚、酢豚、ケーキ他	1（大）	—	—	—
計	165	18	11	65	900	5（2大）	6	1	ケーキ、料理	3（1大）	2（1小）	—	—

3. 結婚式の儀礼交換

ファイン・マットが多めに、男方は現金が多めになるよう組み合わせて贈っており、その返礼にしても若干そういう配慮が見られる。顕著なのは、花嫁の母のパオロであって、ファイン・マット120枚の持参に対して、多くの現金が贈られていることが目を引く。

　パオロ交換全体を見ると、ファイン・マット1枚を10ターラーと換算する限りにおいて、パオロの持ち寄った財（シイ）に対して60％から全額の返礼（テウガ）を返している。花嫁の父にいわせると、パオロはファアラベラベを助けるために来ているのだから、シイよりもテウガが少なくてかまわないが、あまり少なかったり返礼なしにしたりはできない、という。シイに1枚でもファイン・マットがあれば、スア――ファイン・マットと食物のセット――を出さなくてはならない、と一般的には言われている。事例についても、ファイン・マットを1枚も持参していないアイガBはスアをもらえておらず、返礼はファアルマガ（fa'alumaga お土産の食物）であった。また、持ち寄り財の一番良いファイン・マットと同等以上のマットをスアとして返礼しなくてはならないとされているから、多くの場合、一番良いファイン・マットは返ってくるのである。これを根拠としてワイナーは、サモアのファイン・マットが「譲渡できない所有物」であると述べている［Weiner 1992］。ただしそれは、どちらかというと小規模のパオロの話であって、花嫁の母のアイガなど大きな役割をもつパオロは名目のついたファイン・マットを多数贈らなくてはならず、そのうちの一部が返ってくることは間違いないが、返ってくるのはごく少数である。もともと、返礼が義務であっても返礼の主体は相手方であり、一旦相手に贈与してしまった財は相手のものであると人々は考えている。返ってこなくてもそれは仕方がないのだ。また、大きなパオロとしてでかけていて、首尾良く一番良いファイン・マットが返ってきても、パオロ全体での第三段階の分配をするときに、それが供出した人の手に戻ってくるとは限らないのである。

　さらに、花嫁方と花婿方で財の収集の仕方に大きな違いがあることにも注目したい。かつての記録を見ると、花嫁方からはファイン・マットが、花婿方からはブタが贈られたとある。ミードによれば、ファイン・マットを最も多く持参しなくてはならないのが花嫁の母の兄弟のアイガであり、一方食物

を多く持参すべきは、花婿の父の姉妹の夫であるという［Mead 1969 (1930): 138］。これを図式化したのが、図3-1である。すなわち、かつて花嫁の母が結婚したときには、花嫁の父のアイガに花嫁の母のアイガからファイン・マットが贈られているのであり、それは娘

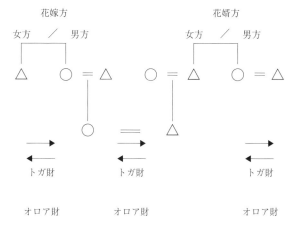

図3-1　トガ財／オロア財のフローのモデル

が結婚するときにも再現されることになる。また、花婿の父の姉妹が結婚したときには、姉妹の夫のアイガが食物を贈与しているはずであり、結婚式にはまたそれが再現されるのである。そうして互いの財を交換した後、それぞれの財は反対のパオロの間で分配されることになる。そのとき、花嫁のアイガに入ってきた食物を分配する権利は、花嫁の母の兄弟にあるという。そもそも第三段階で、出した財と反対の財を分配する、現在の花婿方が行ったようなやり方がもともとの方式であったところが、儀礼交換に現金を多用し、また現金で買うことのできる食物を多く利用するようになったことが、恐らく第一段階の花嫁方でパオロに即座に返礼してしまうようになった原因ではないだろうか。

　現金はあらかじめ銀行から借りたり、給料の前借りをしたりして調達することが可能だ。銀行は給与のある人の借金には寛容である。儀礼交換はローンの中で結構多い事由となっている。現金を先に用意できれば、それで食物を買うことも、現金で返礼することもできる。現金を持参してくるパオロもあるし、花婿方からは確実に現金が入ってくるので、今度はそれを銀行ローンの返済に充てるのである。一方の花婿方は、ファイン・マットを第一段階で用立てることはできないので、現金の贈与に対して即座にファイン・マッ

3. 結婚式の儀礼交換

トを返礼として出すことはできない。したがって、花婿方の返礼は、第二段階が終了しないと行うことができない。

図3-2は、食物、現金、トガ財に関して、花嫁方の当事者アイガが第一段階のパオロ交換で行った財の移動と、第二段階で行った財の移動を表したものである。第三段階になると花嫁方当事者アイガはトガ財と現金が残余

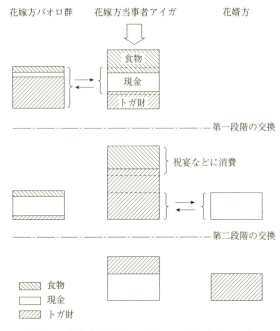

図3-2 花嫁方当事者アイガ内での財の移動モデル

する。この現金はローン返済に充てることもできる。トガ財を当事者アイガ内部で分配したのは、既に述べたとおりである。

　結婚式で行われる財のフローをまとめてみよう。双方の当事者アイガは第二段階のトガ財と現金を互いに交換することを想定して、第一段階でそれぞれの当事者が相手方に贈る財を集積する。花嫁方では、パオロとの間に既に多くのシイ（持ち寄り財）とテウガ（返礼）の交換を済ませてしまっているが、これはオロア財が現金になってしまったことによると考えられる。オロア財がブタであれば、恐らくは、主交換が終了した後に財を分配していただろう。それが、パオロ交換という形であらかじめ財の「前渡し」をすることができるのは、現金というそれまでとは異質の財が儀礼交換に取り入れられたからである。

　一方、主交換を成功させるために、多くの人々が第一段階の財の集積に協力していることも注目しておく必要がある。この関係は末端の方まで当事者

100　第3章　交換システムの基本構造

アイガからは見えないが、それぞれのパオロも親族のネットワークによって、財を持ち寄ってくれたりするのを受けることもしばしばあり、結婚式があることによって、さまざまな係累がこの財の集積に協力し、返礼を受け取っているのである。

4. その他の儀礼交換

さて、結婚式でどのように財がフローするのかを詳細に見てみたが、それ以外の儀礼交換をともなう儀礼についても検討しよう。次節では儀礼交換の基本構造を導き出すが、そのために必要な叙述を行うのがこの節の役割である。

儀礼交換の関わる儀礼を整理すると、次のようになる。

1) 初子の誕生祝い（*fa'afailelega-tama* または *nunu* ファアファイレレガ・タマまたはヌヌ）、結婚の追認式
2) 称号就任式（*saofa'i* サオファイ）
3) マタイとその妻の葬式（*lagi* または *maliu* ラギまたはマリウ）
4) 落成式（*umusāga* ウムサーガ）、教会落成式（*fa'aulufalega* ファアウルファレガ）

1) 初子の誕生祝い、結婚の追認式

既に結婚式の箇所の叙述で説明したように、結婚の追認式では結婚の際の交換と似たような、しかしもっと小規模の交換が行われる。筆者が目撃した結婚の追認式は、ニュージーランドに出稼ぎに行っているうちに結婚して所帯を構え、男女1人ずつの子どもを生み、夫婦共に働きながら送金も怠りなくやってきた夫婦のために行われた。ファアラベラベのユニットとして良く機能していた妻方のアウアイガは、この女性のために結婚の追認式を行う計画をたてた。既に彼女の両親は亡くなっており、アウアイガのマタイたちはイトコに相当するが、0.5世代上である。夫の母に追認式を計画していると告げ日取りの交渉を始めたが、一向に返事がない。逃げ回っていると判断した妻方のアウアイガは、これ以上待たないことと決めて、数枚のファイン・マットを携えて予告なしに相手方を訪れた。夫の母は不在であったが、急い

で帰宅して儀礼が始まった。アウアイガをリードするツラファレが、ファア
ルペガを唱えたのち、ここにやってきた目的の演説を行い、11枚のファイ
ン・マットを1枚ずつ広げ、さらに14枚の寝具マットを贈呈した。母親は
しどろもどろであったが一応感謝の演説を行い、言い訳をしながらスアとパ
ーセセとして40ターラーを差し出した。母親はこのとき充分な交換が出来
なかったので泣いていた。妻方のアウアイガはややがっかりしたはずである
が、それはおくびにも出さずに辞した。少ない成果はアウアイガの会合で報
告され、分配が行われた。しかし4ヶ月後に母親は100ターラーを携えて現
れたという。その場で簡単な食事を用意して、スアとしてコーンビーフ缶1
と少額のパーセセを渡したのであった。総額でほぼ釣り合いのとれた交換と
なっている。

　サモア語には初子の誕生祝いに相当するファアファイレレガ・タマとヌヌ
の2つの単語があるが、ヌヌはアイガ内のできごとを越えて村全体が巻き込
まれるような大きな祝いとなる場合のようだ。だとすれば結婚したタウポウ
が子どもを生んだときなどだろうか。現在ヌヌが行われることはほとんどな
さそうである。

　初子の誕生祝いは、どちらがイニシアチヴをとってもかまわない。初めて
の出産に際しては、妻は実家に帰ることが多いので、夫方一同が生まれた赤
子を見に来る、という形をとって、行われることもあり、あるいは赤子があ
る程度丈夫になった段階で夫方に妻と赤子を届けると同時に行われることも
ある。あらかじめ日取りを決めておく場合もあるが、決まってなくてもかま
わない。充分な返礼ができない場合は、後日持参することで全くかまわない
のである。取り交わされる財の量は結婚式の第二段階に比べればずっと規模
の小さいものである。恐らくアウアイガを越えて（パオロ交換などして）こ
のための財を集めるということは行われないだろう。アウアイガで分担の財
を調達するためにインフォーマルな財集めが行われることはあるかもしれな
いが。1）は結婚式の第二段階に相当する妻方と夫方の交換が行われるが、
その規模はずっと小さい。

2) 称号就任式

　マタイが亡くなると、やがて開催されるアイガの話し合いを経てそのマタイが持っていた名前を受け継ぐ人を決める。このためのアイガの話し合いには、そのアイガの土地に住む人だけでなく、よそのアイガに婚出した人の子孫も含めアイガに血縁のある人は誰もが参加できることになっており、時には200人から300人もの人々が集まることもある。その人々の間での称号名の継承者の決め方については、第6章に詳細に論じているので、ここでは省略する。アイガの全員一致で該当者を選び出す作業はもともと時間がかかるものであったが、今日ではアイガ内での同意を得るのが難しくなり、土地称号裁判所に訴え出て裁判所に指名してもらうことが増えている。アイガで決めるのはアウアイガの長となるような称号名である。アウアイガの中の複数世帯の各世帯主に相当する称号名は、非公式な相談が行われることはあるが、アウアイガの最高位称号名保持者が決めて任命するのが普通である。どちらの場合も、新しく称号名を授与される人は、称号就任式を行い、その式が無事執り行われたことを村長（*pulenu'u* プレヌウ）に証言してもらい、土地称号裁判所で登記を行う。称号就任式は、アイガ内での合意が成立したことを世間に表明するのに加え、村落を越えたアイガ外のマタイたちに就任を承認してもらう儀式となっている。

　称号就任式そのものは、まずは礼拝やカヴァ儀礼、演説（*lauga*）[13]等が行われる儀礼的な前半と、その後の祝宴、及びファイン・マット、現金、食物を多数のツラファレに配る後半とからなっている。とりわけ後半部分は、結婚式の第二段階に相当する財の贈与である。ただし結婚式ではそれが2つの当事者アイガ間での財のやりとりとなっているのであるが、称号就任式の当事者アイガは称号名を授与される人の単独のアイガが一方的に多数のツラファレに与えるのみとなっている。

　第二段階の儀礼を目撃したのは、1979年のことである。称号名をもたない男性2人が称号名をもらうことになっていた。牧師が礼拝を行い、そそくさと退席したのち、裏手でカヴァ儀礼[14]の準備が始まる。円形家屋の内部に座

13　演説については第2章注17を参照。

ったマタイたちの間から、演説を誰が行うかという儀礼的交渉、ファアタウ
（fa'atau）が行われる。やがて終了すると村の最高位のツラファレが演説を
行う。ここでは、新しく就任する称号名の由来や系譜に言及することになる。

　演説が済むとマタイたちは手を打ち鳴らして、カヴァ儀礼に入る。新しく
称号名を授与される２人は、カヴァを飲んだことはあるはずだが、マタイと
一緒に飲むのは初めてであるから、大変興奮した面持ちである。栄光ある最
初の１杯はこの２人に与えられる。カヴァ終了後にパン、ビスケットが配布
され、この村の第二位のツラファレが分配役を務める。礼拝を行った牧師、
近隣の牧師、また出席している近隣の村々の代表に配布したのち、出席して
いるマタイたちにも配布する。紅茶カップが配られその場でティーが始まる。
食べきれない分はお土産となる。ティーが済むと、缶詰のカートンが運び込
まれ、これも同様にして配布される。分配役は自分にも、また分配を実際に
行う若者たちにも取り分を回す。ここで食事となり、食べきれない位の料理
が提供される。

　さて食事が終わるといよいよファイン・マットと現金の分与が行われる。
当事者アイガが登場し、新マタイと同名のマタイが歩み出てきて演説後、分
配を始めた。まずは食物の分配を行ったツラファレに３枚の見事なファイ
ン・マットと２ターラー、そして次のマタイからは１人ずつ名指しして１枚
と２ターラーを配布していく。演説をしたツラファレにも３枚と２ターラー
を渡す。さらに他の村から来ているツラファレにも１枚と２ターラーの配布
を行う。最後には現金がもらえないマタイもいたが、都合 100 名ほどのマタ
イ（ほとんどがツラファレ）にファイン・マットと現金を配布した。

　総計して、食物としてパン 200 斤、バター数ポンド、ビスケット 10 数箱、
缶詰 13 カートン、そして食事、ファイン・マット 120 枚、現金 170 ターラ
ーを一方的に配布したのである。この第二段階の財の贈与のために当事者ア
イガでは第一段階で、アウアイガの財の供出に加え、就任式に先立ちパオロ
の訪問を受けて、そこでパオロ交換を行っている。シイに対して当然返礼を
しているが、パオロ交換を繰り返すことで財の集積を行っているはずである。

14　前章でカヴァ儀礼の詳細は記述した。

称号就任式のパオロ訪問は、結婚式に比べて返礼率は低くなる。というのは、第二段階で当事者アイガは何も得るものがないと予想できるからである。パオロとしての責任が大きいのは、新マタイの母の父方、母の母方、父の母方に加えて、妻方である。

　称号就任式では、受け継ぐ称号名に応じて、配布すべき財が決まる。本来はアリイの中でもごくランクの高いアリイだけがファイン・マットを配布していて、ツラファレや位の高くないアリイは食物を配るだけであったという。今日、ごく位の高いツラファレがファイン・マットを配布することもあるが、それに対して眉をひそめる人もいる。ファイン・マットを配布しない称号就任式にはパオロもファイン・マットを持参せず食物と現金だけの贈与となる。

3）称号名保持者とその妻の葬式

　高位アリイの葬式はラギ（*lagi*）[15] と呼ばれるが、それ以外のマタイとその妻の葬式はマリウ（*maliu*）[16] と呼ばれる。マリウに際して、村の聖歌隊が訪問して賛美歌を歌う[17]。また村のマタイの妻たちがやってきて通夜に相当する儀礼を執り行う。これはアウ・オシ・ラギ（*au osi lagi*）と呼ばれる。女性たちは聖歌隊が退散した後も一晩中賛美歌を歌う。女性たちは夜が明ける頃に一旦家にひきとり、その後牧師が礼拝を行う。アウ・オシ・ラギの女性たちはまた9時頃にやってくる。アウ・オシ・ラギが見守るなか、パオロが次々に弔問にやってくる。パオロはファイン・マット、食物や現金をシイする。結婚式の場合であるとすぐさま返礼が行われるが、葬式は埋葬が済むまでスア

15　天空のこと。大変位の高い首長が亡くなると最大級の悲しみを表すために「空が裂けた」といった表現が用いられる。

16　「死ぬ」の敬語表現。称号名をもたない人々の死はオチ（*oti* 敬語抜きの「死ぬ」の意）である。

17　1978年暮れに筆者が観察した葬式は、死者の通う教会の聖歌隊が来ているだけだったが、その後にサモア内外で観察した葬式には、同じ村の他の宗派の教会の聖歌隊や、死者との縁を辿って同じ宗派の他の村の教会の聖歌隊なども訪問してきた。また牧師も、死者の通っていた教会の牧師に加えて、教区の牧師や他宗派の牧師など、数名の参加がある。教会の葬儀が行われるのは、アウアラ終了後であるが、最近は日を変えて同じ週の土曜日などであることが多い。

アウアラで行列するツラファレたち 1981年

葬式で贈与交換の順番をまつパオロ 1981年

を出さないので、パオロは案内される別室や他のファレ（サモア式家屋）で食事などしながら時期を待つか、あるいは時間がかかりそうであれば、帰宅してしまう。この場合には、後日葬式の当事者アイガがテウガ（返礼）を届けてくれる。

　一方、戸外では別の儀礼が進行する。これはアウアラ（'āuala）と呼ばれる。村のツラファレが最も多いが、その他近隣のツラファレたちは自由に参加できる。彼らは、村外れから集団となり、上半身裸でヤシの葉を軸から折り取ったものを両手で捧げ持って、決まった口上を唱えながら行進してくる。高位アリイのアウアラほど大きなものとなり、大勢のツラファレが参加するが、名も無いアリイの場合でもアウアラに来るツラファレはいる。ウポル島の北岸、首都アピアの東に位置するサレレシ（Salelesi）村のツラファレは、他のツラファレを凌駕するもてなしを受けることになっている。タマアイガ（四大パラマウント首長称号名）の誰かが亡くなったときには「本来のアウアラ」が行われることがある。その時には、アウアラは全身にヤシの消し炭を塗りたくって、道ばたの木を切り倒したり、駐車してある車を破壊したりする。運悪く道に出てきた人は怪我をするかもしれない。すべてが喪に服すことが求められる。

　昼近くなると教会の鐘が鳴りひびいて、葬儀の開始を知らせる。教会で牧師が式を執り行い終了すると埋葬が行われる。埋葬が済むと葬式の会食、ラウアヴァ（lau'ava）が行われ、パオロやアウ・オシ・ラギの面々にも供される。現在ではかなり大きなパックにつめたワンセットのお弁当で、少し手をつけてから子どもなどに持たせて自宅に持ち帰らせる人が多い。アウアラのツラファレたちにも配布されるが、アウアラにはラウアヴァという名目で、

18　その口上とは、"Tulouna le lagi / Tulouna le lagi, / Tulouna le ta'ape o pāpā, / Tulouna le pā le māsina, / Tulouna tō le timu, / Ua māsaesae le lagi, / Ua tafea le tauofe, / Ua naunau a utā."

19　当事者アイガにとってサレレシ（サレレシ村のツラファレもサレレシと呼ばれる）の参加は、それだけ多くの財が一方的に出ていくことになるのでやや迷惑ではある——サレレシを犬とののしる人もいる——が、サレレシの参加する葬式はそれだけ格式のある証拠となるので、サレレシが来てくれないと寂しい、といったことを口にする人もいる。

4.　その他の儀礼交換　107

葬儀に列席する聖職者たち、ホノルル・カリヒにて　1989年

缶詰等の食物が分配される。

　ラウアヴァ終了後には財の分配が行われる。パオロにはスアないしトーファー、ラフォなどを組み合わせた返礼が行われる。その後、アウ・オシ・ラギにはファアルマガ（お土産の食物）とパオロが持参した布（'ie Pālagi イエ・パラギ、白人のイエ）が配布され、場合によってはプレゼント（meaalofa メアアロファ）と称して少額の現金がそれに加わることもある。アウアラの面々には現金とファイン・マットを配布する。当事者アイガのツラファレと交渉するような村を代表する位の高いツラファレには多めの分配となる。[20]

　以上で、パオロやアウ・オシ・ラギとアウアラの役割は終了するが、この後、礼拝を行った牧師やアウアラに対し当事者アイガを代表して対応してくれたツラファレにお礼としての財の贈与を行う。最後の部分は後日行われる

20　第2章第7節にファレアタを代表する称号名の葬式のおけるアウアラ代表のツラファレを示してある。

表 3-3 葬式におけるパオロ交換の例（ある首長が例として語った、1985 年）

当事者アイガ	パオロ	財の種類	パオロより当事者アイガへ持ち寄り財	当事者アイガからパオロへ返礼財
女方	男方	ファイン・マット	メア・スル　　　　　2 枚 イエ・マーヴァエガ　1 枚 　　　　　　　計　　3 枚	スア　　　　　　　　　　1 枚 ラフォ　　　　　　1 〜 3 枚 イエ・マーヴァエガ　1 枚 　　　　　計　　3 〜 5 枚
女方	男方	現金又は食物	フェソアソアニ　100 ターラー ラウアヴァ（カヴァ棒）	スア（ブタ）　　　　　1 頭
男方	女方	ファイン・マット	無名目　　　　　　　9 枚 ラフォ　　　　　　　1 枚 イエ・マーヴァエガ　1 枚 　　　　　　　計　　11 枚	無名目　　　　　　　5 枚 スア　　　　　　　　1 枚 イエ・マーヴァエガ　1 枚 （トーファー） 　　　　　　　計　　7 枚
男方	女方	現金又は食物	―	スア（ブタ）　　　　　1 頭 パーセセ

ことも多い。というのは間に合わなかったパオロが後日やってくることもあり、ツラファレの仕事が葬式当日で終了するとは限らないからである。

　葬式の財のフローを見て見ると、アウ・オシ・ラギ、アウアラ、牧師、ツラファレが行う儀礼の役割に対して一方的に財を贈与することになるが、これが第二段階と考えて良いだろう。それにあたって、第一段階で当事者アイガ（アウアイガ）は集まって供出額を決めて財を集める。さらにパオロは故人を悼んでシイ（持ち寄り財）を行うが、これに対しては第二段階の後にテウガ（返礼）を行うことになる。パオロのシイを含めて財の集積を行ってから、財の放出を行うわけであるから、結婚式等先にテウガを行ってしまう場合よりも、当事者アイガにとってはやりやすいかもしれない。

　後に移民コミュニティでの葬式を経験したのでその点に若干触れたい。移民社会では村組織もないので、葬式は基本的に教会と教団の人々を中心に行い、アウ・オシ・ラギやアウアラは存在しない。ではアイガや近親者で集めた財の集積とパオロが持参してくるシイは必要ないのではないか、と思えるのであるが、代わりに異なる宗派も含め多人数の牧師が葬式にやってくる。これら牧師は、説教や弔辞、祈り、賛美歌というように細かな役割分担によ

4．その他の儀礼交換　　109

って全員で葬式を執り行う。また、その牧師と共に聖歌隊も何組もやってくる。パオロ交換などが本国にいるより少ないことは予想できるのだが、その分を補うように、死者が所属する教会の信徒団がファイン・マットや食物等をシイとして持参する。こうして、移民コミュニティではアウ・オシ・ラギやアウアラの代わりに牧師や聖歌隊に財がフローして行っているようだ。つまり、第二段階の物入りがあるから、パオロがやってきてシイをする、というふうな助け合いの精神で儀礼交換が行われているわけではない、ということがこれでわかる。

　この信徒団の葬式への関与は、本国でも及ぶようになっていて、以前の葬式では見かけなかった、信徒団のシイを見かける。

　さて、葬式においても、男方、女方でのファイン・マットの数の違いは顕著に出るようである。表3-3（前ページ）は亡くなった人そのもののアイガであるパオロや、亡くなった人の配偶者のパオロがどう贈与財を組み立てるかをあるアリイと議論したときに、彼が挙げてくれた実例であるが、例えば表3-3のようになると教えてくれた。女方パオロの方が、いろいろと名目でファイン・マットを贈らなくてはならないようになっている。男方パオロもファイン・マットを持参するが、持ち帰るファイン・マットの数の方が多い。

4）落成式と教会落成式

　落成式（ウムサーガ）は、テ・ランギ・ヒロアやハンディ＆ハンディなどの民族誌的記述の中にも登場する儀礼であり、建物の依頼主が完成に際して大工（*tufuga*）に支払いをするための儀礼とされている［Hiroa 1971 (1930):96-97; Handy and Handy 1924: 14］。現在家の落成式は、それほど頻繁に行われる儀礼とはなっていないし、かつてとは違った機能を果たしているように思える。[21]

21　2010年に筆者が出席した落成式は従来のものとはずいぶん異なり、大工への支払いの部分は全く存在していなかった。ニュージーランドに移民している人を多くもつ一族が、故郷の土地に家族の集うことができる集会所のような立派なサモア式のオープンハウスの建物を建てた。それぞれのイトコたちからファンドを募り、寄付した人には柱にその人の寄付であることを明記する金属板をはり付ける手法がとられた。一族の力を結集して作った建物の落成式は、料理を振る舞って近隣の人々を招待する、家のお披露目のパーティであった。

教会落成式にて、牧師宅の前庭に山積みとなった食料、西サモア　1979 年

　それに対して、教会の落成式（ファアウルファレガ）は、現在でも広く行われているし、海外でサモア人教会が建てられるときにも、この儀礼が行われている。1979 年にサヴァイイ島のある村で行われた教会落成式は、サモア会衆派教会のものだった。落成式が建物を建てるアイガの行事であるとすれば、教会落成式は村全体を巻き込むので大変規模の大きいものとなる。

　ヒロアの記述する落成式では、建築のいくつかの段階で儀礼が行われ、その度に施工主は大工にトガ財とオロア財を贈与する。しかし、1980 年前後の教会落成式の教会建設では前もって最初の手付けとして、現金 100 ターラーと立派なファイン・マット 1 枚を渡しただけで、落成式をもって大工とその弟子たちに贈与を行って謝礼とする。信徒団は着工後、ブロックやルーバー窓などの建材を買うことに集中する。村に入って工事をしている大工の見習いたちには宿・食が用意され、さらに時々ラヴァラヴァ（腰巻用の布地）や足代が与えられる程度である。大工の棟梁は時々監督のために現場を訪れる。工事には、信徒の中にボランティアで働く人もいるが、それでも工期は

4．その他の儀礼交換　　111

複数年に及ぶ。最終的に教会の完成が見えてくると、落成式の日程が定まり、その情報はラジオでサモア中に流れる。信徒たちも、信徒ではない村人も、その村に親族をもつサモア中の人々も、近隣の村々も、その日をめがけて準備を始めるのである。教会落成式の当日、大工に渡すのはファイン・マットと現金、それに食物となるが、規定量があるわけではない。ただし、贈与する財が多ければ多いほど信徒団や村の名声は上がることになる。

　教会落成式では新しい教会で日曜日に初めての礼拝が行われるが、人々の関心はあくまでも財のフローにある。金曜日から始まる人々の移動にともない、多くの財がやりとりされるので、牧師の家の前庭はさまざまな食物が山積みとなり、まるで市場のようになる。1) 信徒世帯の供出、2) 全国に広がる教会組織の協力、3) 近隣の村の協力の3つの経路で財を集める。しかもその中で1) は、パオロ交換が行われるので、サモア中の多くのアイガがこの教会落成式の財の集積に巻き込まれることになるのである。

　信徒団の話し合いで、信徒のマタイにはそれぞれにファイン・マット20枚と現金200ターラーがサオファガ（*saofaga* 供出額）に決まっていた。それぞれの信徒のアイガでは、アイガ内での財の供出を行って異なる種類の食物を集め、食事を用意する。ここでつらいのは、通常の儀礼交換の財の供出であればアウアイガの複数世帯で集積を行うことができるが、今回のサオファガのユニットにそれぞれの世帯が入っている以上、他の世帯に財の集積の協力を仰ぐことはできない。恐らくは、自分の世帯から出た近親者の移民やアピア在住者に送金を頼んだことであろう。やがてやってきたパオロとの間で交換が行われる。例えばパオロがファイン・マット5枚に30ターラー持ってくると、トーファーとしてファイン・マット1枚、ラフォとしてファイン・マット1枚、スアとしてファイン・マット1枚に塩漬け肉の樽1つ返礼を出す。別なパオロがファイン・マット2枚に20ターラーであれば、返礼はトーファーとしてファイン・マット1枚、スアとして魚肉缶詰のカートン1であろう。ファイン・マット1枚に5ターラーであれば、返礼はスアとしてカートン半分にパーセセとして3ターラーといった具合である。こうして、少しずつ手持ちの財を増やしていくのが当事者となる世帯の戦略である。このような交換は大変事務的に行われて、落成式のパオロ交換では本物のスア

112　　第3章　交換システムの基本構造

近隣の村が正式訪問し、ファイン・マット等の財を持参　1979 年

が登場することはない。

　すべてのマタイが目標額をクリアしたわけではないが、牧師に加えて 25 人の信徒のマタイ、他教団に属す 6 人の同じ村のマタイ、24 人の不在マタイの協力を得て、約 750 枚のファイン・マットと 7,500 ターラー余りを集めた。さらに教会の他教区の訪問団との交換、近隣の村との交換や、ダンスのショーの投げ銭で得られた財を加え、現金の最終集計は 1 万ターラーを越えた。こうして 600 枚のファイン・マットと 6,300 ターラーの現金を大工に渡し、銀行に借りていた 2,000 ターラーのローンも返済した。そして第三段階では 1,000 枚を越えるファイン・マットと 2,000 ターラーを、第一段階の財の供出を行った面々で分け合ったのであった。教会落成式ではしばしば財が集まりすぎて、最初のサオファガより多い財の分配が行われることすらあるということで、この第三段階の分配も人々は欠かさず行うようである。

4．その他の儀礼交換

5. 儀礼交換の基本構造

　結婚式から始めて教会の落成式まで、サモアの儀礼交換をともなう儀礼に関する前節の記述から分析を行おう。称号就任式とアリイとその妻の葬式は、儀礼としては全く異なるものであるが、称号名（ないしはその親族集団）にまつわる儀礼であり、どちらも主交換においては地縁共同体に財を贈与し、婚姻関係を通じたネットワークでその財を集める、ということにおいて同じであると考えるならば、これをまとめることができるだろう。したがって、これら儀礼交換を伴う儀礼を次の3群に分類することが可能である。

　　　第一群　結婚式、初子の誕生祝い、結婚の追認式
　　　第二群　称号就任式、アリイとその妻の葬式
　　　第三群　落成式、教会落成式

　それぞれの儀礼としてのテーマは、第二段階における財の贈与交換である。第一群においては、結婚するカップルの男方と女方が互いにオロア財（現在は現金のみ）とトガ財を贈り合う。第二群においては、儀礼において列席したりそこで一定の役割を果たしたりするマタイ（主としてツラファレ）にファイン・マット、現金、食物を一方的に贈与する。第三群では、建物を建ててくれた大工の棟梁に、その報酬に相当するファイン・マットと現金の贈与を行う。そしてそこで繰り広げられる贈与そのものは、「相場」がないわけではないものの、高位アリイのアイガであるとか、牧師を多く排出しているアイガであるとか、移民や都市住民を多くもつアイガであるとかの事情も加味されて期待値が上がる。多ければ多いほど名誉がある、というものになっており、そこにアイガの名誉をかけた競覇的な儀礼交換のシステムが存在しているのである。過去には、称号名により儀礼には規制があった。ファイン・マットを葬式で配ることができるのは大変高位のアリイだけである、とか、高位アリイの称号就任式ではファイン・マットを配布するがツラファレは高位でもファイン・マットを配布できない、とかいった規制である。が、

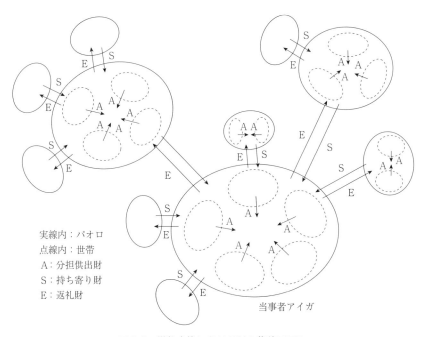

実線内：パオロ
点線内：世帯
A：分担供出財
S：持ち寄り財
E：返礼財

当事者アイガ

図 3-3　儀礼交換における財の集積モデル

今日では称号名の格式などより、多くの子や孫が海外に移民しているか、都市在住の高給取りがいるか、といった事情の方が儀礼の規模に影響するようになってしまった。人々の競争は熾烈になってきている。

　出来るだけ多く財を集め、出来るだけ多く贈ろうとする当事者アイガの企図を汲んで、当事者アイガに姻族となるアイガ、パオロが財を持って公式訪問をし、シイの財を差し出す。その気持ちに感謝して当事者アイガはテウガ（返礼）を贈ることになる。その贈与交換のリンクは、場合によってはパオロがパオロとしてでかける前の自宅にいるときそのパオロに連なる別のパオロがパオロ交換の財を持参することすらある、というように親族間でイモヅル式に交換の輪が広がっていく現象が起きるのである（図3-3）。パオロの持ってくるシイには、当事者アイガが必要としているだろう財が含まれることは当然であるが、そこに、パオロ同士がかつてパオロとなった最初の儀礼（結婚式か結婚の追認式）の際に行われた、それぞれの男方／女方の別を示す

5.　儀礼交換の基本構造　　115

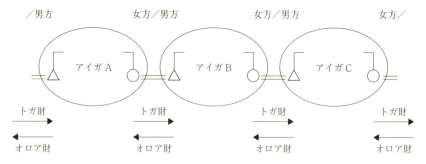

図 3-4　アイガ間のトガ財／オロア財のフロー

交換がある程度反映されたものとなっている。トガ財とオロア財はそれぞれに、アイガが他のアイガとの間の男方／女方の関係に沿って、流れていく。これを示したのが図 3-4 である。この交換は「助け合い」の意味を越えて、パオロ同士が互いの関係を常に認識し直すという意義があった。

　この交換は、パオロ同士の「愛情」が試されるゲームとなっているのであり、ただ単に助け合いの輪が広がる以上の結果がおきる。ときどき財は集まりすぎてしまうのである。

6. 互酬性と再分配

　さて、現代サモアのこれら儀礼交換の中で、首長制に深く根付いた第二群の儀礼に関しては、ツラファレへの財の分与が強く強調されていることに注目してみよう。またこれは第一群の儀礼において、本来結婚式とは高位の人々の間で行われ、誰でもが行う儀礼ではなかった、とシェッフェルが述べている［Schoeffel 1999: 122-128］ことも留意したい。
　そもそもファイン・マットは、親族交換においては女方から男方へとフローする財であったわけだが、政治的文脈では高位アリイからツラファレへとフローする財であった。これが端的に表れるのは、高位アリイがタウポウと結婚するときで、そのときには大量のファイン・マットがタウポウの父の高位アリイから婿となる高位アリイ、ないしはマナイアの父である高位アリイの元へと渡されるが、その最終的な行き所は嫁を取る側のアリイのツラファ

レであり、彼らに多くのファイン・マットが分配されたという。現代では、この花嫁側が用意するファイン・マットは、多くのパオロ交換——特に花嫁の母の実家のものが最大——によって調達しているのであるが、多分かつては、その出所は花嫁の父である高位アリイが集めるものだったのではないだろうか。そしてそれらを編んでいたのは、花嫁の父の高位アリイの村内で、恐らく、アリイは村落内の女性の労働力をおおいに活用したと思われる。村落内ではファレ・ララガ（*fale lalaga*）という制度が過去にも現在にも存在している。ファレ・ララガは、村落内で女性たちが集まってファイン・マットを製作するコレクティヴのようなものである。今日のファレ・ララガは自分のものとなるファイン・マットを一緒に集まって編んでいるだけであるが、かつてのファレ・ララガは、おそらく村の最高位アリイに納めるファイン・マットを女性たちが集まって編む作業場のようなものであったと推測できる。ファイン・マットは仕上げるのに数ヶ月から１年もかかる。現代の村落部の女性たちはしばしば集まって、おしゃべりに花を咲かせながらその果てしない作業に従事するのであるが、現在のファレ・ララガは週１回程度の開催でしかない。ファレ・ララガの日以外には家内で作業することになっているが、その進行具合は人によりけりである。また、製作したファイン・マットはその女性ないしは彼女のアイガのものとなるのが現代ルールであるが、かつてのファレ・ララガで生産されたファイン・マットは、すべてでないまでも多くは最高位アリイのもとに集められるべきファイン・マットであった可能性がある。少なくとも女性たちがもり立てる村のタウポウの結婚式のために、村の未婚の少女たちがファイン・マットを編んでいたことは確かなようだ。グラタンは、タウポウを中心とした未婚の女性の集まりであるアウアルマ（*aualuma*）の共同で行われる諸活動が、家族が目的ではなく、村のために行われると述べた後に、「これらの活動はファレ・ララガで行われる。また時

22　現在のファレ・ララガは、村の婦人会（women's committee 村のアリイとツラファレの妻たちが主体となっていることが多い）を母体にすることが多いが、かつては多くの村に、タウポウを中心とする、その村で生まれた未婚の女性からなるアウアルマという集団が存在した。結婚していてもその村出身の女性からなるファレ・ララガも、少ないが存在している。

6.　互酬性と再分配　　117

に、アウアルマはファイン・マットの製作も行い、コミュニティ全体の利害がかかわるタウポウの儀礼（結婚式）に使うためにこれをよけておくのである」[Grattan 1985 (1948): 111] と述べている。これは、再分配の中心に財が集まる動きに相当する。結婚式の主交換において、花嫁方は花婿方からオロア財を得るはずであるが、これが村内で再分配されたはずだ。

　ターナー師の記述の中にも、そのような再分配を思わせる部分がある。特に村内の力を結集する箇所がある。家長たち（heads of families, マタイのことか）は、高位アリイが欲しいというものを用意する、としており、そのあとに「彼が結婚しようとしているとき、家長たちは共に努力して、祝宴に必要なものやその他儀礼に要するものをそろえるのである。彼は、今度はこれらの品々故に、充分な代償を与えるべく、彼が花嫁の持参財として得たファイン・マットを彼らに分配するのである。アリイは注意して、アリイの家族と結婚するようにしている。そうやって彼は、妻を通じてアリイの娘の位にふさわしい取り分を得る」[Turner 1984 (1884): 175] とあるすぐ後に、彼ら（家長たち）はアリイの銀行家（banker）である、という記述が続く。「銀行家」というのは、財を持っていて、貸してくれる人という意味なのだろう。すなわち、今日パオロ交換で多くの財を調達している部分が、少なくとも高位アリイの場合、村内の再分配で成り立っていたのではないかと考えることができる。ターナーは、村内がすべて高位アリイのアイガで成り立っているとは限らないとも記している。一村がすべてひとつのアイガで構成されている場合の方が少ないのが現在のサモアの状況であるが、むしろターナーの時代には単一のアイガでできている村の方が多かったと思わせる記述である[Turner 1984 (1884): 74]。

　そうなってくると、ファレ・ララガは単にタウポウの結婚式のファイン・マットを調達するだけでなく、高位アリイにファイン・マットを供給する役を担っていたのかもしれない。

　ただしそれに加えて、先人の記述には矛盾があると筆者は考えている。というのもツラファレはそのようにさまざまな機会にファイン・マットを得る、それだけであれば、ファイン・マットはツラファレのところに貯まりすぎてしまうはずである。また、高位アリイの称号就任式の際のファイン・マット

118　　第3章　交換システムの基本構造

は、どうやって調達していたのであろうか。すなわち、何らかの形で、ツラファレに集まるファイン・マットが高位アリイの下に「逆流」するのでないと、つじつまは合わない。さもないと高位アリイからツラファレへというファイン・マットのフローも停滞してしまう。

　ここに、ファイン・マットのフローが若干見える称号就任式の記述がある。これは口頭伝承であるので、そのままのことが生じたわけではなかろうが、むしろそういう機会にはこうなる、という理念型となっているに違いない。

　サモアを統一したサラマシーナ（Salamasīna）という口頭伝承上の女王がいる。この人はサモアを構成する重要なファミリーの血や縁を一身に集めることができたので、サモア初のタファイファー（*tafaʻifā*）[23]の地位に就き、サモアを平和に治めたということになっている。彼女の子孫の数代後に、ムアグツチア（Muagututiʻa）という王[24]がいた。この王は最初の妻フェヌヌイヴァオ（Fenunuivao）との間に子どもができず、フェヌヌイヴァオの親戚の子フイアヴァイリリ（Fuiavailili）を養子としていたが、その後2回結婚して、3男2女の実子がいた。ムアグツチア王の治世は平和で繁栄したという。彼が亡くなる直前に残した遺言で後継者に指名したのはフイアヴァイリリで、実子の息子2名には、フイアヴァイリリに仕えるようにとの遺言があった。アツア、アアナのそれぞれの首都、ルフィルフィ（Lufilufi）村とレウルモエガ（Leulumoega）村のそれぞれのツラファレ団、トアオノ（Toaono 六人衆）とトアイヴァ（Toaiva 九人衆）——彼らは合議でツイアツア、ツイアアナの称号名を授与する権限を持つ——は怪しんだが、称号就任式が執り行われることとなった。

23　ツイアアナ（Tuiaʻana ウポル島を縦に3つに分割したうちの西側の首長国を治める称号名）、ツイアツア（Tuiatua 同じく東側の首長国を治める称号名）、タマソアリイ（Tamasoaliʻi）、ガトアイテレ（Gatoaitele）の4称号のうち、後者の2称号は、マリエトア家の姉妹を記念してつけられた称号名で、名誉称号のようなものである。この4つの称号名（いずれも大変格が高い）を手に入れるとタファイファー（サモア王）になれると言われている。

24　サラマシーナ以外のタファイファーについては、伝承が一致しないことが多い。ムアグツチアについて、ツイアアナとツイアツアは持っていたと思われるが、後2称号名については定かではない。

ルフィルフィとレウルモエガの両ツラファレ団は王の決定を聞いて、言った。「われわれに捧げられたこの少年は誰だ」と。「待てよ。ムリヌウ（Mulinu‘u）村の後ろにファレヌウツプ（Falenuutupu）が立った、ということはマヌオ（Manuo）のファイン・マットが分配される、ということだ。ファレヌウツプの後ろにファレアプナ（Faleapuna）村のヴァイニウ（Vainiu）が立った、ということはモリオオ（Molioo）のファイン・マットはわれわれのものだ。ヴァイニウの後ろにヴァイエエ（Vaiee）が立っている、ということはイウリ（Iuli）のファイン・マットもわれわれのものだ。ヴァイエエの後ろにはイリイリ（Iliili）が立っているということは、モエオノ（Moeono）のファイン・マットもわれわれのものだ。イリイリの後ろは、サラニ（Salani）で、オフォイア（Ofoia）のマットもわれわれのもの。サラニの後ろにはファレファサ（Falefasa）がタロ（Talo）のマットを持って立つ。ファレファサの次は、ファレトイ（Faletoi）がファアウタニア（Faautania）のマットを持っている。

　そこまでできて、ルフィルフィとレウルモエガは言った。もう充分マットがいただけることはわかった。その少年は、タマアアイガ（*tama a ‘āiga* アイガがたてまつる高貴な少年）だ」[Krämer 1994 (1902) vol.1: 270-271]。

　というわけでフイアヴァイリリ別名ツプア（Tupua）が王位についた、とある。フイアヴァイリリは、サラマシーナの別な子の血を引くラインの直系であることが後にわかる。ここで、ツプアのためにファイン・マットを携えてきている、マヌオ、モリオオ、イウリ、モエオノ、オフォイア、タロ、ファアウタニアはすべて有力ツラファレたちであり、彼らが主君のためにファイン・マットを持ってはせ参じてきたさまが、ここで語られているのである。キングメーカーであるルフィルフィ村（アツアの首都）とレウルモエガ村（アアナの首都）の六人衆と九人衆は充分にファイン・マットをもらい満足したわけである。

　このように考えると、スアもスア・タリ・スアのように日常的に家庭内で捧げる食物の延長に、客が来たときのスアがあるのもうなずける。すなわち、

120　　第3章　交換システムの基本構造

スアは一種の捧げものであるが、日常的にスアを差し上げることができない
ような遠方の主人がいて、日常的に出すことはできないものの訪問の際には
念入りに差し上げるのである。

　トンガと比べた場合、サモアでのアウアイガを超えた再分配の財の動きは、
現在ほとんど見いだすのが難しい位であるが、過去においては、トンガとは
比べようもないものの、存在していたのであろうと考える。ツイトンガ（ト
ンガ王）には通常の献上物の他にトンガ各地からその地方独特の産品が献上
されていた様の記録［Gifford 1971 (1929)］まであるが、サモアではそのよう
なデータは存在していないのである。

　再分配の財の動きがアウアイガ内で見る以外に現在ほとんど存在しないこ
とと呼応して、従来称号名の格に込められたさまざまな規制はかつてほど厳
しい規則ではなくなってしまっている。かつてラギを行うことのできるアリ
イはごく限られていて、ファレアタにそのようなアリイは存在していなかっ
たと言われる（第2章注32参照）が、現在ほとんどの村で高位アリイはラギ
を行う。葬式の立派さは、むしろ海外に移民している子どもが多いかどうか、
彼らの送金が充分かどうかにかかってしまうようになった。また、国会議員
選挙でも、称号名の格の高さが当選のための重要な要素であったのが、現在
では格の低い称号名でも他の要素がよければ当選するようになっている。

　今日、村の中で最高位首長が称号就任式をするといった場合でも、お抱え
のツラファレがファイン・マットを献上することはないだろう。称号就任式
で配布するファイン・マットは、パオロによってもたらされる、すなわち親
族間の財の交換によってもたらされるのである。こうしたことすべては、ど
れが原因でどれが結果かということを判定するのは大変難しいが、この全体
的傾向こそが、称号名間の平準化[25]と呼べるところのものである。このために、
お抱えツラファレの協力は得ていない中で、称号名の格に応じて決まってい
た財の分与を行うべく、親族間の財の交換、パオロ交換が再分配の中心に向

25　かつては国会議員を選ぶ選挙においても、高位のアリイやツラファレの称号名保持者
　　でないと当選しなかったのであるが、現在ではそれほど名の知れていない称号名でも
　　当選することはしばしば見られる。平準化の進行していることは、こんなことからも
　　見て取れる。

6.　互酬性と再分配　　121

かう財のフローにとって代わっていると考えることができる。

7. 結

　この節では、本章で検討したことをまとめることが課題であるが、第1節から第4節の内容要約は既に第5節で行った。重要な箇所だけ繰り返すなら、儀礼交換が大量に行われる儀礼には必ず、親族間のトガ財とオロア財を交換するパオロ交換（助力の財と返礼の連関）を伴い、多くのアイガがこれに参加させるようなイモヅル式の財のフローが引き起こされるのである。そこでは、ほとんどが互酬的な財の交換で成り立っているが、本章第6節で検討したように、かつては、サモアでも、主従関係を軸とした再分配の財のフローがトンガほどではないにしてもある程度存在していたと考えられる。しかし、もともとさほど強くなかった再分配機能が現代ではほとんどなくなり、親族間の互酬的財の動きがとって代わったといえる。

第4章

交換財の変容
──市場経済への対応と新しい財の取り込み方

1. 序

　交換財について、世界各地での報告がありながら、新しい財がどのように取り込まれ、財の用い方にどのような変化があったかは、あまり着目されてきていない。たとえば、有名な北米北西海岸先住民のポトラッチも、毛布、缶詰、ブリキのバケツ等々を取り込んできたとあるが、それ以上の深い分析はない。この章は、西サモア（サモア独立国）の近代化過程における交換財の変容に焦点をあてている。サモアのオロア（男財）とトガ（女財）については19世紀より報告がある。男財は主にブタやタロイモ等の食物や道具類、ならびに武器類で、一方女財は主にマット類や樹皮布である。双方の財は一定の儀礼群において、姻族間で互いに交換する。オロア財は男方から女方に贈与され、トガ財はその反対に贈与される。近代化、とりわけ市場経済の進展において、オロア財のカテゴリーに含まれる財は著しい変容を遂げたが、その一方トガ財はほとんど変化がなかった。今日、前者のカテゴリーは主として現金と魚肉缶詰のカートンやコーンビーフなどの加工食品から構成されている。それと同時に、おそらくはファイン・マットの需要は高まっているにも拘わらず生産できる女性が減少しているせいで、トガ財の中心であるファイン・マットの品質は粗悪化した。1990年代頃から、NGOが主体となり上質のファイン・マット製作を促進するシステムを開発し、2000年代にな

ると政府が文化政策、社会政策として、この生産に力を入れるようになった。ファイン・マット復興運動が開始されてからの変化は、また新しいテーマで、第7章で検討することとなっているが、それに先だってまずは粗悪化のところまでの検討をこの章で行いたい。

　ここでは、交換システムにおける財の変容の効果を見定めるために、今日の儀礼でしばしば観察できるスアという儀礼的食物贈与の慣習の詳しい分析を試みる。さらに、新しい財が取り入れられる際の、オロア財とトガ財の二元的カテゴリー化というメカニズムも検討している。また、ある種の曖昧なモノがあり、それはオロア財にもトガ財にもカテゴリー化可能なものなのだが、交換システムの不完全な部分を補い、それにより精緻な意味を与えるものとなっている点が興味深い。かくして新たな品々を取り入れつつ、サモアの交換システムは、多くの変容を受けつつも、社会を統合する効果を有しているのである。

　レヴィ＝ストロースは、女性および情報とともにモノ（財）の交換をもコミュニケーションの枠組で捉えようと提唱しているが、コミュニケーションとしての財の交換が成立するためには、モノ自体に何らかの意味が賦与されていることが前提である。モノは本来さまざまな意味をもっているはずであるが、われわれが市場経済の場面でモノのやりとりをする、すなわち売買をする時、モノのもっている意味はまったく問われなくなってしまう。好きでもない男性から指輪を贈られた女性は、受け取ってよいものかとあれこれ悩むだろうが、同じ女性が宝石店で男性店員から指輪を買う時、男性店員の意図をあれこれ詮索したりはしない。彼女は指輪というモノをモノとして買っているだけである。

　このように市場経済は意味をもたないモノ＝商品、および商品交換を媒介する貨幣を生成して初めて可能となったのであり、また市場経済はその進展に伴って諸々のモノのもっている意味を剥奪していくのである。意味をもつモノとしてどのような場面で誰から誰に渡されるのか、というモノが本来もっていた種々の規制を無化して、コンテクストに縛られないモノのやりとりを広げていくということが市場経済の発展にほかならない。これはまたマックス・ウェーバーの言う「近代における脱＝魔術化」と同じことであろう。

124　　第4章　交換財の変容

このように考えた時、筆者の調査しているサモア社会において市場経済は
まだ部分的なものでしかない。それは人々が半自給自足的な生活を送ってい
るという意味においてというより、むしろ意味をもつ財の贈与交換——ある
いは財のコミュニケーションといってもよいが——が社会を統合する原理と
してまだ有効であるという意味においてである。

　サモア社会にトガ財とオロア財という2つの財のカテゴリーが存在するこ
とについては、既に19世紀より報告があり［Turner 1984 (1884): 93; Stair 1983
(1897): 173; Krämer 1994 (1902) vol.2: 98］、また20世紀初頭にアメリカ領サモア
で調査したミードもこの財のカテゴリー分けを記述している［Mead 1969
(1930): 74］。これら2種類の財は単に結婚のみならずその他のさまざまな機
会に女方と男方の親族集団の間で交換されていた。親族間のこの種の財の互
酬的交換は、今日でも儀礼交換の中で頻繁に行われている。

　この財のコミュニケーションともいうべき交換システムの今日の姿は、も
はや純粋に伝統的なものではなく、文化・社会の変化に敏感に反応して種々
の変容を遂げた結果である。しかしながら興味深いことに、システム自体は
社会の近代化や市場経済の浸透に伴って、衰退するどころかむしろますます
エスカレートする様相さえもみせている。サモアにおいても他の社会の場合
と同じく、全般的には市場経済の進展によりモノのもつ意味はしだいに剥奪
されていくのだろうが、儀礼交換はむしろ近代貨幣や工業製品（商品）のよ
うな西洋渡来のものにもトガ財／オロア財といった新しい意味賦与を行って
システムのなかに取り込んでいくエネルギーをもっているのである。

　この交換システムそのものについては、筆者は既に別のところで論じて
［山本・山本 1981, 1982, 1996］おり、その概要を前章にて詳細に述べたばかり
であるが、本章では、ファイン・マットの復興運動が始まる以前の財のカテ
ゴリーの過去約1世紀ほどの間に生じた変容に焦点を当ててみたい。本章の
目的は、財の意味の剥奪と賦与がいかなるメカニズムによって行われるのか
を検討することである。2種類の財のカテゴリーとその変容について論じた
後、交換システムにおける財の変容の効果を理解するためにスアという食物
贈与の形式——儀礼交換において今日頻繁に登場する——について検討を加
える。その後に、オロア財とトガ財の相対立するカテゴリーに新たなモノが

1. 序　　125

分類されていくメカニズムを分析する。どちらにも分類できそうなある種曖昧なモノが存在しているが、興味深いことには、これらのモノは交換システムの矛盾点を補うべく取り入れられ、新たにより整った意味を賦与するのである。

2. 交換財の伝統的カテゴリーとその用いられ方

　既に前章で述べているように、サモア社会に伝統的な財の二大カテゴリーはトガ（tōga）とオロア（'oloa）である。トガ財は女性の作り出すマット類、樹皮布などであり、オロア財は男性の諸活動にかかわる食物、カヌー、道具類等とされていた。この財のカテゴリーが最も明確にあらわれるのは、結婚式等の婚姻にまつわる諸儀礼においてであり、儀礼の対象となるカップルの双方のアイガは女方から男方へトガ財を、男方から女方へオロア財をというように互いに贈り合うこととなっていた。これはジェンダーの活動領域の区分による財のシンボリズムが女方／男方の別によって贈るべき財を規定しているということもできる一方、親族交換におけるトガ財／オロア財の分け方がジェンダーの活動領域を組織化していると考えることもできる、双方向的な性格をもった財の二項的対立である。

　今日、互いに姻戚関係をもつアイガ同士が財を贈り合うのは、ほとんど儀礼交換の場においてのみであるが、かつてはこれら特別の儀礼以外にも、女性が里帰りする際に夫方のアイガがオロア財とともに彼女を送り届け、逆に実家から帰宅する時には実家から婚家先にトガ財を届ける、といった日常に即した財の交換が行われていたようである ［Krämer 1994 (1903) Vol.2: 98-101; Mead 1969 (1930): 24］。

　しかしこのような財の交換が、今日のごとく儀礼にともなって行われる時には、前章で述べたように、縁組を成功させ、パオロとしての絆をつくりつつある２つのアイガのみならず、その特定の２つの当事者となるアイガにさらに過去の縁組を通じて姻戚関係を持ついくつものアイガが、これに関与するパオロ交換を行うことは、前章に見たとおりである。今日儀礼交換が繰り広げられる諸儀礼には前述の婚姻にまつわる諸儀礼とは別に、１つのアイガ

が中心となるものも含まれているが、この際にはそのアイガに過去の縁組を通じてパオロとなるいくつものアイガが、パオロ交換を通じて財の集積に関与するのである。

　そのように多くの親族がイモヅル式に巻き込まれる儀礼交換を含む儀礼は既に前章で検討しているが、次の三群に要約できる（本書114頁）。

　　第一群　結婚式、初子の誕生祝い、結婚の追認式
　　第二群　称号就任式、アリイとその妻の葬式
　　第三群　落成式、教会落成式

　これらの儀礼群において特徴的なのは、いずれの儀礼においても大量の財のフローが生じ、しかもその財の集積に関与する部分が親族のネットワークを通じて果たされるということである。いったん婚姻関係を結んだアイガ同士の間では、婚姻関係ばかりか性的関係も禁止となる。実際に血縁はなくとも互いにアイガであると認識して、性的関係や結婚は避けなければならない。結婚してはならない間柄は、端的には儀礼交換で顔を合わせるかどうか、ということになる。若い男女は、系譜的に互いの関係を辿ることはできなくても、儀礼交換で顔を合わせる以上はアイガなのだ、と認識して兄弟姉妹としてのフェアガイガ（*feagaiga* 姉妹への敬意）[1]の関係を維持する［Shore 1976: 280］。こうして、サモアの姻族の関係は広範にネットワーク状に形成されることになり、しかもその間で理論的には女方／男方の関係は一義的に決まることになる。今日観察する限りにおいては、こうしたネットワークを通じて、儀礼交換において、パオロが儀礼の当事者となるアイガを訪問して、シイ（*si'i*）を行って財を贈る一方、当事者アイガはテウガ（*teuga*）と呼ばれる財を贈って返礼とするのである。助力の財より返礼のほうが少な目（返礼は現金に換算して助力の約60％となるのが目安）であるのが普通であるから、いくつもの訪問するパオロとの交換の過程を積み重ねることにより、当事者アイ

1　人類学で親族間に通文化的に存在の確かめられる忌避（avoidance）と呼ばれる慣習で、サモアの場合は兄弟が姉妹を敬して遠ざかるもの。性的な話題すらつつしまなくてはならず、性関係はインセストと見なされる。

2.　交換財の伝統的カテゴリーとその用いられ方　　127

ガは必要なカテゴリーの財を手持ちの財と交換して集めるばかりか、財を増やしていくことができる。この時贈られる財は、婚姻にまつわる諸儀礼の主交換では嫁方からトガ財だけ、婿方からはオロア財だけというようにそれぞれの贈るべきとされる財のみとなっているのと異なり、トガ財とオロア財を取り混ぜた形で贈るのがほとんどである。しかしそれでもその財の内訳をよく観察してみると、女方からはトガ財が多めに、男方からはオロア財が多めに、という形でトガ／オロアの区別の形式が守られており、儀礼の種類に応じてはやむをえず「逆流」することもあるが、長期的にみた場合、女方からはトガ財、男方からはオロア財が恒常的にフローしていると考えてかまわない（前章）。

3. トガ財とその変容

ファイン・マット（'ie tōga イエ・トガ）、寝具用マット等のパンダナス製のマット類、そして樹皮布が基本的なトガ財であるが、これらは女性によって作られる。クレーマーはこれに加えて、うちわ、香油（ヤシ油）、うこん、櫛、バスケットをあげており ［1994 (1902) vol.2: 97-98］、ミードは腰みの、染料等もあげている ［1969 (1930): 74］。今日、トガ財として一般に用いられているのは、ファイン・マットと寝具用マットである。

ファイン・マットとは、ラウ・イエ（lau 'ie）と呼ばれる種類のパンダナスの葉を天日に乾して、葉肉を落とし糸のように細く裂いて手で編み上げたマットである。長方形で、大きさは最小のもので横2メートル、縦1.2メートルほどのものだが、もっと大きくて横が5〜6メートルくらいから、さらにそれより大きいものもある。斜めに平織りとなっているが、下端は編みはなして房状に作ってある。サモアで作られるマット類のうちでは最も精巧なものであり、かつては少なくともひと月、時には1年以上もかけて丹念に編み上げられたが、他の実用的なマット（寝具用マット等）が2〜3日で仕上げられるのと比べれば、著しい労働力の投下であったといえよう。家族間の交換においては非常に高い価値をもち、儀礼には不可欠である。ファイン・マットのなかでは、より目が細かく美しいもの、より大きいものが高い価値

128　第4章　交換財の変容

をもつが、それに劣らずその歴史性も重視される。破れていても飴色に変色して艶の出た古いものは、象牙色の新しいものより価値があり、また過去の有名な事件や出来事において用いられたものには固有名があり、その由来が語り継がれるほどである。もっとも樹皮布の製造があまり行われなくなった代わり、1970年代頃には、これを補うかのごとくファイン・マットの粗製濫造がなされるようになった。現在もそうであるが、名を冠する良いファイン・マットほど死蔵されて儀礼交換に供されることは少ない。この後のファイン・マット復興運動（2000年頃に始まった）については第7章に取り上げたい。とりわけ高位アリイや牧師などの有力者は、自分の娘の結婚式のために、ごく稀な機会に手に入れた立派なファイン・マットを手元に置いておく[2]。

ファイン・マットの起源について、クレーマーは以下の伝承を書き留めている。

サヴェア・シウレオ（Savea Si'uleo）[3]がフィジーからやってきたとき、ファネア（Fane'a）とファネア（Fane'a）と呼ばれる夫婦が船上でこのマットを編んでいた。だからラガヴァア（Lagava'a 船上で編まれた）の名がある。彼らはサライルア（Salailua）[4]村の南、サギノガ（Saginoga）という場所に到着したとき完成した。女はそれを寝具マットの下に敷いていたが、ここでファイン・マットは地面にくっついてしまった。そういうわけでこのマットは、ピピイマレエレエレ（Pipi'imale'ele'ele 地面に貼り付くの意）と呼ばれるようになった。男性のファネアは亡くなったが、妻のファネアはいつもその地面にくっついたマットの上で寝ていたので、彼女もマットにくっついてしまった。この窮状を救ったのはヴァイサラ

2 「悪貨は良貨を駆逐する」というグレシャムの法則はここにも当てはまるといえるのかもしれない。
3 サモアの神話伝承にしばしば登場する冥界の帝王のような存在。冥界はプロツ（Pulotu）と呼ばれ、サヴァイイ島の西に位置する。娘はナファヌア（Nafanua）であり、2人ともさまざまな文化要素の起源となっているが、一方でそのマジカルな力は恐れられている。
4 サヴァイイ島南岸に位置する村。今日でもファイン・マットや樹皮布の製作で知られる。

3. トガ財とその変容　　129

（Vaisala）村のアウアラ小村のタプ（Tapu）で、彼はファネアを妻とした
［Krämer 1994 (1902) vol.1: 31］。

　こののち、このマットをもってファネアは移動し、別な男性（ツラファ
レ）と結婚して、足の不自由な娘を生む。この娘が結婚するときにラガヴァ
アをもって行く。この女性はいつもラガヴァアを背負っていて、さらに娘が
生まれ、その娘ファファガイレルア（Fafagailelua）も同様にラガヴァアを背
負って嫁に行く。さらにその娘がタガロアラギ（Tagaloalagi 天の神）と結婚
することになり、人々が集まってファイン・マットの集積を行い、1000 枚
も集めた。そのとき、人々はファファガイレルアがファイン・マットなど持
っているまいと馬鹿にするのであるが、彼女は大勢の人々が集まっている場
で、ラガヴァアを取り出して広げ、人々をあっといわせるのであった。この
とき、このファイン・マットの来歴を示して、たった 1 枚だが 1000 枚より
価値がある、と述べた。タシアエアフェ（Tasiaeafe 1 枚だが 1000 枚に匹敵）の
名を得た［Krämer 1994 (1902) vol.1: 32］。これは価値あるファイン・マットを
表現するときに良く用いられる言い回しとなっている。
　さらに、クレーマーの集めた伝承の中には、ファイン・マットの別なスト
ーリーも紹介されている。夜這いから生まれたマオファ（Maofa）という女
性がツイサマタ（Tuisamata サマタの主）と結婚し、2 人の娘を産んだ。マオ
ファはサモアで最初のファイン・マットを編むのであるが、その事跡があっ
て、いろいろな地名が生まれている。ここから母系でたどって、3 代目まで
の娘が結婚する度にこのファイン・マットを携えて嫁に行く。3 代目のマヌ
オソフシ（Manuosofusi）はその娘のタウオソアシイ（Tauosoasii）と夫の死後
も婚家先に留まっていたが、あるとき一緒に夜釣りにでかけている間に、ツ
イトガ（Tuitoga トンガ王、個人名は明らかにされていない）の弟のラウチヴニ
ア（Lautivunia）の船に他の人々と一緒に（ファイン・マット共々）掠われてト
ンガにいってしまう。娘はツイトガの妻の 1 人にだまされてツイトガの体中
にキスした結果[5]、トンガ王の重臣たちの怒りに触れ、火あぶりの刑が決まる。

5　性交渉が行われた、という婉曲表現であろうか。

130　第 4 章　交換財の変容

しかし、母親の機転でファイン・マットを代償として、刑は逃れることができた。これもまた「1枚だが1000枚に匹敵」の故事の由来とされている。この後、ラウチヴニアが兄王の怒りを買って逃走し、彼を捜してトンガの船がサモアまでやってくる長いストーリーが語られるが、その船にツイトガの娘が乗っていて、父がサモアの女性から得た美しいマット（と同じもの）がさらに入手可能かどうか、とサモア人に訊ねる。サモア人は注文を受けるが、見本としてそのファイン・マットを持ってくるように頼み、それが実現したので、ファイン・マットはトンガのマット（'ie tōga）と呼ばれるようになった。アモア（Amoa）には編み物の家ができて、トンガのマットの編み方が教授された。このために「トンガのマット」と呼ばれるようになったのである[6][Krämer 1994 (1902) vol.1: 470-473]。これはしばしば今日の青少年が教会で演じる伝承劇のテーマとして格好のものとなっている。

　ここで、かつてのファイン・マットの作り方——これはとりもなおさず、2000年頃から復興されて本物志向のファイン・マットとして作られている製法であるが——を説明しておきたい。

　まず材料である。サモアで編み物に利用されているパンダナス（学名 *Pandanaceae* sp.）は3種類あり、それらはラウ・イエ（*lau 'ie*）、ラウ・ファラ（*lau fala*）、パオノ（*paono*）である。

　パオノは床に敷く堅いマット（*papa* パパ、床用マット）を編む材料で、堅く丈夫な葉を供給する。編む時の繊維の幅は1.5～2センチ位ある。ラウファラは寝具マット（*fala lili'i* ファラ・リリイ）で、7～10ミリ位の繊維を編んで作る。それに対し、ラウ・イエは学名 *Pandanus tectorius* の種を付けない栽培種であり、この葉を加工した繊維を使ってファイン・マットを編む。

　主として1930年のヒロアのモノグラフに基づいて葉の加工の仕方を簡単に説明しておく。その方法は若干書籍やインフォーマントによって異なるが、

6　名前にトンガがついていなくても、ファイン・マットはトンガと深い関わりがある。欧米人がこの海域に出現する以前から、トンガ、サモア、フィジーの間には交易ネットワークが存在しており、サモアからは女性とファイン・マットがトンガに入ってきていた［Kaeppler 1978］。後述するように、トンガへのファイン・マットのフローは今日も存在している。

3. トガ財とその変容　　131

ラウ・イエの葉を採取して、トゲを落とすところ、サヴァイイ島　2011 年

実は諸島内でも異なる製法があるのかもしれない。ラウ・イエは葉にたくさんトゲがあるので、採集には注意が必要である。トゲをナイフで切りとった後、ウム（石蒸し）で短時間加熱して、まっすぐ葉を伸ばした後、葉の光る側の表皮をうすくはがす。加熱してあるので、簡単にはがすことができる。残りの部分は捨ててしまう［Hiroa 1971 (1930): 276］。葉は2週間ほど漂白のために海水につけておく。そののちに真水で洗浄し、太陽の光にあててかわかす。しかる後、葉軸にそってまっすぐ半分に分けたのち［Hiroa 1971 (1930): 276］、くるくる巻いて、しまっておく。材料は紙と同じくらいきれいでうすいと述べている著者も複数いる［Turner 1984[1884]: 120; Mead 1969 (1930): 74］。ただ表皮をうすくはがす工程は、漂白して干してから行うのが正しいと思われる。現代の製法では、必ずしもウムではなく、大鍋でゆでることも多いが、一旦乾かしたあと海水に浸けて漂白し[7]、そののち乾かす。何度もしごいて葉を柔らかくするという工程もある。ヒロアのいうように葉を半分にして巻くというのは少なくとも著者は見たことがない。巻く作業は必ず行うが、葉全体を巻いている。ここまで加工したラウ・イエ・ロールは，現在は市場で購入することができる[8]。市場で売っているロールは表皮をはがしていない。これは表皮だけにしてしまうと破れやすいからではないだろうか。

　繊維の幅は大層細い。ヒロアは1/12～1/14インチ（2ミリ前後）であるがもっと細いものもあると述べている。一方ターナーは1/16インチ（1.6ミリ）と述べている。繊維の幅は1～2ミリと考えて良い。現在博物館に所蔵されているファイン・マットを見ると1ミリよりもっと細い幅のものがあり、サモア人は「髪の毛のよう」だという。ただこれは年月が経つと若干繊維が縮むためであるようだ。とはいうものの、もとの品の繊維も大層細く、1ミリ以下だったことが推測できる。繊維は2枚、内側に裏面を合わせて2本ともを一緒に斜め半織りに編み込む。長辺の一方を編み放して房のようにする。すべて終わってきれいに仕上げた後、ファイン・マットを水に浸け、形を整えて干す。最後の仕上がりにファイン・マットの裾の方に赤いフィジー産の

7　これも最近では、海に浸けっぱなしにしておくと盗まれることがあるので、バケツで海水を汲んできたり、塩で塩水を作ったりしてすませることもあるようだ。
8　1ロールで50枚の葉が巻いてあり、100ターラー、というのが2010年代の相場である。

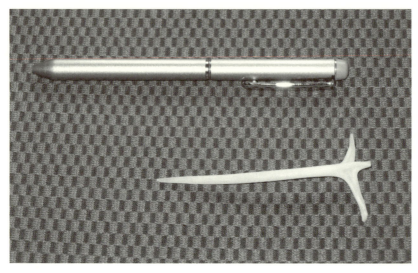

葉の表皮だけにしてから、細く繊維を裂くために用いていた魚の骨、サヴァイイ島　2011年

　オウム（学名 *Lorius solitarius*）の羽を付けた。恐らくフィジーからの輸入品であると思われるが、プラットの辞書には、サモアでも育てているという記事があるとヒロアが書いている［Hiroa　1971 (1930): 281］。この羽は、既に採集不能となっており、筆者が儀礼交換等で見たもののほとんどには染色したニワトリの羽がついていた。ただし最近では、中国産のイミテーションのオウムの羽が買えるので、それをつけることもある。1年の終わり頃に、できあがったファイン・マットを女性が掲げて練り歩く行事がある。ファアレレガ・ペペ（*fa'alelega-pepe*）という。
　ファイン・マットを製作するのに用いられる道具というのはほとんどない。葉の表皮をはぐ工程ですら、ちょっとしごいてそこからはがれた縁をもって手ではいでいく。ただ、細く繊維を縦に切っていくときに、現代では小型ナイフを用いることが多いが、昔はカブトムシの外側の羽、貝殻の縁、魚の骨などが用いられたようである。
　かつてにおいても日常の衣類は樹皮布を用いており、ファイン・マットはごく儀礼的な際に主役となる人がまとう程度であったが、今日ではそれもさ

らに稀な機会のみとなっている[9]。すなわちファイン・マットにはそれ自体の使用価値はほとんどないのである。さらにこれは、各種の交換の媒体となっているので、サモア社会を観察する人々はしばしばこれをサモアの貨幣であると記述してきた。しかしこれも、交換の媒体として用いることのできる場面や贈り手、受け手にはさまざまな制限があり、コンテクストに縛られない市場経済の交換を媒介する近代貨幣とはまったく異なる。ファイン・マットは、交換に供されるものではあるが、それは特定のコンテクストにおいて特定の人により特定の人に与えられるのであり、現代の市場交換においてほとんどすべての交換を仲介する全目的貨幣ないしは現代貨幣とは異なる存在である。市場経済はかなり浸透してきているものの、ファイン・マットはツペ（*tupe* 現金、近代貨幣）に置き換えられるのではなく、儀礼の席においては、オロア財に分類されるようになったツペと交換されるべきものである。儀礼の席で用いられるツペが貨幣ではなく意味をもつモノ＝交換財となっているのと同じく、ファイン・マットは交換財なのである。

　かつては、娘が結婚すると決まってからも準備期間がたっぷりあり、結婚式のためのファイン・マットの一部はそれから編むほどであったが、今では社会の近代化とともに人々の生活はもっとスピードアップされ、特定の儀礼を目的としてファイン・マットを編んだりすることはほとんどない。しかし、1989 年 9 月の西サモアでのフィールドワーク中に、ニュージーランドで大きな結婚式を開催する娘や姪たちのために、特別に大きなファイン・マットを編んでいる女性たちに会った。今日でも西サモアの田舎では女性たちが 1 軒の家に集まってファイン・マットを編んでいる光景──この家をファレ・ララガと呼ぶ──をしばしば見ることができるが、これはいつ来るかわからないファアラベラベのためである[10]。

9　ファイン・マット復興運動後の政府規格のファイン・マットは以前よりやや大きめであるせいかもしれない。人が纏うためのファイン・マットには、イエ・シヴァ（'*ie siva* ダンス用イエ）という、一回り小さいものがある。

10　2011 年の調査においても、ファイン・マットを編んでいる女性を多く見かけたが、結構収入を得るために行っているケースがあった。もちろん、売ると始めから決めておく必要はない。儀礼交換があればそこに供出もできるし、売らなくても誰か必要な

こうして女性たちがせっせと編んでも、粗悪品であってもある程度は時間をかけなくては仕上がらないものであるから、都市化地域に住むアイガは概ね慢性のファイン・マット不足に悩まされている。ファイン・マットは相当長期間にわたり儀礼的使用に耐えるので、これは社会のなかを循環しているわけであり、アイガはあるアイガから入ってきたファイン・マットをまた別のアイガに回していることになるが、しばしば供給が需要に追いつかれてしまうのである。ファイン・マットを売買することは筆者が調査を始めた1978年頃には既に行われていたが、これは1990年代までの西サモア（サモア独立国）では首都アピアの市場や土産物店（主として外国人旅行者を対象としている）に限られている。ファイン・マットを買うことはかまわないとして、これを売ることは当時は品性を疑われるようなこととされていた。これに対し、村の中ではトトマ（*totoma*）というファイン・マットを乞う伝統的行為があり、たいていの人々は持ち合わせがない時これでファイン・マットを調達する。これは余分なファイン・マットを持っていそうな人のところへ無心しに行くことであり、もしもくれた時には、その人の親切に対して何らかの謝礼を渡すのが常識とされている。たいていは、儀礼の際のファイン・マット1枚に対する交換レートに等しい現金を渡す。1970年代の終わり頃にはそのレートは10ターラー[11]であった。それに対し1980年代の終わり頃の相場は5ターラーであった。これは町の市場で買う時どんな粗悪品でも1970年代終わりには最低15〜20ターラー、1980年代終わりには12〜15ターラーであったことを考えてみれば、いささか安めである。またくれた人が何らかの縁続きや親しい友人の時は、その場ですぐ礼をせずとも、儀礼交換で助力の財を贈った後に、返礼として受け取ったファイン・マットや食物のうちから、適当な量を後に渡すということもある。

　　人がトトマ（*totoma* 後述）してくれば、返礼に現金が来るから同じ事だ。このときの調査で、80年代頃には、サヴァイイ島で現金収入を得るために編んでいたというインフォーマントと出会った（後述）ので、商品としてのファイン・マットの生産者はこの頃にも存在していたのであろう。

11　例えば、結婚に際しての花嫁方／花婿方の交換で100枚のファイン・マットに等しい贈与は1,000ターラーと考えられていた。

寝具用マットは、ファイン・マットと同じく一般にトガ財として婚姻にま
つわる諸儀礼や落成式に用いられるが、称号就任式や葬式に用いられること
はない。交換財としての地位は低く、数多く贈られるものの、ファイン・マ
ットの付け足しとしてしか意味をなさない。寝具用マットは今日でも使用さ
れている実用的な財である。面白いことにたいていのアイガでは未使用のこ
の種のマットが余っており、その点慢性的に不足しているファイン・マット
とは対照的である。
　樹皮布は前述のごとくかなり昔には衣類として日常的に用いられていたが、[12]
今日ではファイン・マットと同じく使用価値をまったくもたない。樹皮布は
かつてトガのなかでも中心品目のひとつで、とりわけ位の高くない人の主た
るトガ財として重要であったらしいが、今日ではファイン・マットに比べて
生産も著しく減少しており、重要性もかつてほどではない。この点について
は、儀礼交換用として樹皮布の生産が盛んな近隣のトンガとは対照的である。
　かつてトガ財として記録に残るもののうちでは、上記だけが今日でも用い
られているものである。[13]品質や用い方に変化はあるが、カテゴリー全体には
大きな変動はないといってよかろう。

4. オロア財とその変容

　オロア財とは伝統的には、食物、カヌー、道具類、武器等で男性の活動に
かかわる財である。またこれらに加えて、宣教師ステアがここに滞在した時
代（1840年代、前後7年間）から西洋渡来の品々（釘、ナイフ、斧等）がこの
カテゴリーであった［Stair 1983 (1897): 173］。クレーマーによれば、欧米人到
来以前から近隣の島々から渡来した装飾品や衣類などがもともとこのカテゴ
リーに含まれていたということなので［Krämer 1994 (1902) vol.2: 98］、その延

12　R. Flaherty の1926年製作のドキュメンタリー『モアナ』の登場人物は樹皮布をまと
　　っているが、当時すでにキャリコ布の腰巻（ラヴァラヴァ）が一般的に使用されてい
　　た。
13　ただひとつ例外としては、教会の落成式の際に香油（ヤシ油）が大量に大工に贈呈さ
　　れたのを筆者は目撃した。

長上にあると考えることもできよう。近隣の島々との場合も西洋人との場合もそうした交易に携わるのはもっぱら男性であったと考えられる。食物のなかで最も重要なのはブタ、そしてニワトリ、魚、タロイモ等。クレーマーとミードは家をあげているが［Krämer 1994 (1902) vol.2: 98; Mead 1969 (1930): 74］、これはおそらく位の高いカップルの結婚式の際に、2人が住むために男方のアイガが贈るという性格のものであり、男方から女方に贈られる財としてオロア財に含めることには疑問が残る。クレーマーは他にカヴァ容器、食器、入墨の道具、漁具、頭飾り、首飾り等をあげている。

　トガ財の内容に関しての歴史的変遷が少ないのに比べ、オロア財に関してはさまざまな変更があることに注目しなければならない。まず、トガが一般的にファイン・マットをはじめとするマット類が儀礼的に用いられる時の総称として今日も用いられるのに対し、オロアは今日一般的には商品（舶来の工業製品）を示す語である。ファレ・オロア（*fale 'oloa* 商品の家）とは店、ストアのことを指す。儀礼交換の時にオロア財はそのカテゴリーのうちに使用されながら、それをオロアというのは結婚式の時に花婿方から花嫁方に対して贈られる財に関してだけであり、しかも現在、それがオロアと呼ばれることを知っているのは習慣に通じたごく少数の人々のみである。

　またオロア財の内容そのものにも大きな変化が生じている。食物のなかでブタが最も重要であることには変わりはないが、これに加えて輸入品を主体とした新しい食物も頻繁に用いられる。これらは、

　　牛肉の塩漬の樽詰——1979年には1樽45ターラー程度、小樽25ターラー程度。
　　魚の缶詰のカートン——4ダース入りカートン。1979年頃には1箱25ターラー程度。返礼として用いる時には半箱まで分けることができる。1989年頃には、65ターラー。2000年頃に儀礼交換の負担を減らそうとしたツイラエパ首相が4ダース入りカートンを輸入禁止にしたことにより、現在では2ダース入りの小カートンしか国内には入らなくなった。
　　コーンビーフの缶詰——6ポンド入り、3ポンド入り等の大きなものが

うず高く積まれた贈答品の山、大ブタなどの食料とファイン・マット、アメリカ領サモア 1993年

　　儀礼に用いられる。1989年頃には、6ポンド入りが25ターラー程度。3ポンド入りが16ターラー程度。
箱入りビスケット——1979年頃には、6ポンド入りで5ターラー、3ポンド入りで3ターラーほど。1989年頃には、それぞれ9ターラーと4.5ターラー程度。
ブタ・ウシ——1979年に、ブタ1頭が200〜300ターラー、ウシ1頭が200ターラーほど。ブタが儀礼の際には石蒸しにしてあるのに対し、ウシは屠殺、解体したものが生肉のまま分与される。1989年に、ブタは買えば500〜1,000ターラーもした。田舎の方の村では近年ヤシの下草でウシを育てるようになってきたので、交換に供されることが増えてきた。今世紀になってから、生のブタが贈られるところを見た。
冷凍チキン——フリーポートのアメリカ領サモアから輸入する冷凍チキ

ンの足は、2000年頃から入ってくるようになった。

　等であるが、これらのうちで1番目と2番目は1990年頃まで最もよくブタ
の代用として用いられていた。今日塩漬肉の樽はあまり見かけない。代わり
にコーンビーフが人気である。これらは本来西洋渡来の品々でありしかも食
物であるので、オロア財であることは間違いない。あくまでもブタの代用品
であるから、正式中の正式とされる儀礼部分にブタ抜きでこれらの財だけが
贈られることはないが、1頭のブタ以外にこれらの品目を付け加えるのはか
まわない。ブタは伝統的食物としてその部位により儀礼的価値が異なり、分
配に際しては厳格な規制があり、分配役はツラファレにとり、名誉だが気を
遣う役割である。誰も傷つけずに上手に皆に満足がいくよう分配を行わなく
てはならないからである。一方、これら近代的食物は数量で分配するだけで
あるので、分配に気を使う必要もない。

　しかしそれ以上に重要な変化は、現金がオロア財に分類されるようになっ
たことである。そもそも近代貨幣は西洋渡来のものであり、またかつて賃労
働やコプラの売却で現金を得るのは男性であったから、男財としてのオロア
財に分類されるようになったのも不思議ではない。今日では婚姻にまつわる
儀礼群のなかで婿方から嫁方に渡される財（オロア）は現金以外のものであ
ってはならぬほどに、重要なオロア財となっているのである。けれども一方
で、それ以外の儀礼的コンテクストで財が交換される時には、オロアという
名でもはや呼ばれないながらも、食物はトガ財と交換すべき財として、すな
わちオロア財としての意味を失っていない。しかしクレーマーがオロア財と
して言及しているカヌー、武器、道具類などに関しては、今日交換財として
用いられることはまったく無くなってしまった。

　現金は、所有、保有が個人的であり、貯蓄、貸借が銀行を媒介として容易
であるということが、それ以前のサモア固有の財と性格を異にしており、そ
れゆえに現金の導入により儀礼交換の構造は大きく変化してきているという
ことができる。町に住んで政府に勤める人々は、自分のアイガで儀礼交換が
起こる度に給料の前借りをしたり銀行ローンを利用したりする、というパタ
ーンが定着しているし、ニュージーランドや合衆国に住むサモア人は、故郷

140　　第4章　交換財の変容

のアイガで儀礼交換がある度に送金を無心されるのである。また塩漬肉、缶詰の類も現金さえあれば容易に購入できるのであるから、現金をもつことはますます重要になってきている。オロア財の調達に関する限りは現金さえあれば問題ないため、かつてのごとく大がかりな親族のネットワークを利用する必要はなくなってきている。

5. スア

スア（*sua*）とは儀礼的に訪問客に対して贈られる食物（およびファイン・マットまたは樹皮布）の組み合わせであるが、今日これが最も頻繁に観察できるのは儀礼交換のある儀礼中のパオロ交換の席においてである。儀礼の当事者となっているアイガに対し、パオロを形成する他のアイガが財をとりまとめてシイ（助力の財）として持参すると、これに対して逆に当事者アイガより返礼としてスア、トーファー（アリイに贈られるファイン・マット、訪問者側にアリイが含まれる時）、ラフォ（ツラファレに贈られるファイン・マット、訪問者側にツラファレが含まれる時）、パーセセ（足代、現金）、ファアオソ（*fa'aoso* お土産の食物、現金の場合もある）等の名目をつけた品々が贈られることになる。これら返礼を構成する財のうちでも中核となるのがスアである。儀礼交換以外のコンテクストで訪問客にスアを捧げることは現在でも行われているが、これはスア本来の正式な形式において捧げられているのに対し、パオロ交換の席におけるスアは、たいそう省略した形で行われることが多い。そこでこの節では、スアの変容を詳しく検討してみよう。

大きく分けて２種類のスアがある。一つはマタイに対して彼の下に生活する非称号保持者により捧げられる日常の食事であり、もう一つは特別に用意され調理されたブタで、名誉ある来客に贈り物として捧げて敬意を表した印とする ［Milner 1966: 217; Grattan 1985 (1948): 97］。儀礼交換でのスアは後者である。[14]グラタンはこれを「特定の家族が血縁によりつながっている高名

14　今日、前者のスアは語の意味として人々に知られているものの、実際にそれを実行しているアイガは比較的少ない。またこの用法が転じて、マタイ（特にアリイ）の食事

（distinguished）な訪問者に出す敬意をこめた食物の贈与」［Grattan 1985 (1948): 97］であるとしている。これはスアを受ける人に敬意を示すことと、重要な首長との関係を人々に示すという二重の目的を帯びているとグラタンは言う。もし訪問者側が多人数であれば、村の公式な受け入れとしての儀礼が行われ、そこで別な形式の食物の贈呈が行われるが、それでも特別な血縁関係があれば、受け入れの村のそのアイガは訪問の高位首長に対して個別にスアの儀礼を行う。そしてまたこれがさらに転じて、村の高位首長は特別な血縁関係がなくても村を訪問する有力者にスアを捧げることができるのである。

　訪問客に捧げるスアは内容にも捧げ方にも細かな規則がある。既に検討しているように（88頁）、スアを構成するのは、

　　品目1（*vailolo*）：皮を剥いだヤシの実の口に穴を開けて、1〜2ターラーの紙幣を丸めて差したもの。
　　品目2（*fa'avevela*、または*ta'isi*）：石蒸しにしたタロイモを輪切りにしたもの。
　　品目3（*ta'apaepae*）：石蒸しにしたニワトリ。
　　品目4（*sua tali sua*）：石蒸しにしたブタ。
　　品目5（*'ie o le mālō*）：ファイン・マットまたは樹皮布。

のそれぞれについて各1個で1組となる。これが1グループの客のリーダーに捧げられることになる。捧げ方は次のとおり。女性または男性が品目1を両手に持ち、次の男性が品目2と3とを食事用マットの上に載せて捧げ持ち主客の面前に置く。ついで男性が品目4をヤシの葉で編んだカゴに入れたり、枝で作った台に載せたりして家の外を回って主客の背後に置く。最後に女性または男性が品目5を広げて主客に捧げる。客側は主客の伴うツラファレが品目1の口に付いている紙幣をとり、1口飲んで家の外の石にぶつけて割る。これを合図に客側としてやってきたうちの非称号保持者の若者（または別の

　　　　はスアと呼ばれているようである。これに対して後者のスアを特別に前者と区別する時にはスア・タイ（*sua ta'i*）もしくはスア・タウテ（*sua taute*）という名があるが、人々は一般にはこれもスアと呼んでいる。

142　第4章　交換財の変容

近年行われているスア、品目1、アピア近郊　2004年

ツラファレ）が戸外にて、もらった品目を甲高い大声で告げて感謝を示す。

　以上が1980年代に行われていた最も正式なスアであるが、これはヒロアやグラタンの記述するスアの形式とほとんど異なっていない。異なる点は品目1に紙幣を用いる点で、どうやらこれは新しい習慣のようである。ヒロア時代（1920年代）には品目5が樹皮布で、グラタンの頃（1940年代）には樹皮布かファイン・マットのどちらかが用いられたが、いずれの場合も品目1を捧げる女性がこれを体に巻きつけて同時に主客に献じたのである。やがてこれは、おそらく樹皮布の不足から1枚全部を捧げる代わりに小片をヤシの実の口に差して捧げるようになり（かつて樹皮布の小片をヤシの実の口に差して用いたという情報は複数のインフォーマントより得た）、さらにその代わりに紙幣が用いられるようになった。しかし人々はこの代用物としての紙幣では飽き足らず、より敬意を示すためにさらにファイン・マットを付けることまでするようになったのであろう。1980年代でもほとんど見ることはなかっ

5.　スア　　143

たが、最も敬意を払う時には、最初の女性が樹皮布を体に巻いてヤシの実を片手に持ち、双方とも捧げておきながら、最後にファイン・マットも贈るということをしているアイガもある。スアの時の紙幣は、現金がトガ財の代用として用いられる2つの例外のうちの1つである。これについて次節で詳しく検討してみたい。1980年代にヤシの実の代わりに陶磁器のティー・ポット（アメリカ領サモアではびん入りのコカ・コーラのこともある）が用いられることもあったが、この時も口に紙幣が差してある。ソーダ缶をヤシの実の代わりに使用するのは、移民コミュニティやアメリカ領サモアでは1980年頃ごく普通であったが、西サモア、特に村落部ではヤシの実が使われていた。しかし1990年代になると、西サモア（サモア独立国）でもプルトップに紙幣を挟んだソーダ缶で代用することは増え、現在ではヤシの実は見かけないようになった。また同様に、移民社会では80年代に既に、品目2のタロイモの輪切りの代わりにソーダクラッカーを、品目3のトリの代わりに水煮チキンの缶詰を用いることがしばしばであったが、現在ではサモア独立国でもこの移民のやり方が定着している。前もって調理したり，ヤシの実をとりに木に登ったりする必要がないことが理由であろうか。

　またスアとは関係のないコンテクストで幾人もの客に対して軽食（紅茶とサンドイッチ、ビスケット等）を供する時、主だった人には陶磁器のカップに添えてティー・ポットも捧げられるが、この時にも口には紙幣をまるめて差し込むこととされている。

　さてスアに含まれる品々のうちでそれ自体が経済的価値をもつのは品目4と5、すなわちブタとファイン・マットだけで、他はスアの形式を形づくる限りにおいてしか価値をもたない。今日儀礼交換で訪問者側に返礼としてスアが渡される時には、ブタとファイン・マットだけ、ないしはブタだけといった略式のもののほうが多くなってきている。また、前章で示したように新しいオロア財としての塩漬肉の樽ないし缶詰の箱をブタの代わりとして用いることもしばしばである。ブタの場合は1頭しか渡せないのに対し、他の場合はいくつでも、また最も少ない時には箱半分に至るまで自在に量を調節できること、および現金さえあればいくらでも手に入ることが利点となっているのである。このようにしてブタ（ないし樽またはカートン）のみのスアが多

くなっているが、さらに省略化した場合にはスアと称して現金だけ（10ター
ラーほど）を渡すことすらある。このように財を組み合わせて返礼を贈るア
イガは、訪問者側から受けた助力の財に見合う返礼となるように調整するの
である。略式のスアほど捧げ方も簡単で、訪問してきたいくつものグループ
が1カ所で順番にシイの財を披露し、当事者アイガがそれに見合った現金や
樽、カートン等のスアを返していく様は、しばしば非常に事務的に行われて
いるので、外部の者の目にはスアに本来含まれているはずの「最高の敬意」
の片鱗もうかがうことはできないが、訪問してくる人々にとってスアを得る
かどうかはたいそう重要である。一般的には、助力として持ち寄る財のなか
にファイン・マットが1枚でもあればスアをもらえるが、いくら他の財があ
ってもファイン・マットが1枚もなければスアはもらえないとされている。

　このような儀礼交換に伴うスアの変容は貨幣経済の浸透と無関係ではない
だろう。特に結婚式における花嫁方アイガの場合、かつてファイン・マット
を集めるために姻戚関係にある他のアイガに助力してもらっても、それらの
アイガに返礼をするためには、花婿方とのトガ財とオロア財の交換（主交
換）を行ってオロア財を得るまで待たなくてはならなかった。しかし今日で
は当事者アイガ内で予め現金、ないしは現金で購入できる財を集めて——給
料の前借り、銀行ローンなどによることも多い——助力してくれる外部アイ
ガに花婿方との主交換を待たずとも返礼を済ませてしまうことができる。と
いうのも、花婿方から主交換の時に入ってくる現金で借金の穴埋めをするこ
とができるという見通しがあるからである［山本・山本 1981: 131-135, 1996:
98-99］。このように現金ないし現金で購入できる食物が交換財に取り入れら
れたために、パオロ同士となるアイガ間での交換は、かつては長期に渡ってバ
ランスのとれるものであったのに、最近では現金を用いて決済を行うことに
よりそのつど貸し借りを清算してしまう傾向が強くなってきた。それに伴っ
てスアはその返礼の一部として頻繁に用いられるようになってきたのであろ
う。そして同時に、スアは形式が細かく規定され、主として敬意を表するた
めの食物の贈呈であったのに、特に儀礼交換のコンテクストでは敬意よりむ
しろ財の贈与の名目として重宝がられるようになり、贈られたシイの財に見
合う返礼に量を調整する必要から、スアの著しい変容（簡略化と利用法の変

化）が生じていると考えることができるのである。

6. カテゴリー化の基準と曖昧なもの

　先のトガ財、オロア財に関する記述のなかで新しい財のカテゴリー化について既にふれているが、ここではそのカテゴリー化についてもう少し詳しく考察してみよう。

　そもそもトガ財／オロア財の区別は、男女のジェンダー的領域区分と深くかかわっている。新しい財——すなわち西洋人の持ち込んだ財——がオロア（男財）に組み込まれたのは、おそらく西洋人と交際して彼らの財を得るのが男性であったからであろう。西洋人の持ち込んだ品々は既に百年以上前から（もっともそれは主として釘、ナイフ等の鉄器、道具類であったが）オロア財であった。しかも欧米とのコンタクト以前から、近隣の諸島から入ってくる産品はオロアと呼ばれていた［Krämer 1994 (1903) vol.2: 97-98］。

　しかし一方、生産、入手方法による区別のほかに形、用途によるメタフォリックな区別が考えられる。すなわち、トガ財は衣類、オロア財は食物や道具類といった分け方である。この分類法とジェンダー的区分とは伝統的には等しく重なっていたはずなのに、西洋人によって工業製品が持ち込まれるに至り、一部に矛盾を生じる結果となってしまった。ここではその主たる例として布地と現金について考えてみたい。

　イエ・パラギ（'ie Pālagi 白人のイエ）とは布地のことである。布は西洋人が持ち込んだものであるためにオロア的であるが、その形状、機能については樹皮布やファイン・マットに類してトガ的である。その２つの相矛盾した性格をもつゆえにイエ・パラギは両義的である。かくしてターナーはこれをオロア財に分類している［1984 (1884): 93］のに対し、ミードはトガ財に含める［1969 (1930): 74］という記録上の混乱が生じているのであろう。これは両報告者の誤りではなく、むしろカテゴリー化に際してのサモア文化内での矛盾を示すものと考えることができる。

　布地は今日儀礼のうえで多様な用いられ方をしている。例えば葬式の時には近親者、近所の人々等親しかった人々から死者へと贈られ、さらに埋葬の

移民社会で儀礼に用いられているイエ・パラギ、サンフランシスコ　1992年

後に集まっている同じ村の婦人たちに配られる。また称号就任式の時、新しく称号を得る人がファイン・マットを巻いた腰の上に何枚もの布地（おそらくは近親者からの贈り物であろう）をまとい、カヴァ儀礼の済んだ後に同じ村のマタイに配るのである。これらはおそらくファイン・マットの代用物として用いられていると考えることができる。

　一方その両義性を含んだ最も興味深い用いられ方は一部の人々が行っているスアの捧げ方であろう。姻戚関係にある一対のアイガの間で、女方アイガが男方アイガを訪問した時、一部の人々は男方が女方に捧げるべきスアに、ファイン・マットの代わりに布地を含めることがある。これは女方から男方に捧げられる時には問題なくファイン・マットであるのに対し、男方から女方にトガ財が捧げられる矛盾を、ある意味でオロア的性格をもつ布地によって避けていると考えることができる。これは1980年代のやり方であったが、その後布地は贈与財として頻繁に用いられるようになっている。スアの際に

6.　カテゴリー化の基準と曖昧なもの　　147

は反物の布地を長くひらひらさせて、それとソーダ缶を持参する女性がスア
を先導したりする。また、ファイン・マットを分配する葬式において、婦人
会などから死者へのプレゼントに布地が用いられるようになっている。

　一方現金はほぼ問題なくオロア財として用いられているが２つだけ例外が
ある。１つはツラファレに対して贈るラフォである。ラフォはそもそもツラ
ファレがアリイのために行う仕事——演説や同伴、メッセンジャー、宴会の
時のダンス等——に対する「報酬」として高位アリイより与えられるファイ
ン・マット[15]であるが、今日ではラフォはファイン・マットの代わりに現金で
与えてもよく、ファイン・マットの代用として現金が用いられる唯一の例と
なっている。これはそもそもアリイ／ツラファレの関係に、主として親族間
で女方／男方の別で働くトガ／オロアの財のカテゴリーが当てはまらないこ
とに加えて、労働の近代的報酬として一般的に現金が支払われることと関連
していると考えることができよう。ラフォとはこうしたアリイ／ツラファレ
の関係の分節に即した財のフローであるが、これは高位アリイがおかかえツ
ラファレの労働の「報酬」としていつも与えるものとは限らない。とりわけ
儀礼交換の席でパオロ同士の２つのアイガが対面した時には、ラフォは互い
のアイガが相手方のツラファレに与えるものとなっており、人々はこれも相
手方に贈った財の総量のうちに含めて考えるのが普通である。すなわち、シ
イ（助力の財）を贈る側からはその財のうちから、またテウガ（返礼）を贈
る側からはもらった財に対する返礼としてふさわしい量の財のうちから、相
手方の同伴するツラファレの人数に合わせてラフォをファイン・マットにす
るか現金にするか、またその数や金額を適宜配分するのである。その時ツラ
ファレに与えられたラフォはたいていの場合、のちにアイガ内で返礼を分配
する際にそのツラファレの取り分となる。

　今日ではごく小さな財の交換になると、訪問グループのリーダーがアリイ
かツラファレかを見定めたうえで、返礼とするファイン・マット１枚をトー
ファー（アリイに贈るファイン・マット）にするかラフォ（ツラファレに贈るフ
ァイン・マット）にするかを決める。このような時ファイン・マットがトー

15　ミードによれば、かつて樹皮布もこの目的に用いられたらしい ［Mead 1969 (1930): 77］。

148　第４章　交換財の変容

ファーとなるかラフォとなるかは単にアリイ／ツラファレの区別に応じているだけのようにすら見えるが、かつてはアリイに対する捧げ物としてのトーファーとツラファレの「労働」に対する報酬としてのラフォはまったく性格を異にする財のフローであったに相違ない。アリイはグループ全体の威厳を体現すべく座っているのが役目であり、働いてはならないから、「報酬」を受け取ることはないし、また現に今日でもトーファーをファイン・マット以外のもので代用することはできないうえ、ラフォがファイン・マットなら3枚まで、現金なら際限なく贈ることができるのに対し、トーファーはできる限り良いものを1枚だけと決まっているのである。

　また現金導入以前にどう行われていたかはわからないが、今日ではとりわけ大きな財の交換になると、現金のラフォは男方アイガが女方アイガのツラファレに与えるものとなっている。すなわち結婚式の花嫁方／花婿方の交換では、花嫁方アイガが花婿方のツラファレにはラフォとしてファイン・マットを贈り、花婿方は花嫁方のツラファレにはラフォとして現金を贈るということが行われている。つまりここでも、ラフォが現金であってもかまわないという規制の修正が、女方／男方による贈るべき財の規制に即して機能しているのである。

　もう一つの例外はスアを捧げる時のヤシの口に差し込む紙幣である。これはかつて用いた樹皮布の小片の代用であることは明らかである。樹皮布の小片と紙幣という形状の類似が原因の変化であることはほぼ間違いないだろうが、そのほかにスアで捧げられた樹皮布はスアを受ける高位アリイの伴うツラファレの取り分であった［Hiroa 1971 (1930): 141; Grattan 1985 (1948): 98］ことが関連しているかもしれない。今日でも正式なスアにおいては、ツラファレがアリイの面前に捧げられたヤシの実（またはソーダ缶）を横から手を出しとり、紙幣はポケットにねじ込んで水分をすするのである。すなわちここでは、ツラファレに与えられる「報酬」としてのラフォを現金で代用するようになったことと並行した変化であるとみなすことも可能なのである。

7. 結

　サモア社会が西欧との接触を通じてここ一世紀間にこうむった社会変容は、この社会でかつて経験したこともないほどドラスティックな変化であっただろう。そのなかでも市場経済の浸透は最も大きなインパクトをもっていたと思われる。そうした過程を経て、生産体制の変化――主食のイモ作りよりも賃金労働のほうが好まれ、女性もファイン・マットを作るより秘書や教師などの職を得ることに躍起である――や首長システムの変化――権力はともかく格（威信）において首長称号間には大きな相違があったはずだが、今日その差も狭まりつつある――といったことが生じてきているわけである。かくのごとき変化とともにこの社会特有の財のコミュニケーションとしての親族交換システムは市場経済の浸透の結果として多くの変容を内にはらみつつも、トガ（女財）とオロア（男財）の贈り合いとしての基本的な機能を失うことはなかった。というのも、競覇的な首長システムをもつこの社会のなかで姻族間のネットワークを維持するためのこのシステムは、姻族同士の連帯を強め、その間に生じた子孫の権利を規定する――アイガの男子の子孫と女子の子孫との間には権利主張に差がある――ために欠くべからざるものなのである[16]。こうしてトガ／オロアの財の区別は、サモア社会のなかでもはや人々の明確な意識にのぼるとは限らないものの、儀礼交換のなかではそれが無意識的に保たれているのである。スアにおける布地や現金の用い方などについて、女財と男財というこの財のシンボリズムが、カテゴリーの矛盾をも変換システムのうちに取り込んで伝統文化には無かった精緻な意味づけを果たすことにより、システム全体を再生産していることはまさに注目に値するといえるだろう。

---

[16]　ただし 1980 年代あたりから、土地称号裁判所では、男性の子孫と女性の子孫の間に権利の違いはないという結論を出している［Shoeffel 1999］［土地称号裁判所の登記官であったツイレツフガ・エネレー氏の談話　1980 年頃］。

第5章

移民と本国社会
——サモア移民のトランスナショナリズム

1. 序

　かつて国境を越えて移住することは命懸けであった。未知の世界へと移住することは世界の断絶を意味し、そこに何が待ち受けているのか、人々は黄金郷を夢見ることもあったけれど、同時に世界の向こう側の危険な異界へと、再び故郷に帰れる保証とてなく、文化や言語、アイデンティティの喪失の危険に身をさらしつつ、不安を抱きながら大きな冒険へと旅立つのであった。世界に拡散したユダヤ人のディアスポラは悲劇としてとらえられていた。

　しかし、交通機関や通信システム等の目まぐるしい技術的発展を見た今日、移民にかつての悲愴感はない。ホームランドとの太いパイプを維持したまま、移民することが可能となってきているからである。手紙のやりとり、電話やファックス、インターネットを利用したコミュニケーション、即時に可能な送金、ホームランドや移民コミュニティでの儀礼や祝祭への双方からの参加、定期的な里帰り、等々を行いつつ、移民現象そのものがむしろ人々の生活世界をトランスナショナルに拡大していく過程をともなう結果となっている。

　現代の移民現象はすなわち、かつて国民国家であったところの「想像の共同体」の拡大を必ずや生じさせているのであり、アンダーソンのいう「遠隔地ナショナリズム」［アンダーソン 1993］はそのひとつの結果である。現在進行中の移民現象に即していうならば、移民コミュニティについて本国社会の

存在抜きでは語れず、本国社会についても移民の存在なくして語れないほどに双方のかかわりは密なものとなっている。

さらに、もう一つ現代になって生じている移民現象の中で、とりわけ文化人類学の立場から興味深いことは、従来の文化人類学が扱ってきたような、サブシステンス（自給自足）経済を主体とした社会からの移民が顕著に生じていることである。こうした社会も現代のさまざまな消費文化に急速に巻き込まれつつあり、一方でサブシステンス経済を営みながら、現金収入をも必要としている。これらの社会の出身者は、必ずしも国際的な移住を行っているとは限らないが、植民地政府をそのまま現地人エリートが取って代わったような独立形態の中での異界である都市への移住も含め、文化的にも経済的にも全く異なる社会環境への移住を果たすようになってきた。

サブシステンス経済において、人々は親族関係その他のネットワークを中心とした、より広い互酬性の中に生きている。このような社会からやってきた移民たちの生活ぶりは、現代の都市社会の生活に直接適応できるものとは言い難いのであるが、本国社会との関係や伝統文化の取り扱いも含め、文化人類学の立場からは実に興味深い観察が可能となっている。

本章では、以上のような現代世界での第三世界から先進諸国への移民現象の新しい特徴を踏まえつつ、筆者が調査を行っている南太平洋サモアから環太平洋先進諸国への移民により近年成立した海外コミュニティの様相を、本国社会との関係の中でとらえてみたい。統計的な数値は、2010年くらいまでカバーしているが、移民社会のフィールド・データは主に1990年～2000年頃に収集している。次章は、同じ移民とかかわる都市化と首長称号の問題を扱っているが、焦点が首長称号であるために国内に議論に中心があるのに対し、この章はどちらかというと、移民と本国の関わりにおいて、移民コミュニティに焦点がある。

2. サモア移民の移住の歴史

サモアは太平洋の中央部に位置するためか、文化破壊のひどかったポリネシアの中では固有の文化が比較的良く守られている。それでも19世紀後半

の列強による植民地争奪のために、サモア諸島は東西に分割されてしまった。英米独の3国がここを争ったが、世界の他の場所での利権を条件にイギリスはサモアから手を引き、太平洋での経済開発をもくろむドイツは西の大きなウポル島とサヴァイイ島および周辺の小島を、軍港を必要としていたアメリカは天然の良港パゴパゴのあるツツイラ島とその東のマヌア諸島をとり、1899年にサモアの東西分割は完成した。第一次大戦後、西サモアはニュージーランドの国際連盟委任統治領となり、第二次大戦を経ての1962年に独立を達成した。一方の東サモアは、第二次大戦後、海軍は撤退し自治権は拡大したものの、アメリカ領のまま今日に至っている。

　サモアは、文化や言語を共有するひとつの社会であったのだが、この植民地化のために、2つのサモアに隔てられる結果となった。かたやアメリカ訛りの英語を話し、アメフトに熱中し、名より実をとる人々と、かたやニュージーランド訛りの英語を話し、ラグビーやクリケットを愛し、伝統的な知識に長け、貧しいながらも独立の道を選んだ人々。世界ナンバーワンの国にアクセスできる人々と、そのおこぼれにあずかろうとする人々。利用されることに警戒心を抱く人々と、高飛車な相手の態度に反発を覚える人々。今日でも双方の間に親族関係のネットワークは張られ、通婚もしばしば行われているものの、人々はますますこの違いに敏感になりつつある［Yamamoto 2011］。このような民族分断は悲劇ととらえられがちであるが、果たしてそうか？実はパックス・ブリタニカとパックス・アメリカーナのそれぞれの辺境にあって分断されている利点を彼らは最大限に利用している。親族ネットワークが両方のサモアにまたがっているおかげで、サモア人の世界は広がっているのである。

　西サモアの都市部では、現金収入に全て依存する暮らしが存在するものの、過半数の人々は村に住み、半自給自足の暮らしを営んでいる。アピア市の郊外に住む人々も裏庭のバナナ畑やパンの木を活用して、毎日ではなくとも食物を得ているし、村に住む親族の育てたフレッシュな食物が届くこともよくある。村の暮らしは、アイガと呼ばれる親族集団——1つの村はいくつかのアイガから構成されている——を中心に営まれている。アイガは双系に辿ることができるが、人々が暮らしを営むのは1つのアイガでしかないから、実

2. サモア移民の移住の歴史　　153

際にアイガに住んでいるのは選系的（アンバイリニアル）にアイガに辿る世帯の集合である。アイガは代々成員のあいだに伝えられていくいくつかのマタイ（家長）称号名をもっているが、世帯はこの称号名のひとつを保持する家長の下に生活を営む拡大家族を中心に構成されている。世帯構成員はジェンダーや年齢に応じて分業し、世帯の生計を成り立たせている。かつては、男はタロイモを中心とする根菜類の焼畑耕作や漁労、女は掃除や水くみ、タパ（樹皮布）作りやゴザ編みといったジェンダー間の分業体制が主となっていたが、現金経済の重要性が増加しつつある今日では、町での勤務や教職、そしてプランテーションその他の賃金労働などに従事し世帯に現金をもたらす人々と、世帯の食料生産や家事を分担する人々との間での分業がますます重要になりつつある。この分業がアイガ全体にどのような効果をもたらしているかは、次章で検討する。現金をもたらす人々の延長上に移民がいる。移民の送金は世帯の重要な収入源である。

　アメリカ領サモアでも、世帯やアイガの構成は同様であるが、もともと耕地が少ない上、現金経済の浸透がより大きく、この傾向は一層高まっている。

　両サモアから環太平洋先進地域への移民の流れが生じるのは、主として第二次大戦以降のことである。独立前の西サモアからは、初め主として単身の若い男性の出稼ぎが行われた。これは戦後ニュージーランドで工業化が始まり、国内でもマオリ人人口が都市へと移動を開始した時期で、安価な労働力をさらに必要としていたニュージーランドは、太平洋諸島からの移民の流れに寛大であった。出稼ぎをしたサモア人たちは、本国では稼ぎようもない大金を懐に帰国したが、それらの現金は教会建設のための献金や、世帯の宅地

1　論理的にはアイガ（アウアイガ）は世帯の集合といってよいが、実質的には世帯はアイガの小分け、という方が実感に合っている。というのは、世帯間のアイガ・メンバーの移動はごく普通に生じていて、とりわけ青少年は好きな大人のいるところ、あるいは嫌いな大人のいないところに住み替えることをごく普通に行う。アイガを辿ることができれば、海外の親戚に行って長逗留をすることも可能である。世帯と世帯の仕切りは低い。

2　この称号名の保持者は、既に第2章で触れているが、アイガ内部ではマタイ（家長）としてアイガ経営にあたると同時に、アイガの外向けには首長（アリイまたはツラファレ）として村の首長会議に参加し、村の政治的な決議を行う。

154　第5章　移民と本国社会

に西洋式家屋を建設する資金等に使われた。さらにまた、世帯が経営する万屋のような店を持つための資金としたり、タクシーを開業するための車両を持ち帰ったりすることもあった。ただし、これらのビジネスは、必ずしも長続きしないケースが多々見られた。

しかし、西サモアの独立を経て後、ニュージーランド経済が斜陽期に入る1970年代前後には、サモアからの移民は大きく制限を受けることになる。この頃までには、ニュージーランドで世帯をもつサモア人が増え、サモア人コミュニティの形成が進んでいた。恒常的な住処としてニュージーランドに住むサモア人が増え、またこうした人々に縁を辿り、本国の親たちは、頼りがいのある子を送金させる目的でどんどんニュージーランドへと送り込んできた［Pitt & Macpherson 1974］。ただし、アピアとニュージーランドでサモア人の若者にインタヴュー調査を行った結果、ピットとマクファーソンは、ニュージーランド移住者の多くはまずはアピア市に出てきて、その後ニュージーランドに移民する、という事実を確かめ、彼らにとって移住は都市化の結果であり、都市に出てくる延長上に海外移住があると述べている。

船で旅していた1960年前後には、人々は自分の旅費をサモアで稼いでから出稼ぎや移民に行ったが、飛行機便が一般的となった頃から、先に移民した親戚がチケット代を払い、ホームランドの若い者を呼び寄せるというパターンが定着した。移民先で落ち着いた生活を営むようになった人々は、ホームランドの若者のために移民の手続きを手伝い、スポンサーになった上、片道の旅費を出し、移民してきた若者を家に寄宿させるというところまで面倒を見るのが普通となった。したがって、若者が移民できるかどうかは、移民先の親戚や親まかせであった。

このようにして行われる移民の送金は、本国の世帯を営む諸々の経費の中に織り込まれ、西サモア経済も移民の送金に大きく依存する体質ができあが

3　大金を持って帰国したので献金した、というよりは、最初から教会の新築の資金稼ぎとしてニュージーランドに働きに行ったという方が正確なようである。

4　サモア的西洋式家屋。外壁がある点が、柱だけのサモア式家屋と大きく異なる。これを建てることは、世帯にとってはステータスを示す印として、また現金を持ち帰った人にとっては、アイガや世帯への貢献を示す印としての意味を強く持っていた。

2. サモア移民の移住の歴史　　155

表5-1　ニュージーランドのサモア人人口

年度	1951	1961	1971	1981	1991	2001	2013
人口	1,336	6,481	22,198	42078	85,743	115,017	144,141

［Pitt & Macpherson 1974: Government of New Zealand Te Ara website］＊自己申告に基づく

ってしまった。1982年までには、西サモアからの輸出総額を移民の送金額が凌駕し、輸入赤字の差額を大幅に埋めているのは移民の送金であるという結果となっている。これは今日でも変わらない（第6章表6-1を参照）。

　ニュージーランドの入国管理は80年代半ば以降クォータ制[5]となり、新規の移民は大変に難しくなっている。家族呼び寄せプログラム[6]も家族成員の半数以上がニュージーランドで生活を営んでいる場合にしか適用されず、わずかに年少者の留学ビザが許されるのみである。短期滞在のオーバーステイの取り締まりもたいそう厳しい。しかし、若い人々の移民が主であったために、サモア移民二世ないし三世の自然増加だけでもニュージーランドのサモア人コミュニティは膨張してきた。西サモア人の移民の矛先は、オーストラリアや隣のアメリカ領サモア、またアメリカ領サモアを介してのアメリカ合衆国へも向くようになってきた。表5-1には、ニュージーランド在住のサモア人人口のすみやかな増加を示している。

　一方のアメリカ領サモアでは、1951年の海軍の撤退が大きな転機となった。この年、軍人及び軍属の転勤に伴いその家族ともども400人近くもパールハーバーに移住し、アメリカ領サモア人の移民熱に火をつけた。もともとアメリカ領サモアは耕作地にも恵まれず、海軍移転のあとにはおよそ10年の後

5　年間1100名のサモア独立国市民にこのカテゴリーのビザが与えられる。このビザ割り当ては、ロンドンの枢密院で1982年に出た「1924年から1949年の間に西サモアに居住していた人（サモア人）はニュージーランド市民権を持っている」という判決と関係がある。このときニュージーランド政府は西サモア政府との間にいち早く「現在ニュージーランドに滞在していたサモア人すべてにニュージーランド市民権を与え、さらに年間1100名のサモア人にビザを与える」という条約を結び、枢密院の決定を実質的に無意味とした［Tauafiafi 2015］。
6　既に移住している家族と共に暮らすことができるよう、市民の家族を移民として受け入れる移民制度。

にここに遠洋漁業基地と缶詰工場ができるまで何の産業もなかったために、人々は生活の途を外に求めざるを得なかった。

若者は、既にハワイやまたハワイからさらにカリフォルニアなどの地へ移住した親類縁者を頼ったり、軍隊に志願したりしてハワイや本土へと移住した。軍隊では若者たちが給料天引きで親に送金できる制度も存在し、孝行息子たちは母親への送金額を競った。軍人志願の若者に続いて、大学や専門学校等の就学希望者も親類縁者を頼ってやってきた。夫婦で仕事をもつ若夫婦の世帯では恒常的に子守を必要としており、子守をしてもらうためにもホームランドの若い人たちを常に必要としていた。また、合衆国内でそれなりの生活基盤を作り上げた人々は、ホームランドの老人たちを招いて滞在させたが、中にはそのまま居着いてしまう老人たちもいた。

1960年前後に相次いで缶詰工場ができたアメリカ領サモアでは、雇用は十分にあったが、合衆国の最低賃金よりは低く、若者の移民志向は変わらなかった。アメリカ領サモアはもともと、アメリカの海外領土なので、アメリカ領サモア人は合衆国に自由に出入りすることができるし、また本土では生活保護等の受給資格も有している。一方、合衆国の賃金にある程度連動しているアメリカ領サモアの賃金は、合衆国本土ほどではないものの、西サモアや南隣のトンガの賃金とは比較にならぬほど高い[7]もので、これら缶詰工場やまた建設現場の労働力不足のニッチを埋めるべく西サモアやトンガからアメリカ領サモアにも移民の流れが生じた。

とりわけ西サモアの場合、もともと文化や社会システムを共有し、親族関係もまた存在しているために、アメリカ領サモアが外国という感覚は人々の間にはない。また、西サモア人の中には、ここをステッピング・ストーンとしてハワイや米本土に移住したり、またそうした親族縁者を頼って直接合衆国に移住する人々も多かった。

図5-1は、サモアからの人口移動を地図にまとめたものである。アメリカ

7　最近ではサモア独立国（西サモア）の時給はだいぶん上がってきているが、それでも1日の賃金が20ターラー程度で、レート40円として800円である（2011年）。それに対し、アメリカ領サモアの最低賃金はUS5ドルとして、時給500円を越しており、1日4000円以上であるから、その違いがわかる。

2. サモア移民の移住の歴史　　157

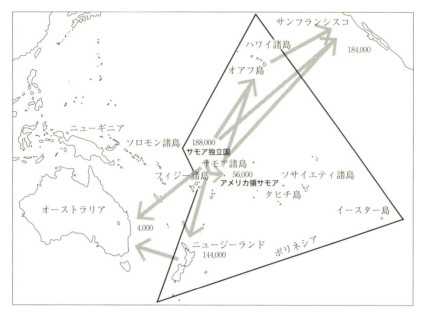

利用センサス　アメリカ合衆国 2000 年、サモア独立国 2001 年、ニュージーランド 2001 年、オーストラリア 2001 年

図 5-1　サモア移民地図

　合衆国内のサモア人人口統計では、西と東の出身を区別していない。ニュージーランドでも区別はしていないが、国籍別データは存在している。しかし、アメリカ領サモア籍の人はごく少数である。
　アメリカ領サモアの住民の最新データでは、2010 年の総人口が 55,500 人。そのうちアメリカ領サモア以外で生まれた人は 23,600 とマジョリティではないが、全住民の母親の出生地が西サモア（サモア独立国）である人は、30,700 人で全体の 55.4% を占める。この割合は増加傾向となっているが、1980 年でも 42.1% を占めている［American Samoa Government, Department of Commerce 2014: 5, 11-12］。2010 年に父または母が西サモア出身者だった人は、31,300 人であるから、父母ともに西サモア出身のケースが多いとみられるが、この統計データから、カップルでアメリカ領サモアに移住してやがて、子どもが生まれて、アメリカ領サモアの市民権を得、アメリカ合衆国国民として

本土移住し、合衆国市民権にもアクセスできる、という構図が見える。まして単身でやってきて、アメリカ領サモア人と結婚した場合は、その世代で合衆国へのアクセスが可能となる[8]。

　1980 年の合衆国センサスでは、西サモア生まれが全サモア人のうち 28.1%、アメリカ領サモア生まれが 32.6% で、あとは二世である［Franco 1987: 6］から、西サモア出身者は合衆国内にも数多くいることがわかる。アメリカ領サモアや合衆国内のサモア人コミュニティではこうして東西サモアの人々が共存することによって、西サモア出身者ばかりのニュージーランドのサモア人コミュニティとは違う問題をかかえるようになってきている。すなわち、ある面で互いに同じサモア人として仲良くすべきだと思いつつ、またどのアイガでも婚姻関係を互いにもちながら、互いの法制的権利の違いを常時意識しつつ、一方は利用されているのではないかという猜疑心にとらわれ、他方は馬鹿にされている、差別されているという意識にとらわれている。互いの間の反目がコミュニティ形成にも大きく影響を及ぼしている。

　アメリカ領サモア人の場合、合衆国との間を自由に往来できるため、Uターン現象も珍しくない。人々はその場その場で有利な選択、自分の願望に合った選択を行う。多くの前途有為な青年がアメリカ軍に入隊したが、彼らのうちには年金を得ての除隊後に物価の安いツツイラ島に帰還し、名士としてサモアで第二の職を得たりする人もいる。またそうした人々からは、アメリカ領サモアの二世代目エリートが輩出し、アメリカ領サモアの官界や教育界、海外サモア人コミュニティの間を縦横に移動して活躍する人々がいる。

　一方の西サモア人は多くの場合、移民してすぐには生活保護も受けられず、短期滞在で来たままオーバーステイをしている人も多いので、全体としては貧しいという印象を受ける。とりわけオーバーステイの人に関して言えば、

8　アメリカ領サモア人は、合衆国市民ではないが、合衆国国民として合衆国のパスポートが支給され、自由に合衆国に出入りできる。国民として居住後 5 年を経れば市民権を得ることも可能になる。それに対して、アメリカ領サモアの入国管理法制下では、居住後 19 年を経ないとアメリカ領サモア市民権を取得できない。ただしアメリカ領サモアは合衆国と同様、市民権に関して生地主義をとっているので、親の国籍に拘わらず、そこで出生した子には市民権が与えられる。

2.　サモア移民の移住の歴史　　159

気軽に合衆国外に出ることもできず、種々の制約条件が存在する。この傾向は特に西サモア出身者だけで世帯が構成されている場合は顕著である。このようにして、2010年センサス現在で合衆国では、110,000人が単一で、サモア人総計184,400人が他のエスニシティとの混合でサモア人を申告している［U.S. Department of Commerce, Bureau of Census 2012: 14］。2006年センサスでニュージーランドには自己申告で131,000人［New Zealand Department of Statistics webpage］のサモア人が居住している[9]。この他にも最近ではオーストラリアに居住するサモア人人口が増加しつつある。合衆国センサスのアンダーカウントを勘定に入れなくても、今日両サモアを合わせた人口を超える移民が海外で生活している。

3. サモア移民の暮らしとコミュニティ

19世紀半ば以降の合衆国の移民について、ほとんどの場合にはまず非熟練労働を担う階層として社会の最底辺に位置するが、やがて滞在が長くなり二世以降になってくると、さまざまな教育機会を得て階層上昇し、あとからきた別の移民集団にその地位を譲り渡すという大まかな経験則がある。サモア移民も最底辺にまず入ってくる点では、合衆国でもニュージーランドでも同様である。

本国で得られる資格は通用しないことが多いし、本国では英語教育も行われているが、母語並に読み書きが十分なほどではない。本国には大学教育も存在しないに等しかったから、もともとの大学卒の割合も非常に低い

---

9 合衆国の新移民に関するセンサスには、常にアンダーカウントであると言う批判が存在する。実際に人々の話を聞いてみるとそれも頷けるところがある。オーバーステイ——西サモア人やアメリカ領サモア人の親族で合衆国国民や市民権を得てしまった人を辿って、旅行ビザや修学ビザで入国後、オーバーステイとなる人は多い——をしている人や、公営住宅に基準以上の人数で住んでいる人たちはわざわざ回答しないのが普通であるし、センサスの存在すら知らない人も多い。山本泰の行ったアンケート調査（未発表）の結果からは、この倍いてもおかしくないと思われるほどである。ニュージーランドのセンサスにも当然アンダーカウントはあり得るが、入国管理の厳しさから見て合衆国ほどではないだろう。

サモア人の経営するグローサリー・ストア、オークランド　1993年

のである。したがって多くの場合、最終的には非熟練ないしは半熟練労働の分野に入るしかなかった。本国で教師をしていても、合衆国やニュージーランドでは工場労働者が普通であったし、本国で資格のある看護師も、移民先で新しい資格を取得しない限りは看護師見習いにしかなれない現実があった。合衆国内のサモア移民の生活に関するデータによれば、1人あたりの収入が、全米で年間 14,000 ドル余りに対して、その半分ほどの 7,690 ドルにしかなっていない。また生活保護の対象となる家族数は、全米で 13.5% に対し、サモア人は 25.8% となっており、ほぼ倍近い数字となってい

10　1984 年に設立された国立サモア大学は 1990 年頃に卒業生を出すようになり、次第に学部が増設され 2000 年頃には本格的に同国の大学教育を担うようになった。
11　しかしこれはサモア移民が本国社会の下層からやってくるということではない。移民志願者は、少なくとも本国ではある程度英語もできる方で、学歴も決して低くはない。むしろ本国社会の中では、活躍すべき人材なのである。この点は日本にやってくる外国人労働者の場合と似ている。

3.　サモア移民の暮らしとコミュニティ　　161

る。4 家族に 1 家族は生活保護の対象となり得ることになる（1990 年センサ
ス）[U.S. Department of Commerce, Bureau of Census 1993]。最近経済は好転しつ
つあるが、92 年頃にはほぼ 3 人に 1 人は失業といった状態で、この数字は
合衆国の平均の倍をはるかに越えていた。[12]

　これまでの移民と階層上昇に関する経験則が、サモア移民に関してもあて
はまるか否かは微妙である。サモア移民コミュニティのリーダーたちは、あ
とからやってきたインドシナ難民たちが同じ公営住宅に入居していたのに、
いつの間にか貯金をしてスモール・ビジネスを始め、スラムを脱出していく
様を横目で見ながら、サモア人の階層上昇が目に見える形で生じていないこ
とに焦りを感じ始めている。大学進学率もサモアから新規にやってくる若者
を除けば上昇どころか停滞している。

　ニュージーランドのサモア人の場合、1 人あたり収入の中央値は年間
11,000 NZ ドルを少し欠ける位だが、全ニュージーランドの中央値が
14,000 NZ ドルを少し上回る程度なので、合衆国のサモア人に比べれば良い
方といえるかもしれない。ただし失業率はニュージーランド一般の 10.5% に
対し 21% なので、やはり倍程度はある [New Zealand Department of Statistics
1992]。しかし、印象としては、ニュージーランドでは家の値段がハワイや
カリフォルニア州に比べてずっと安く、持ち家化が進んでいるようだ。ただ
し、この状況は現地生まれの太平洋系（その過半数がサモア人）が増加する
にしたがって改善の余地はある。ニュージーランドでは、大学出の太平洋系
が増え、特に若い層でホワイトカラーの職種にも進出が見られ、製造業が減
ると同時にサービス業のセクターの増加が見られるのである。失業率は
2001 年には一般の 2 倍弱までに減少している [New Zealand Department of
Statistics 2002: 50-53]。

　たとえ本国からみてどれほど多くの人々が移住していても、合衆国やニュ
ージーランド側から見ればほとんど目立たない移民の総数であるが、新しく

12　生産部門の多くが海外移転により空洞化しつつある合衆国で、不景気のしわ寄せは下
　　層階級に最も厳しいものとなっている。アフリカ系の失業率が白人よりはるかに多い
　　理由は単に差別があるばかりでなく、この経済の空洞化と関連が深いとも言われてい
　　る。

162　　第 5 章　移民と本国社会

カリヒ・パラマ地区にある高層の公営住宅、ホノルル　1989年

急増中の移民集団がしばしばそうであるように、サモア人も集住地区をもっている。このような集住地区は、合衆国ではハワイ州や本土西海岸の都市部が主である。最近の傾向としてはカリフォルニア州——中でもロサンジェルスとその周辺、サンディエゴ、サンフランシスコ湾岸地域——に最も多いが、近年はワシントン州のシアトル周辺やユタ州のソルトレーク・シティでもサモア人人口は増加しつつある。ニュージーランドで最もサモア人人口の多いのは北島のオークランド市で、ニュージーランド在住サモア人の3分の1はここに住んでいる。

　ハワイのサモア人人口のほとんどはオアフ島の都市部に居住している。ホノルルではカリヒ・パラマ（Kalihi-Palama）地区がもっとも多い。この地域は、ダウンタウンの西側に位置し、空港の東側のビジネス・ディストリクトとも接していて便利なところだが、公営住宅が多く、ホノルルでも低所得の新移民たちの住むところとなっている。住環境も優れないし治安もよくはなく、男性でも夜の一人歩きは危険なので、ホノルルの中産階級ができるだけ近寄

3．サモア移民の暮らしとコミュニティ　163

らないようにしている種類の土地である。この中でも大規模公営住宅クヒオ・パーク・テラスは、遠目には瀟洒な17階建て2棟からなる建築であるが、高層のスラムとしてホノルル中にその悪名を知られている。ここ全614世帯のうち、54％がサモア人世帯である（1984年データ）。

　サンフランシスコ湾岸地域では、サンフランシスコ南部や南のデイリ・シティ（Daly City）、南サンフランシスコ（South San Francisco）市に最も集住している。ここでも低所得者向け公営住宅にサモア人は多く集まっている。しかし、先に移住した人々は、合衆国の経済成長期に職を見つけ不動産が比較的安かった時代に家を求めて、ローワー・ミドルの安定した生活を営んでいることも多い。湾岸地域以外のロサンジェルスやサンディエゴ等の都市にもサモア人のコミュニティは生まれている。

　集住地区には、サモア人向けのタロイモやココナッツクリームの缶詰、儀礼交換用のコーンビーフの3ポンド、6ポンドといった特大サイズの缶詰や塩漬け肉の樽などを商う食料品店もあるが、多くはサモア人以外や、カップルのどちらかがサモア人といった経営が多い。しかし厳密な意味でのサモア人コミュニティは、集住地区の地域コミュニティというよりも教会のネットワークの中で成立している。本国に本部がありその傘下にあるのは、会衆派教会（Congregation Christian Church）やメソジスト派教会（Methodist Church）で、前者は80年代の半ばに西サモアとアメリカ領サモアの両組織に分離している。モルモン教会（The Church of Jesus Christ of Latter-Day Saints）、セブンスデイ・アドベンチスト教会（Seventh-day Adventist Church）やカトリック教会（Catholic Church）は中央集権型の組織になっていて、合衆国の上部組織の下にある。メソジスト派教会の中には合衆国のメソジスト教団の傘下にあるものもある。また、アセンブリーズ・オブ・ゴッド教会（Assemblies of God Church）のように組織は会衆派的に分権型で各教会の独立性が比較的高いが、サモアに上部組織があるところと、合衆国内にサモア人が連合体的組織をもっているようなものもある。

　サモアでの信者の数は、会衆派、カトリック、メソジストの順に多い。しかしサモア人移民コミュニティでは、むしろ伝統あるキリスト教会の保守性から抜け出そうという動きもあり、移民二世の間ではアセンブリーズなどペ

ンテコスト系[13]のものに人気がある。サモアの村に住んでいれば、一族の行く教会はほぼ決まっており、それほど選択の余地はない。しかも同じ村の教会の牧師が気に入らなくても、隣村の同じ宗派の教会に行くという訳にはいかない。

しかし、移民社会の場合、集住はしていても本国のような村組織や共同体のようなものはないので、どこの教会に加わるかは原則として全く自由である。移民社会でも組織化の古い教会では中心となる教会員は動かないようであるが、それでも周辺的な教会員は絶えず増減している。また新しい教会であれば離合集散を繰り返すという言い方も決して大げさではない。教会員間のリーダーシップをめぐる争いも大きいが、新しい教会の建立のための資金集めや、本国教会組織や牧師への献金、それら資金の不透明な会計処理、といった課題が常に争いの種となる。また会計処理が明朗でも、目標額の献金額が大きいことは不満の種となるし、実際に移民の生活を圧迫するほどの額の献金がいつも要請されている。重圧に不満をもち教会に来なくなる人が増えると、1人当たりの献金はますます高額なものが必要となるから、しまいには牧師の家族や親戚しか残らないということすらある。

本国に本部のある教会は、本部に対する献金の負担が大きく、また本国から訪問してくる牧師や代理牧師には、最大のもてなしをする必要があるので、教会関係の出費は相当なものになる。また、本国社会での教会慣習そのままにサモア語で行われる礼拝に、英語を母語とする若い人々はとりわけ不満をもつことも多い。若い人々の中でもインテリの場合は白人の教会に行くこともあるが、普通の若い人々はサモア人の多い教会中でも英語での礼拝が中心であるような教会や献金の重圧が少ない教会を好んだり、あるいは全く教会にはかかわらないという選択をしたりする場合も多い。また本国とのかかわりを牧師自身もマイナスと認めて、全く上部組織にかかわらない独立の教会を組織したりする場合もある。

ニュージーランドでは、太平洋諸島民長老派教会（Pacific Islanders Presbyterian

13　聖霊との直接の交感を重視するプロテスタント諸派の教会。アメリカではアフリカン・アメリカンを中心に信者を集めている。

Church）というユニークな教会がある。これは旧ロンドン伝道協会（London Missionary Society）すなわち会衆派教会系の太平洋諸島の移民が、共同で教会を維持するシステムで、ニュージーランドでは、太平洋諸島からの移民が始まった初期の時代に設立している。この教会では、午前中は英語で礼拝を行い、午後は太平洋諸島各国語で礼拝が行われる。人々は教会を介して、ポリネシア人同士の連帯を深めている。しかし、サモア移民の数が増えると同時に、サモア会衆派教会系の教会が増え、そちらに鞍替えした人も多い。

　教会以外に、サモア人同士密接な関係を維持するのは、親族のつながりである。これも、教会関係と重複していることが多い。移民した当初は、呼び寄せてくれた親族や、世話になった親族の通う教会に行くケースが多いが、その後に教会や宗派を変えることは珍しくないし、移民社会では既に宗派や教会が錯綜しているので、親族が異なる宗派の教会にまたがっていることは珍しくない。

　教会とは無縁であるようなサモア人も、親やオジオバとは密接な関係を保つことも多い。できるだけサモア人であることを避けて通っている人たちも、このような近い親族の関係は維持している。この関係まで避け、完全なパッシングを成就するロスト・チルドレンもいないわけではないが、生涯サモア人との接触を避けるというよりは、やがて近い親族の元に姿を現して、自らがイニシアチヴをとる関係のあり方を模索することが多いようだ。

　このようにして形成されたサモア人コミュニティは、教会活動を介してサモア人のエスニックな活動を行っている一方、教会のさまざまな支配を逃れようとするサモア人たち、特に二世のサモア人たちがいる。しかしながら、親族関係のネットワークを通じてのコミュニティはさらに緊密であり、サモア人はこれらいずれにも無関係であることは難しく、避けたいと思うサモア人でも、多少の距離はとりながらも何らかの関係を保っていることが多い。

4. サモア移民の送金と儀礼交換

1）送金
　産業といってもとりたてて何もないサモアで、移民の送金は大変重要な収

入源である。もともと娘息子を移民として送り込む場合に、本国社会の親た
ちはそれを当てにしている。70 年代や 80 年代に移民の是非が西サモアで議
論されたときにも、この点の意図は明らかで、インテリたちは「何も輸出す
るものがないから、人間を輸出しているのですよ」と自嘲気味に述べていた。

　送り込まれた娘たち息子たちが、親の意図にそって真面目に送金してくる
かどうかはケース・バイ・ケースであるが、そのようにして真面目に送金し
てくる娘息子は、親孝行やアイガへの貢献を人々に賞賛される。滞在の長い
サモア人たちから集めたライフ・ヒストリーによれば、以下のような送金行
動のサイクルが観察できる。

　移民してきた当初は、単身で親戚の家に寄宿しているので、稼ぎの多くを
親への送金に当てることができる。月々定額の送金をしている場合も、貯金
しておいて必要なとき（ホームランドで大きな儀礼交換があるときや、ホワイ
ト・サンデーやクリスマスなどのとき）に送る場合もあるが、送金額はかなり
のものとなる。しかしやがて現地で結婚して世帯をもつと、それも難しくな
るし、親や親戚もそこまで期待はしない。あとから弟妹がやってきているとき
きは、簡単に役割を交代することになる。先にあげたような大きな行事に際
して自発的に送ることも、または儀礼交換について手紙や電話でホームラン
ドから知らせを受け、送金することもある。[15]

　しかし、大家族の世帯で暮らし、アイガの生活に慣れてはいるものの、
人々は親には送金が義務であると感じている一方で、後述するようにマタイ
称号名授受に関連した場合は別として、それ以外の親族には義務であるとは
思わないようだ。親が存命の間はまめに送金するが、亡くなってしまえば、
挨拶程度の送金をしたり、プレゼントをしたり、大きな儀礼交換の知らせを

14　サモアにやってきたロンドン伝道協会の宣教師が創ったと言われるサモアの〈こども
　　の日〉。子どもは年齢に応じた家事労働を割り当てられて大変忙しいので、それをね
　　ぎらうための〈勤労感謝の日〉でもある。10 月の第二日曜日。
15　移民の送金のサイクルに関しては、マクファーソンが詳細なデータを提示して、筆者
　　のインフォーマントの意見を裏付けている［Macpherson 1991; 1992］。サモア女性移
　　民が結婚後も職を保ち収入を維持しようとするのは、自分の稼ぎから多少なりとも実
　　家への送金を確保すると言う意味が大きいようである。

受ければ援助したりする程度である。兄弟姉妹、オジオバに対しての送金額は親の場合とは大きく違い、むしろこれらの人々には、彼ら自身に送金する義務のある人々——子どもたち——が移民する手伝いをするのが相応しい貢献となっているらしい。[16]

　さて、サモアの大きな儀礼交換を含む儀礼には、結婚式、初子の誕生祝い、マタイ称号の就任式、葬式、家の落成式、教会落成式などがある。既に書いているようにこれらの儀礼には、単にそれらを主催する当事者アイガに属する人ばかりか、そのアイガと過去に縁組をもったアイガ（パオロ）など数多くの人々がこれに巻き込まれて財を持ち寄る機会となる。

　この儀礼交換のシステムそのものは、おそらくはサモア文化に固有のものであるが、財の贈り方や受け方に多くの変容が見られる。財のカテゴリーそのものの中にも新しい種類の財をとりこみつつ、交換の規模を拡大してきた形跡が認められるが、最近は特に現金が多用されることがその変容に大きく関わってきている。

　サモア独立国（西サモア）でのこの変容は、市場経済の拡大、中でも移民の送金の存在と深い関係がある。単に移民が送金してきたからこの儀礼交換が拡大してきたということではない。というのも、儀礼交換はアイガの名においてその名誉をかけて行うために、もともと競覇的性格が強く、大きな儀礼交換を行う必要性がまた移民現象を促進してきたといえなくもないからだ。海外に出て行く若者の中には、いつも儀礼交換の物入りで大変な両親を助けようと思った、という者もいる。アイガや地縁組織間の戦争がなくなった今日、アイガ間の競争は直接的な暴力に代わって多量の財の贈り合いを通じて行われ、アイガを守る立場のマタイ（称号名保持者）たちはとりわけ儀礼交換に熱心で、儀礼交換の成否に送金を通じてかかわることはアイガに対する大きな貢献と見なされる。そして、アイガに対する貢献は、マタイ称号名の継承にも大きく関係している。これについては第6章に詳細に取り上げる。

---

[16] そのような送金行動を踏まえるならば、マクロ経済的にいって、移民の送金を継続させるためには移民の流れを継続していかなければならない。この点について送金に依存度を高めているポリネシア島嶼国家の存続を危ぶむ声もある。この問題についての論文は多々あるが、例えば Ahlburg［1991］を見よ。

168　第5章　移民と本国社会

アイガの犠礼交換のためにまめに貢献することは、将来のアイガ内での地位を確立することであり、このことは単に自分一人のためではなく、同じ分枝に属する兄弟や従兄弟たちのためでもある。アイガの土地を利用する機会もないけれど、将来帰国する可能性を考えたり、自分の子どもや甥たちがアイガに気楽に戻れるようにと考えたりしてマタイ称号名を受ける移民は多い。さらに在地のアイガにとって見れば、マタイ称号名保持者はアイガの名声を維持するために一層の努力が当然とされるから、真面目な若者に称号を贈っておけば、将来さらなる貢献を期待できるのである。このようにして、村を生活の場とし、村に本拠を置くはずのアイガで、村に生活の場をもたないが、村人より現金にアクセスが容易である町の住人や海外の移民に、分割した称号を授けるということが西サモアの村々では一般的に行われるようになった。

2）移民コミュニティの儀礼交換

儀礼交換は、海外コミュニティではどのように行われているのだろう。海外コミュニティにおける儀礼交換に関して、既に筆者が書いたものをもとにその概略をここに示そう。

最初に移住した人々は若者が多かったこともあり、移民の初期の時代に儀礼交換は海外では行われていなかったが、やがて葬式などがサモア的慣習で行われるようになる。1960年代終わり頃のサンフランシスコ湾岸地域のサモア人の調査を行っていたアブロンに従って、概観しよう。1960年代始めころに西海岸の都市では、サモアの慣習と互助と教会儀式が混ざったようなかたちの葬式が行われるようになっていた。移民コミュニティで回されているファイン・マットの数は限られていたが、それは1969年にアメリカ領サモア知事がファイン・マットの持ち出しを禁じたからである。[17] 海外に持ち出されたファイン・マットは、親族を通じてサモアに返還された［Ablon 1970.211]。

しかしそうした禁令にもかかわらず、筆者がハワイ等で観察する機会を得た限りでは、少なくとも1980年頃には、儀礼交換は海外でも普通に行われ、

17　その理由は、もはや製作されていないものだから、というものだった。

ファイン・マットのやりとりがしばしば見られた。1990年頃にサンフランシスコ湾岸地域のサモア人コミュニティを観察した結果、本国よりも遙かに多くのファイン・マットが移民コミュニティを駆け巡っていることがわかった。ふんだんなファイン・マットのやりとりが見られるのはニュージーランドでも、アメリカ領サモアでも同様であった。

　移民社会での儀礼交換でもっとも多いのは葬式であろう。結婚式はしなくても済むために、なしで済ませることも多々ある。高位称号名保持者の息子や娘、若い牧師や、牧師家族の息子や娘などは行っても、一般人は簡単な内輪のパーティにしてしまうことも多い。

　葬式の大きさは、従来は家格というか称号名のランキングによって定められていた。しかし、近年は伝統的な位階による厳しい規制はやや弛緩していて、むしろ家族の集めることのできる現金に比例する傾向が強くなっている。それぞれの家族の事情があり、称号名の重要性や子孫の数などにも依存する[18]が、子沢山の家族、海外で働く息子娘を多く抱える人々の葬式では多くの財の交換が行われるようになってきている。一方、海外（アメリカ領サモアも含む）の葬式で取り交わされるファイン・マットの数や現金の額は、1990年代の前半に観察した限りでは西サモアの葬式よりもはるかに多いといってよい。

　サンフランシスコ湾岸地域での葬式の事例に触れたい。1992年6月に行われた葬式の事例では、かなりの数のファイン・マットがやりとりされた。家族が持ち寄ったものだけで、ファイン・マット2,400枚、現金20,000 USドル。親族などが弔問に持参してくる財にその都度返礼を出しつつ集めたものが、ファイン・マット2,500枚。持ち寄ってくる故人の家族には故人の兄弟姉妹、故人の父の親族集団、故人の父の母の親族集団、故人の母の父の親族集団が含まれていたが、総力を結集して、1,700枚のファイン・マットと12,000 USドルを集めた。この一部が訪問客に対する返礼の原資となる。遠い親族や友人たちは、故人の家族のもとに現金やファイン・マットを持ち寄って、それぞれ返礼を受けた。例えば、500 USドル持参した人には、350 US

18　牧師の葬式も一般的に盛大に行われる。

称号就任式にて、背後にファイン・マットの山、アメリカ領サモア 1993年

葬式にて、コンテナにぎっしり入っていたファイン・マット、アメリカ領サモア 1993年

4. サモア移民の送金と儀礼交換

ドルが返礼となり、50 枚のファイン・マットには 20 〜 30 枚のファイン・マットが返礼として与えられる。差違の 150US ドルと 20 〜 30 枚のファイン・マットが主催者家族のもとに残る。このようなやりとりを繰り返して、家族は 800 枚のファイン・マットと 5,000US ドルを集めた。その他教会の信徒からの助力もあり、総額で 2,500 枚のファイン・マット、20,000US ドルを集めたのであった［Yamamoto 1997: 71］。

　これを、筆者が観察した西サモアのケースと単純に比較するのは難しいかもしれないが、以下のことはいえるだろう。比較的数多くファイン・マットが集まる結婚式などにおいても、1980 年頃には、数百枚程度であり、1,000枚を越えることは普通はなかった。第 3 章で記述した筆者らの行った結婚式の事例研究——純サモア式ではないまでも規模の大きな結婚式——でも、花嫁方から花婿方に渡されたファイン・マットは 100 枚であり、その他の分配なども含めて集めた総数はとうてい 200 枚には至らなかったのである。

　一方、交わされる財の規模という点では、アメリカ領サモアでの儀礼交換は半端ではない。アメリカ本土とアメリカ領サモアでの人々の財力を比べるならば、本土の方が圧倒的に多いはずだが、本土からも多額の送金が流れ込んでいること、本土には存在していない高位称号名保持者が多勢存在すること、アメリカ本土に比べると伝統意識は大層高いこと、などがその理由としてあげられるかもしれない。[19]

　1992 年に筆者が観察した葬式では、5,000 枚のファイン・マットと、数万US ドルが集められていたし、称号就任式では、新しく称号名を継承する男性の母の父の親族集団、妻の父の親族集団、妻の母の親族集団がそれぞれに、小型バスやピックアップ・トラックにファイン・マットをすし詰めにして持

19　アメリカ領サモアでは、土地称号裁判所の判例により域内に居住していることが首長称号名の継承で重要とされ、また、西サモアのような称号分割が認められているわけではないので、この点は厳しく守られている。諸島外に出て長く帰国しないと、裁判で訴えられ称号を剥奪される可能性がある。一方、本土で称号名を名乗るアメリカ領サモア人は多く、それが教会等の公式の場でも通用しているが、実際にアメリカ領サモアで公式に登記された称号名ではない。むしろ、本土コミュニティ内でそのアイガを代表する人という位置付けである。誤解無きように言えば、それも、海外コミュニティで必要とされる存在なのである。

牧師に謝礼として10枚1束のファイン・マットを贈呈、ホノルル　1989年

参してきていた。

　一方ニュージーランドでは、1993年に観察した葬式の場合、分配されているファイン・マットは200〜300枚程度であった。ニュージーランド在住の研究者によれば、以前に比べて枚数は減少しつつあった。彼は、過去には最高でファイン・マット12,000枚が集まったことを記憶しているが、93年当時は大きな葬式でも1,500枚から2,000枚程度になっていたという［ニュージーランド在住人類学者C. Macphersonとの対話1993年］。

　このように、西サモア以外の土地でもそれぞれの事情で状況は異なるが、いずれも西サモアに比べるとはるかに交換規模が大きいことは注目に価する。とりわけそれを象徴するのが、海外コミュニティやアメリカ領サモアで行われているファイン・マットの扱い方で、1990年代の同じ頃、西サモアであればひとりひとりがファイン・マットを両手で広げてもって、周囲の人々に見せながら行う贈与の儀礼が、アメリカ領サモアや海外コミュニティでは、良質で大きなファイン・マットだけ広げて贈与し、残りは10枚1束にして

テープでからげたものを次々に贈与していく形をとっていた。この10枚1束の形は、2000年を越えたころには、西サモア（サモア独立国）でも見かけることがあったので、出回るファイン・マットの数と実際には関わりがあるかもしれない。

3）ファイン・マットと現金

　さて、第3章、第4章で検討したように、19世紀の文献からは、男方からオロア財、女方からはトガ財（特定目的貨幣としてのファイン・マット）、という贈り合いのパターンが見いだせる。さまざまな儀礼交換の機会を捉えて、姻族であるそれぞれの親族集団は、常にどちらが男方であり女方であるかということを確認するかのようにオロア財とトガ財の交換を行うのである。この男方／女方の別は、現在の西サモア社会でもある程度意識されている。この関係がもっとも明確に出るのは、結婚式の花嫁方と花婿方の交換であり、また儀礼交換の中心に近い――多くの財を贈らなくてはならない――ほど、この関係は意識されているが、周辺的関係であり少額しか出さない場合は、この関係の区別はぼんやりしたものとなってしまう。贈り手としての姻族は、トガ財（ファイン・マット）とオロア財（現金と食料）を適宜組み合わせて贈り、受け手の親族集団もトガ財とオロア財を適宜組み合わせて返礼とするのである。

　しかしこの男方／女方の区別は、今日、国境を越えての交換となる場合、互いの財力の違いの問題に吸収されている側面がある。男方であるか女方であるか、といったことよりも、居住地の経済力に応じて、贈ることを期待されている財が決まることが多い。西サモアで暮らす親族集団に対して、アメリカ領サモアの姻族（パオロ）たちは、関係がどうあれ、現金をもたらすことを期待されている、と考えて、現金をできるだけ持参するよう努めるのである。そのようにして訪問してくるアメリカ領サモアの姻族に対する返礼は、当然のようにファイン・マットである。また、本国と移民社会との間では、移民社会から本国へと現金が贈られるのに対して、移民社会へはファイン・マットがもたらされる。かつては儀礼交換において、男方／女方の区別が重要で、前者からは男性の財とされるオロア財（現金やブタ等）が後者からは

174　　第5章　移民と本国社会

せっせとファイン・マットを作る女性、西サモア　1981年

女性の財とされるトガ財(ファイン・マット)が主として贈られた。今日でもこの関係はとりわけ結婚式では守られているが、一方で移民がもたらす現金に対して、本国人が供給するファイン・マットというパターンができあがっている。

　本国人としては、移民社会でもはや製造していないファイン・マットを移民の親族・姻族に供給するというのはごく普通の発想なのだろうが、ファイン・マットは儀礼交換にしか用いられないし、消費されずに人々の間を巡り巡るだけであるから、今日の移民コミュニティの中では相当量のファイン・マットが滞留し循環している。その結果が移民コミュニティでの大量のファイン・マットの交換となって表れるのである。本国でならば1980年代には1枚1枚丁寧に広げて、1人1人が手に捧げ持ち相手方に贈与されるファイン・マットが、移民コミュニティでは10枚1束として、1束単位で贈られることにもこの滞留現象が読みとれる。サンフランシスコ湾岸地域で観察した葬式では、集まった数千枚に上るファイン・マットを自宅から教会に運ぶ

のにコンテナ車が用いられていた。これは西サモアでの儀礼交換の10倍を
はるかに越える数字であろう。アメリカ領サモアでの儀礼交換も合衆国内と
同様の規模であるらしい。ニュージーランドのサモア人コミュニティの儀礼
交換においては、かつてはファイン・マットの数が万の単位に及んだ葬式も
あったというが、1990年代半ば頃、交換に供されるマットが1,000枚を越す
ことは少ないようだ。[20]

　かつてはサモア全域で女性が編んでいたはずのファイン・マットであるが、
今日アメリカ領サモア（マヌア諸島はともかくとして少なくともツツイラ島全
域）ではもはや作られていない。[21]西サモアでも、職業をもつ女性や都市化地
域での女性はファイン・マットを編んだりはせず、西サモアの村落部、特に
サヴァイイ島でもっぱら製造が行われている。1970年代から2000年頃まで
の儀礼交換で用いられている粗悪品のファイン・マットは、ラウ・イエでで
きている場合もあるがラウ・ファラ（寝具用マットの材料）を用いるのが普
通で、[22]葉肉もとっておらず、幅5ミリ以上のパンダナスで編んだごわごわし
た促成品で、お世辞にも美しいとは言えない。1978年頃には1週間ほどで
できあがるといっていたが、その10年後には3日ほどで仕上げるといって
いた。ファイン・マットの粗製濫造は明らかである。

　儀礼交換を主な機会として、移民コミュニティと本国社会との間では頻繁
に行き来がある。移民はホームランドの近親者が亡くなると、儀礼交換のた
めの現金を携えてホームランドを訪れる。マタイであれば、ホームランドの
村では歓迎のカヴァ儀礼が行われ、訪問者は出迎えのマタイたちに現金を分

20　これは、ニュージーランド経済が悪化してきているということもあるが、移民コミュ
　　ニティ全体が、儀礼交換の合理化へと向かってきている様子が見えてきて興味深い。
21　1992年の調査では、戦後ツツイラ島でファイン・マットを編んでいる女性を見たこ
　　とがないとの証言を得た。とはいえ2010年のアメリカ領サモアでの調査の際に、ツ
　　ツイラ島でもファイン・マット復興運動が存在していて、女性のファレ・ララガ（編
　　み物クラブ）が存在しているのを知った。ただし、この復興運動で作られているのは、
　　いわゆる粗悪品のファイン・マットで、運動に参加しているのはすべて西サモア出身
　　の女性であった。
22　ラウ・イエは大変育てにくい品種だそうで、良質のファイン・マットを多く作れない
　　のは、ラウ・イエの不足によるとの話も聞いた。

け与える。儀礼交換のためでなくクリスマス等の帰省であれば、アイガの歓迎会が開かれ、移民はその席で持参の現金を人々に分け与える。

　一方で、海外コミュニティでの儀礼交換のために、移民はホームランドのアイガの高位マタイを招き、儀礼をとりしきってもらうのが普通である。そのようなとき、交通費は移民側が用意する。ファイン・マットやサモアのおみやげ（サモアの特産、ご馳走のパルサミ[23]、石蒸しのタロイモ等）を持参した高位マタイは、スア、ラフォ、パーセセ、ファアオソ等、儀礼の席でさまざまな名目をつけた現金を受け取る。移民コミュニティから本国社会にはこのように、慣習上の異なる名目で現金が流れるようになってきている。

　移民先を含むサモア人全体の中では、移民コミュニティからの現金の流れは、このようにさまざまな文化的規範の読み替えの中で生じている。その文化的規範の根底にあるのは、持てる者が持てない者に必要に応じて与える、それが積み重なれば全体のバランスがとれるはずである、という一般的互酬性の理念である。儀礼交換ももともとは互酬システムによって成り立っている。移民コミュニティとホームランドの関係で言えば、端的にいってその互酬システムが、世界全体の財の偏在によって、一方的な流れを生じさせているということなのであろう。

　このように考えるなら、現金の流れを文化的規範のタームを通じて説明するのは、この一方的流れを目立たなくする装置（デバイス）でもある。

　サヴァイイ島の女性たちがせっせと粗悪品のマットを作成しているのは、きわめて合理的行為である。1992 年のツツイラ島調査において、滞在させてもらっていた牧師宅で、ある日帰宅すると、もともと 1 部屋に多くのファイン・マットが山積みにされていたのであるが、さらにその他に、多くのファイン・マットが広間に置かれていた。どうしたのかと訊ねると、トラックにファイン・マットを積んだ西サモアのティアコノ[24]が 2 人きて、教会建設のためにお金が必要なので、いくらでもいいから買ってくれとの話だったという。そこで、既にファイン・マットはありすぎるが、気の毒に思って 100 枚

23　ココナックリームをタロイモの葉で包んで蒸し焼きにしたグラタンのようなもの。
24　deacon のサモア語転訛。信徒団のコアの男性たちが務める。

表 5-2　海外コミュニティと本国間の現金とファイン・マットのフロー

現金 ←――――→ ファイン・マット	
アメリカ領サモアの親族・姻族	西サモアの親族・姻族
アメリカ合衆国の親族・姻族	西サモアの親族・姻族
ニュージーランドの親族・姻族	西サモアの親族・姻族
アメリカ合衆国の親族・姻族	アメリカ領サモアの親族・姻族
海外の移民コミュニティ	本国からのマラガ
アメリカ領サモアのコミュニティ	西サモアからのマラガ

ほどを 1,000 ドルで買ったそうだ。しかし、このようなケースは他には知らない。そうたびたびあることではないだろう。

　新品のファイン・マットを市場で売って現金を稼いでいる場合はむしろ少ないと考える。この社会は今でも互酬性が大変大事な理念であるからだ。しかし、ファイン・マットは役に立つ。儀礼交換があれば、持参することで、現金や食物を反対給付として受け取ることができる。トトマでファイン・マットの調達に来る人にあげれば、何かお返しが来ることも間違いない。親戚が海外に儀礼交換のために行くのなら、是非あげておこう。いずれは現金のお返しがくるはずだ。直接の購買価値がなくても、ファイン・マットを常に編んでいて、常に誰か必要な人にあげていれば、いいことがきっとある、のである。ファイン・マットはオロア財交換券なのだ。西サモア、とりわけ村落部の人々にとってファイン・マットは現金を引き出す資源であるともいえる。ファイン・マットと現金のフローを図式的に示すために表 5-2 を作成した。

4）マラガ

　海外の移民コミュニティからファイン・マットとのやりとりで現金を引き出してくる教会の資金集めの旅行はそのよい例であろう。もともと、村と村の間での交流を促す旅行として、サモアにはマラガという団体旅行があった。[25]

25　マラガ（*malaga*）と言う語は「旅行一般」を指すが、ここで論じているマラガは一定の形式を伴った団体旅行である。

178　第 5 章　移民と本国社会

本国の教会の青年団が移民コミュニティを訪ねて行ったコノセティ、オークランド　2009 年

　これは、村のマタイのグループ、マタイの妻のグループ、若者グループ、娘グループが、相手の村の同じグループを訪問するものであった。最近では、教会の婦人会や青年団が教会の資金集めのために行う訪問として、マラガは本国と移民コミュニティの間でしばしば行われている。マラガをする集団は、ただファイン・マットのみを持参するだけで、多大な歓待を受けることができる。大御馳走に加えて、現金や食物がふんだんに与えられる。資金集めの際には、歌と踊りを披露するコノセティ[26]が催され、演目ごとに投げ銭を集める。

　本国の教会では、資金集めを目的にしばしば移民コミュニティの教会にマラガを仕掛ける。マラガ参加者は多くの場合、旅費を海外の親戚に頼んで送

26　concert のサモア語転訛。ダンスや歌の他に、漫才もあり、最後には主客のタウアルガ（*taualuga*）と呼ばれる優美なダンス披露があり、引き立て役として皆がダンスに参加して終わる。入場料の他、ダンスごとに投げ銭を受けるので、多くの資金が集まる。

4．サモア移民の送金と儀礼交換　　179

金してもらい、教会が集めたファイン・マットを手に海外へと出かける。いくつかの教会を訪問して、海外旅行も楽しんだ後、多大な現金を持ち帰るのである。筆者が採取したケースでは、婦人会のメンバー40人がマラガに参加して1,000枚のファイン・マットを携えニュージーランドに行った。いくつかの教会をまわりコノセティを演じて、152,000 NZドルを持ち帰った。他のケースでは、日曜学校の教師が23人、800枚のファイン・マットとタロイモやココ・サモアを携えてカリフォルニアを訪問し、コノセティを演じた後、70,000ドルを手に帰国した。

　本国の教会関係の人々の訪問はまた、移民コミュニティにとって大きな物入りである。本国の牧師は移民コミュニティでも日曜には教会に行くことになるが、その際に受け入れの教会は牧師に説教を依頼する。牧師の公式訪問という形をとるために、教会の信徒は訪問の牧師を接待する昼食会を用意し、その席で多大な現金を贈与する。サンフランシスコ湾岸地域では1990年頃には数百ドルから1,000ドルを超す現金が与えられていた。代理牧師（説教をする資格はあるが、聖餐を行う資格をもたない）の場合にも、金額こそ若干見劣りがするが、同様の歓待が行われる。ニュージーランドでもより少額ながら同様の習慣が存在する。

　以上のような現金の贈与は、一般的互酬性の形をとりながら、実際には不均衡なものとなっている。移民社会では、資金集めをしても本国社会を訪問することはない。ホームランドで集められる現金はたかが知れているし、そのようなところから現金を持ち帰るなどということにはコミュニティ内の反発も大きいだろう。代わりに移民コミュニティ同士で訪問をし合うのである。移民コミュニティの牧師も本国社会で同様の歓待を期待してはいない。

　移民の里帰りや本国人の移民先訪問にともなって多大な現金が流れることは、前節で述べているが、そのような旅行はすさまじい頻度で行われている。

27　商品作物のカカオをあぶってつぶした固まり。湯で溶いて砂糖を加えて作る独特の飲み物で、これもココ・サモアと呼ばれる。

28　筆者は1992年8月に、サンフランシスコの会衆派の教会の婦人会がハワイの教会を訪問するマラガの参与観察を行っている［山本真鳥 1998］。

西サモアの出入国統計によれば、アメリカ領サモアへの訪問を除外しても、人口の一割以上に上る 19,000 人近くの入国が 1 年間に記録されているのである［Western Samoa Government, Department of Statistics 1990］。それら旅行に刺激された現金の流れは、移民が身につけて持参するので公式の統計に表れないけれども、相当額に上っているはずである。

このような、富の世界的偏在を修正する一般的互酬性がもたらす現金の流れに対し、逆方向にはマタイ称号名やファイン・マットが流れていく。大量の粗製濫造されたファイン・マットが移民コミュニティに滞留していることは既に述べたが、同様に価値ある骨董的な古いファイン・マットの相当数が移民社会に流出していることも事実である。あるサンフランシスコ在住のアメリカ領サモア出身のサモア人の話では、西サモアのある有名なマタイ称号名保持者である母方伯父の葬式に行ったところ、近親者が持ち寄った、そのような著名な称号名保持者の葬式には欠かせない大層価値ある立派なファイン・マットのすべては、移民している親族、ないしアメリカ領サモアの親族がもたらしたものであったという。

称号名の場合、同じ名前を複数で共有するという形の称号分割（title split）による継承が行われているために、ファイン・マットのように本国社会の分を減らして移民社会にフローするということにはならない。海外在住の移民にどんどん称号名を授与しても、国内でアイガの面倒を見るマタイは常に必要である。しかしながら、おびただしい数の海外在住のマタイは何なのだろう。調査を行ったニュージーランドのある世帯およびその親族についていえば、二世も含めた成年男性のほぼ半数は称号名を保持しているのである。称号名については次章で詳細に分析する。

移民の存在は今日の本国社会の生活の隅々にも伺える。西サモアの人々にとってポピュラー・カルチャーの窓口は移民社会である。西サモアで流行中のポップ・ミュージシャンの中には移民コミュニティでまず成功して里帰りを果たしたものも多いし、レコーディングはもっぱら海外で行われる。西サモアで活躍中のバンドにしても、楽器や機材は海外で調達しなければならないので出稼ぎや海外滞在の経験者が多い。西サモア代表ラグビー・チーム、マヌ・サモアは、多くのメンバーがニュージーランドへの移民経験者か里帰

4. サモア移民の送金と儀礼交換　　181

りのサモア移民二世である。未だにニュージーランドに居住している選手も多い。またさらに、移民コミュニティで流行ったTシャツは国内にも持ち込まれる。

　小金をためた移民は、西サモア訪問のおりに国内の売買可能地[フリーホールドランド]を買う。[29] 自分の土地を買わないまでも、アイガの土地に家を建てる権利はあるので、そこに家を建てたりもする。在地アイガの信頼できる人に留守を任せることが多いが、このような半ば空き家の家は各地に存在している。

　こうして、西サモア全体が移民の存在なしに語れないようになってきている。移民コミュニティもサモアで起こるできごとに敏感で、1989年、91年と連続でサイクロンの被害にあったときには、移民コミュニティからいち早く救援に駆けつける人々がいたし、援助物資や義捐金を集めたりもした。サモア独立国（西サモア）では、普通選挙の導入以来、海外在住の移民にも選挙権を認めよという声がある。もちろんこの発生源は移民コミュニティであるが、その議論の根拠は移民の送金を主とする本国への貢献である。これだけ貢献しているのだから、選挙にも参加できて当然であるという考えなのだ。海外在住の移民マタイの中には、80年代には選挙のある度に里帰りして立候補している人すらいた。[30]

　サモア独立国（西サモア）の文化的価値の象徴はかくして移民の手に握られつつあり、また本国社会も移民の存在ぬきに語れないほどに移民のプレゼンスは大きなものとなってきている。

5. ファイン・マットとサモア人アイデンティティ

　移民たちの暮らしぶりを見ると、送金（多くが本国の儀礼交換に関わるもの）、教会への献金、それに加えてコミュニティ内での儀礼交換の三つが大きな出

29　西サモアの土地の80％は、伝統的なアイガの共有地ないしは村の共有地である。残り20％のうち16％は国有地や農業公社の土地で、わずかに4％が売買可能な土地である。サモア移民が本国で買う土地の大半は宅地である。

30　しかし2000年の選挙法改正で、過去3年以上の居住がないと立候補ができなくなり、実質的な落下傘候補は不可能となった。

費となって人々の暮らしを圧迫しているが、これは一般的互酬性のモラリティ[31]から来るものである。これらは、サモア人コミュニティにつきものであり、サモア人たらんとすれば必ず引き受けなくてはならない「税金」のようなものとなっている。これまでに書いた海外サモア人移民コミュニティの調査報告で、筆者はこれら本国への過酷なまでの送金や貢献への期待が、いかに移民たちの正常な生活を妨げるものであるかを記述してきた［i.e. Yamamoto 2001; 山本真鳥 2000］。ここでは、教会の献金に関しては触れないが、コミュニティ内での儀礼交換の重圧と送金についての叙述を引用してみよう。

　このサモア移民にとってのやっかいな儀礼交換にタラマイツ（ハワイに移住したサモア人マタイ）一家はどのように対処しているのだろうか。タラマイツ自身は、サモアにいたときも実は儀礼交換に東奔西走する毎日だった。なしで過ごせる月はほぼ考えられず、1週間に2つ重なることだってしばしばあるくらいだから、人々の生活のリズムは儀礼交換をめぐって形成されていたといっても過言ではない。ホノルルにやってきた当初、儀礼交換はたいしたことはなかったらしい。しかしその後、次第に生活も安定し、サモア人コミュニティの中で遠縁の人などとも関係を確認したり、旧交を温めたりするようになって、筆者が1989年に調査するころまでにタラマイツの儀礼交換の範囲は大層広がっていた……［山本真鳥 2000: 254］

　……儀礼交換には多大な現金が必要となる。老人が一家を代表して儀礼交換に出かけるたびに、老人の収入は知れているから、息子たちやマ

---

[31] この種の互酬性への賛辞は、「市場経済の無慈悲さ」に対するアンチテーゼとして、いわゆる伝統社会にしばしば見られる。例えば、隣のフィジー諸島では「ケレケレ」という、ものを請うときの決まり文句が、転じて一般的互酬性の慣習を指す語になっている。ケレケレを他人への依存を高める悪習と考える人もいるが、フィジーのよいところととらえる人々も多い。同様に比嘉はトンガの社会生活において、与える行為を「ふるまい」という語を用いて、説明している［比嘉 2016］。トンガ人が見返りを全く期待しないで「与える」実践をしているかどうかは再検討の余地がありそうだが、ここには少なくとも一般的互酬性へのモラリティが存在していることは間違いない。

5. ファイン・マットとサモア人アイデンティティ　183

ケリタ（娘）がお金を調達する。儀礼交換は、ただでさえ収入の少ない
サモア人移民の生活を大いに圧迫するものになっている。［山本真鳥
2000: 255］

　もともと、つい先頃まで自給自足を行って生活を維持していた社会で、
大家族制が今でも維持されている。互いに不足のものは補いあって暮ら
すモラルは徹底している。ものの余っている人は、足りない人に分ける
べきである。ものを欲しいと言われたときにあげないのはいけないこと
だ。もの惜しみというのはサモアのモラルではもっとも恥ずべきことで
ある。
　このようなモラルの下で、ホームランドの人々はしばしば海外の移民
に送金依頼の手紙を書くし、せっぱ詰まった儀礼交換のためにはコレク
ト・コールをかける。タラマイツのホノルルの家はあまりにコレクト・
コールがかかってきたために電話代が払えなくなり、1984 年までには
電話が通じなくなっていた。……［山本真鳥 2000: 257］

　これらの送金や儀礼交換の物いりについて、タラマイツは「サモア人とし
ての義務」と受け止めていた。白人の夫をもつ娘のマケリタが、ときどきそ
のような義務に耐えかねて、父親の求めに応じないこともある。そんなとき、
マケリタは父の家に寄りつかなくなる。そうした要求について夫とケンカす
ることもあると漏れ聞いた。だいたいマケリタがホノルルのホテルでメイド
として働き続けているのも、自分の自由がきいて自分の親族のために使うお
金が欲しいからなのだ。しかし父親は、「マケリタが夫に、サモア人である
とはどういうことかをちゃんと説明しないのがいけない」と言う。
　若い、とりわけ二世のサモア人は、親が夢中になっているファイン・マッ
トや取り交わされる財のことなどを知っているが、その価値や意味を理解で
きないことが多い。親たちは大金を投じて、あんな汚いマットを後生大事に
持って帰るが、いったい何の意味があるのだろうか、という意見はしばしば
耳にした。しかしその一方で、教会に出入りする若者の中には、儀礼のさま
ざまな役割を引き受け、儀礼の裏方として活躍する者が多くいる。スアとい

184　　第 5 章　移民と本国社会

う儀礼的な食物を主客に運ぶ役割を担ったり、裏で客に出す料理を汗だくで作ったりしている。どっぷりサモア人的生活に浸っているのである。

　サンフランシスコの下町に住むサマソニは、アメリカ領サモアから1955年に志願兵としてアメリカにやってきて、長らく軍で働いていた。アメリカ領サモアで以前から見初めていた娘と結婚して、アメリカに呼び寄せた。調査で筆者が彼にインタヴューしたのは1992年であった。子どもたちも皆成長して独立し、既にリタイアしたサマソニはまだ現役の看護師をしている妻と悠々と暮らしている。教会では在家の副牧師として説教をする資格をもち、重要な役割を担っている。決して金持ちではないが、サモア人移民にしては余裕のある暮らしだ。さてそのサマソニは母方の親族の23組の夫婦で儀礼交換に対処しているという。誰か配偶者のアイガに儀礼交換が生じると、サマソニが関係に応じて1組あたりの供出額を決めて皆ファイン・マットと現金を持ち寄る。大勢で力を合わせれば急な儀礼交換でも充分に財が集まり、恥ずかしい思いをしなくても済むようになるというのが趣旨らしい。サマソニがいうには、このグループに加入するには、ある程度の生活の安定が必要であり、その「体力」のないものは、毎回のノルマをこなしていくのが難しい。彼の長女はかつて入っていたが、まだ一人前にノルマがこなせないので目下加入を見合わせている、という。

　儀礼交換に参加する、本国の近親者に送金する、といったことを行わない人を、人々はよく「サモア人でない」という。そのような人はショッピング・センターなどで親戚にばったり会っても挨拶をしないらしい。親族にも居場所を告げずに行方不明になってしまう若者もいる。非サモア人の配偶者と結婚することがきっかけとなって「サモア人でなくなる」者もいるが、「サモア人でなくなりたい」がために非サモア人と結婚する者もいる。実際にサモア人コミュニティと没交渉になった人を調査するのは難しいが、そのような人の存在は時々耳にする。

　サモア人であるかないか、の大きな違いを、ファイン・マットは示している。ニュージーランドで、同じポリネシア系だがサモア人でない若者と結婚することになった姪が話題となったとき、オバたちは、「サモア人ではないからファイン・マットはいらない」と言った。その言い方は、結婚式も簡単

でいいよね、という安堵の気持ちと、でもなんだか寂しい、という気持ちとが交錯したと思われる複雑な口調だった。姪は結婚後もオバのもとを訪れるし、小遣いをくれることはあるかもしれないが、儀礼交換に正式に参加することはあるまい。

　人々は生活が無惨に圧迫されることを知りつつも、儀礼交換に熱意を燃やし、ファイン・マットを交換し続ける。人々はファイン・マットの「美しさ」[32]をたたえ、ファイン・マットの取り交わされるさまを見るために儀礼交換の場に足を運ぶ。ファイン・マットをやりとりする人々はサモア人だし、サモア人ならば、ファイン・マットをやりとりしなくてはならない。ファイン・マットを取り交わすことは、サモア人としてのアイデンティティに関わることとなっている。バルト［Barth 1969］の考えていたようなエスニックのマーカーとしてファイン・マットは機能しており、コミュニティの境界をつくり出しているのである。

　こうしてファイン・マットによりつくり出されたサモア人の空間へと、サモア人のコミュニティはそれぞれにつながって、サモア世界を形作っている。貨幣は、それを受け入れて、それを一定のルールの下に取り交わす人々をつなぎ、想像の共同体［アンダーソン 1987］をつくり出すのだ。

6.　結

　近代の貨幣は国民国家の枠組の中で使用されており、国家統制の重要なアイテムとして貨幣は存在している。筆者が立ち寄ることのある太平洋の弱小国の中には、貨幣を発行して統制するほどに充分な体力をもっていない国も

32　本格的な作り方で作られ、年代を経たファイン・マットは、あめ色をしてしなやかなパール状の光沢をもち実に美しい。サモア文化の機微を知らなくとも単純に美しいと思える。しかし、最近粗製濫造されたファイン・マットは、ごわごわしていて寝具マットと変わらない質感である。公式な場面でファイン・マットが贈与されるとき、ファイン・マットを讃えて人々は「サーオー・ファアラーレレイ！」（*Sāō faʻalālelei!* 何と美しいマットだろう！）と声を発するが、それに見合う美しさを備えたマットは少ない。移民二世が、あの汚いマット、とののしるにはそれだけの理由がある。

太平洋諸島の貨幣、上段左2個はクック諸島、右2個はフィジー、中段サモア独立国、下段トンガ王国

ある。ナウル共和国はオーストラリアの通貨を使用している。ミクロネシアはミクロネシア連邦にしてもパラオ共和国その他にしてもアメリカ合衆国の通貨を利用している。クック諸島は独自の通貨（特に硬貨）を発行しているものの、ニュージーランドの通貨も利用してよいこととなっており、流通している紙幣の多くはニュージーランドのものである。国家としての「体力」

6. 結　187

に欠けるから仕方ないとしているものの、それら弱小国にしても独自の通貨をもてるに越したことはないと思っているだろう。それは、国家としての威信を示したり、一国経済の境界を目に見えるものにしたりするということもあるだろうが、貨幣をやりとりすることによって、容易に「われわれ」意識を確認することのできる空間がそこに生じるということも見逃すことはできない。

　小国たりといえども国の象徴となるものが、紙幣にも硬貨にも刻印されている。パプアニューギニアのドルに相当する単位はキナ、セントに相当する単位はトーヤと呼ばれるが、白蝶貝で作られる伝統的貨幣がキナ、タカラガイの貝貨がトーヤである。フィジーの5セント硬貨には舟型の割れ目太鼓、10セント硬貨には戦闘用棍棒の姿が見える。サモア独立国の20ターラー紙幣にはタパのデザインを背景に国鳥マヌメアが描かれている。

　しかしファイン・マットの交換に関して、サモア人は、近代貨幣とは違う思い入れもある。ファイン・マットのやりとりはものの売り買いとは違う。マットを取り交わす人々は、他の何かが欲しくて交換しているのではなく、お互いを思いやってやりとりをしている、という点である。だからファイン・マットはなかなか町の市場でもやりとりが難しく、村ではトトマ（*totoma*）という形式での儀礼外のやりとりがごく最近まで続いていた。[33]

　ファイン・マットの広がりは、サモア人の思いやりの空間、サモア的モラルの続く空間である。単なるバッジとなっているだけでなく、実行に痛みの伴う営みであるから、そのアイデンティティの徴は鮮やかである。そしてまた、近代貨幣が全目的貨幣として、できるだけ意味を排除したやりとりが可能であることに意義がある——だからこそ市場交換が可能なのだ——のに対し、これらの伝統的貨幣（限定目的貨幣）は意味の束であることに意義がある。ソロモン諸島クワイオ社会にて近代貨幣と伝統貨幣であるコフという貝貨との使われ方を分析しているエイキンは、「……というのは、ドルは彼らにとって、コフのような社会的メッセージを伝えるものではないからだ。コ

---

33 トトマというのは、ありそうな家にいってファイン・マットを乞い、もらったときには礼金を渡す。第4章第3節に詳述。

188　第5章　移民と本国社会

フのような積極的なシンボリズムを欠いているばかりか、クワイオの人々は社会交換の本質とは根本的に対立するものと見なしているのである」と論じている［Akin 1999:114］。

　ニューブリテン島のトーライ社会では、もともとタブと呼ばれる自生通貨（ムシロガイに穴をあけて軸を通したもの）が存在しており、タブとキナ（近代貨幣）はそれぞれに利用される局面が異なりつつ併用されてきたが、近年州政府の実施する補完貨幣化計画の中で、タブは税金を払うときにも使用可能となり、タブの利用範囲が広がっているという［深田 2006: 293］。一種の伝統文化の見直しであり、アイデンティティの強化が視野に入っているが、この動きは、先進諸国ではごく当たり前のものとなってきた地域通貨の動きと呼応しているように筆者には思える。

　地域通貨にはさまざまな成り立ちがあり、さまざまな目的があるが、それが文字通り地域経済の活性化ということを志向しているのであれば、大きな方向性としてコミュニティ志向というものがあると考えてよい［丸山 2001］。スペイン・カタルーニャにおける地域通貨ラトロッカの活動を観察した織田の報告からは、ラトロッカに参加する人々が資本主義経済を冷たい、ととらえているのに対し、「相互扶助」を暖かいものと受けとめ、会員相互の接触に楽しみを見つけつつ参加していることがわかる［織田 2004］。中川理は、南フランスのある SEL の研究の中で、多くの地域通貨が「明らかに代替的なモラル・エコノミー」であるとし、「SEL はおもに、グローバルな資本主義による非人格的な交換の全面化に抗して、地域的な人格的交換を構築しようとする動機を持っている」［中川 2007］と述べている。地域通貨の企図はコミュニティの再生であると換言できるのであれば、貨幣はコミュニティを想像＝創造する資源であるということもできるのであろう。サモア的空間、サモア的モラル、すなわち一般的互酬性の広がる世界は、今のところサモア人の行くところ広がっていく。それはサモア人にとっての誇りであると同時に重荷でもあるのだ。

6. 結　　189

第6章

儀礼交換と称号システム
──西サモアにおける首長称号名保持者間の役割分化

1. 序

　先の章では、移民のトランスナショナルな本国との関係を主として移民の方に焦点をあてて分析した。この章では、サモア国内の都市住民と移民を合わせた近代における都市化の影響が、サモア国内の首長制（称号システム）に与えている影響を検討する。

　サモアの首長システムは合議を主体とし、第2章で分析したようにポリネシア社会ではやや異質のシステムであるために、ハワイやタヒチのような統一王朝が成立せず、かえって伝統的社会システムを根底から覆すような形での植民地化が起きなかった。耕地・宅地や名声、固有の特権・役割と結びついた首長称号名は特定のアイガに属しており、在任者が亡くなるとその中で適任者が選ばれることとなっている。村の中でマタイ（称号名保持者）は、フォノ（地縁合議体）を開き、村の自治を司る。このように、特定の土地や地縁共同体に基盤をもつのがサモアの首長システムの特徴で、個々の首長の独立性が大層高いのである。また称号名の授与が、より上位の首長により管理されているのではなく、個々の親族集団に委ねられているため、例えばより上位の首長称号名の権威に依存する上意下達式のトンガの首長システムと比べてみると中央集権化の度合が小さく、その首長称号名保持者の一定人口に対する比率は1980年代までに驚くほど高いものとなっていた[1]。今日、そ

の称号名保持者比率はさらに増加して、ほとんどの世帯が実質的には世帯主としてのマタイを持ちながら、世帯主としての機能を果たしていないマタイの若者や若い女性、そして不在マタイを抱えている。この章の主たるデータは 1980 年代に収集したものであるが、1990 年始め位までをカバーしている。その後に関するコメントも随時補足する。

　西サモア（サモア独立国）は伝統的な暮らしを多分に残している。伝統的大家族の生活や、タロイモ、タームーイモ[2]、バナナ等の自家消費用の根栽作物をつくるサブシステンス経済や、伝統的演説、敬語、礼儀作法等を日常的に実践しているのである。とはいえ独立を境として、それ以前から生じていた市場経済の導入をはじめとするさまざまな近代化は加速度を増してきている。この流れは、1990 年代に始まるツーリズムの振興策によってさらにスピードアップしている。現金収入獲得は今世紀になってから政府が力を入れている政策である。

　さて近代化そのものの首長システムへの影響は計り知れないものがあるが、とりあえずここでは都市化という現象に焦点を絞り、これが与える首長システムへの影響を考察の対象としたい。アピア[3]という首都の肥大化、盛んになる海外への出稼ぎや移住等の人口移動、すなわち都市化の波の中で、村では過疎化、また村に住まないマタイの増加、称号分割[4]の急増といった社会問題

1　トンガでは 19 世紀半ばの 20,000 人から今日の 90,000 人に人口が増加しているものの、近代王権が築かれてからは中央で称号授与が管理されており、新体制で貴族となった旧首長の称号名保持者は 40 名たらずしかいない [Marcus 1980: 119]。一方の西サモアでは 1904 年には総人口の 7 パーセントがマタイであった [Pitt 1970: 69] が、近年次第に増えて 1983 年には人口（1981 年センサス 約 15.6 万人）の 8.3 パーセント、称号名の延べ実数の 9.7 パーセントとなっている [Western Samoa Government 1983: 87]。

2　アロカシア系のイモ。1 メートル位に育つので 1 本あれば大勢食べられるイモだが、外皮付近に毒があり調理が難しい。

3　アピアは伝統的な村であったが、ツムアやラウムア、プレ（*pule* サヴァイイ島の地方首村）など、地方の政治的中心となる村ではなかった。ただし、ウポル島北岸の中央にあり、船の寄港に適した大きな湾を望む村で、また山が海岸に迫る火山島ウポルの中ではここだけ平野となっていた。これら諸条件から、19 世紀に白人のトレーダーがここに集まって住むようになり、外国人コミュニティが形成された。それ以後、植民地時代にもここに政府が置かれ、現在に到っている。

が多く進行しているが、それが首長システムにどのような変容をもたらしているのだろうか。これこそが、この章のテーマである。

2. 理念的なサモア首長システム

西サモアの人々はしばしば、この国はキリスト教の神（*atua*、アツア）と称号名保持者（マタイ）とサモアの習慣（*fa'aSāmoa*、ファアサモア）によって成り立つと説明する。キリスト教は 1830 年に宣教師によって伝えられたものであるが、人々にとってこれはもはや生活に欠かせなくなっている。教会に行かないサモア人はいても、キリスト教信者でないと自認するサモア人はほとんどいない。キリスト教の説く隣人愛の精神や平和主義こそはサモア社会を維持していく上で今では欠かせない、と知識人が主張する一方で、人々は教会行事の遂行や信仰の証としての教会建設に情熱を燃やしている。[5]

同様に首長制（マタイ・システム）はサモア人にとって重要な社会制度である。大家族の各々は個々のマタイ——首長称号名保持者は世帯のなかでは家長として世帯の運営にあたる——によって律せられ、マタイがその称号名の役割をもって形成するフォノが村や地方を統治する。サモア人にとってマタイ・システムは、いにしえより連綿と続く祖先の叡知である。この伝統的システムによりサモアの社会は成り立っており、これこそは不変のシステムであると人々は思っているのだが、これはまた村で伝統的生活をおくる一般の人から代議士・政府高官に至るまで、ほぼすべてのサモア人に共通した考えなのである。[6]

しかし、人々の抱く不変のマタイ・システムというイメージにも拘わらず、

---

4 title split の訳語として、主として歴史的なものを扱う第 2 章では「称号分裂」としているが、この章では現代の現象が主となるため「称号分割」としている。詳細は、第 2 章注 9 参照。

5 第 3 章に詳述。

6 ただし 2000 年頃から人々の意識としてマタイ制度の変容が意識されるようになったし、21 世紀の現在ではマタイ制度の変化を述べることはタブーではない。So'o, Asofou ed. *Changes in the Matai system*, 2007 は、著名なサモア人たちが多く名を連ねる論文集である。

このシステムは実際には、19世紀前半からの西欧社会との接触を通じて多くの変更を蒙ってきたようである。例えば、1934年に『現代サモア』を書いたキージングは、以下のように書いている。

> プレ（*pule* 権力）の上位の称号名は利用されなくなるが、（誰が継承するかについて）議論がまとまらない。地域のマタイたち——すなわちその家族の長であり、家族の土地と名誉の管理者であるが——が今日重要なユニットを形成している。支配者を務める称号名保持者は今日でも儀礼的な認知を受けているが、その機能的な重要性が失われつつある。高い称号名を分割してしまったので、1人の人に与えられていた時代からみれば、その権威は薄まってしまったし、その称号名をもつ全員が権威を分け合っているとしても、称号分割のプロセスが続く限り、大勢の称号名保持者たちは、ますます重要性を失いつつある [Keesing 1934: 247]。

　既にこの時代に、西サモアでは称号名保持者が増加し、高位称号名が大きな統合を導く要として機能しにくくなっており、また称号名間の格の差は縮小しつつある、と記している [Keesing 1934: 246-256]。19世紀終わり頃には、現金や工業製品の木綿布が交換財のカテゴリーの中に取り込まれ [Stair 1983 (1897):173; Krämer 1994 (1902) vol.2: 98; Mead 1969 (1930): 74 等]、また第一次大戦以前から、大工に家を建ててもらう儀礼の祝宴には塩漬け肉の樽——今日ではブタと同じカテゴリーにはいる贈与財となっている——を欠かすことができず、これを調達するために現金が必要となる [Handy and Handy 1924: 16-17]。以上の変容については第4章で検討した通りである。市場経済は結構早くからこの社会に入り込んでいったとみられる。その意味で、人類学者の記述するマタイ・システムは、全く無垢のままの土着システムではない。[7]

7　ここで〈土着〉と〈伝統〉という2つの用語を明確に区別して定義しておこう。〈土着的〉とは既に失われてしまったものも含めて、もともと（西欧との）文化接触以前に固有にもっていた言語・文化・社会システム等に関して学術的に用いる用語である。一方、〈伝統的〉という用語は文化接触や変容を経てから、（たとえ大きな変化を蒙っていても）現地の人々が、それが古くから存在すると主観的に見なしている言語・文

さてここでは、人々の心に思い描くマタイ・システムのモデルとなって
いる、20世紀前半までの伝統的マタイ・システムの概略を説明しておこう。
かつてマタイはアイガ構成員の生殺与奪の権を握っていたといわれるが、今
世紀に入ってからのマタイにはそのような強権はなかった［Mead 1943 (1928):
216］し、また現金経済は少しずつ人々の生活に入りこんでいた。しかしな
がら、今日のように各アイガに給与所得者が何名もいるということもないし、
またニュージーランドやハワイへ出稼ぎにいったアイガ構成員が送金してく
れるということもなかったから、アイガ構成員の労働力を統制することはマ
タイにとって重要な仕事だった。そんな時代のマタイ・システム、今日のサ
モア人がマタイ・システムと聞いて思い描くようなマタイ・システムについ
て書いてみよう。

　マタイ・システムは、親族システムであるアイガ・システムと無縁ではな
い。アイガは、メンバーの間に権利の違いはあれ、母方・父方いずれかに血
縁を辿ることのできる人なら誰でも加わることができるために、結果的には
選系的に構成される在住メンバーとアイガの土地の外に住む潜在的なメンバ
ーの両方を含む緩い親族集団である。重複を許すメンバーシップのため、個
人から見れば複数のアイガに帰属することになるが、居住していないアイガ
との絆を保つ交際（儀礼交換など）がないと世代を経るにしたがって忘れら
れていく。アイガと呼ばれる集団は、複合世帯から一地方を覆う大きな集団
——この位の規模になると集団というよりはカテゴリーである——までさま
ざまなレベルを含んでいるが、ここで問題とするのは、特定の村をベースと
して宅地・耕地及び称号名を有し、永続して存在するアイガ、すなわち、い
くつもの世帯——これもアイガと呼ばれる——を含む一族郎党としてのアウ
アイガである。

　第2章では称号名保持者の、もっぱらアイガ外での活動中心であったが、
この章ではアイガ内での活動となる。称号名は固有の名前であり、代々そ
のアイガに伝えられる性格のものである。称号名を保持する人がマタイであ
り、アイガ経営のリーダーとなると共に、アイガの外部に対してアイガを代

化・社会システム等に対して用いよう。

表する立場をとる。称号名には種々の義務や特権が結びついており、この称号名の継承者は前任者と同じ義務や特権をもつ存在とみなされる。かくして組織体の永続性が確保されているのである。称号名には、名の由来を説く秘密の伝承があり、その正統性を示すものとしてアイガ内に語り伝えられている。その一方で、村や地方の地縁組織のもつ称号名の構造の中で各称号名は一定の位置を占めるが、これは第2章で詳述した通りである。それによってマタイ・システムは集権的ではないが、アイガの外側からある種の社会的コントロールも受けるようになっている。ただし土地称号委員会（後の土地称号裁判所）は称号名の登記や裁判を行っており、1900年ドイツ政府によって始まった中央政府による統制的機能はもはや伝統的システムに織り込み済となっている。

　さて、こうしたアイガはアイガのリーダーとなる称号名に Sā をつけて、例えばロト（Loto）という称号名のマタイに率いられるアイガの場合はサー・ロトー（Sā Lotō）と呼びならわされるのである。この時サー・ロトーは、ロトの配下でまた幾つかの称号名をもつアウアイガ形式をとるアイガのこともあるし、アイガの中にマタイはロトしかいない小規模アイガのこともある。いずれの場合にも、各マタイは、各々のリーダーシップのもとに拡大家族的な大世帯——その人員構成は親子、キョウダイ、イトコなど選系的に共通の先祖をもつ人々に配偶者及び子どもたちを加えたものである——を営むのである。今日ではそれは20人程度であることが多いが、かつてはもっと大人数を含むものであったはずで、ターナーによれば50人を上回ることすらあったらしい[Turner 1984 (1884): 173]。

8　伝統的な土地制度との関わりで、称号システムの重要性を認識したドイツ植民地政府は土地称号委員会を設置した。その主たる機能は、称号名保持者をある種の規制の中で登記させることと、称号の継承と土地所有を巡る係争の判決を行うことで、より直接的な介入を行うことであった。この制度はニュージーランドの行政府にも継承され、1937年には、土地称号裁判所となり、さらに独立した西サモア（サモア独立国）によっても継承された。同様の土地・称号のコントロールはアメリカ領サモアの植民地政府によっても行われ、自治政府によって継承されて現在に至っている。

9　1920年代頃からニュージーランド植民地政府の政策により、マタイ称号名をもたない中年既婚男子はマタイの直接的支配を逃れて、村の宅地ではなく耕作地に一家を構え

マタイのアイガ内での役割は、アイガで暮らす人々の労働および資源、作物を管理し、采配をふるうことである。アイガ構成員は老いも若きも、多くはマタイの指示に従って、またときには自発的に、できる範囲でアイガに貢献するのが原則である。アイガ構成員はマタイの指示どおりに行動している限りにおいては、この〈共同体〉を追い出されることはなく、したがって寝食をおびやかされることはない。マタイは寝たきり老人、身体障がい者など我々の社会で福祉がカバーしている人々までをも引き受けるのである。

　アイガの大家族的共同生活を維持するためにマタイに委ねられているのは、単に経営者としての管理運営業務の計画をたてることだけではなく、むしろ細かい行動を指示することである。サモアの若い人々というのは、マタイの手足となっていちいち命令に従って働くために、自主的に行動することが少ないし、またそういう能力を訓練されてもいない。称号名を授与される以前の若者は徹底してマタイの指示に従って行動すべきだ、またそうでない行動などとれるはずがないと人々は考えている。マタイになってこそ人間は一人前であるが、それ以前は子どもなのだ。したがって若者のモラルに関してもマタイは監視の目を光らせなくてはならない。夜這いになど行ったり、盗みを働いたりしてアイガの名を貶めないようにし、しっかり監督するのはマタイの仕事の一部である［山本真鳥　1986: 127-129］。

　そうしたアイガ内部の統制に加えて、マタイは村や地方の地縁合議体の集会（フォノ）や儀礼などにおいてアイガの代表としての役割を果たす必要がある。単に出席するだけの場合もあるが、演説、カヴァ飲用、食物や交換財の分配など、その称号名に定められた任務をそれぞれの政治儀礼的場面にて遂行するのは、マタイの重要な役割のひとつである。

　さらに、さまざまな儀礼の場において儀礼交換を処理していくのは、20世紀前半においてどうであったかを細かに文献によって追跡することができないものの、少なくとも今日ではアイガの重要な役割となっている。筆者は、

て半独立の経営体を営むことが多くなってきた［Keesing 1934: 271-277］。彼らは、直接マタイの支配下にある代わり、特定マタイにタウツア（*tautua* 奉仕）をする義務をもつ。即ちそのマタイの求めに応じて財を供出したり、スアという儀礼的な食物の捧げ物を彼に対して行ったりしなければならない。

2.　理念的なサモア首長システム　　197

サモアの儀礼交換の研究を通じて、非常に格の高い首長称号名保持者に関して、かつて再分配で財が収集された可能性を示唆している（第3章第6節）が、今日では儀礼交換の財の集積に関して、これらの格の高い首長称号名保持者を含め、親族間の互酬的な交換で集めるのがもっぱらとなっている。そしてそれらの儀礼がかつてはごく格の高い首長に限られていたにも拘わらず、現在では庶民である普通のマタイにまでも拡大されてきたと考えている。ひと月に何回か、場合によっては1週間に1〜2回もある儀礼交換のために、ブタや現金、ファイン・マットなどを探す仕事は、少なくとも今日のマタイの、大変だけれども重要な仕事のひとつとなっている。

　さて、このような役割を果たしているマタイはどのようにして選ばれるのであろうか。サモアの首長称号名継承が、トンガのように長男から長男へと、あるいは東ポリネシアのように男女を問わず長子から長子へと自動的に伝えられるものでないことは、初期の研究者の記述でもしばしば注目されている。次に誰がマタイとなるかは、アイガに血縁を辿ることのできる人全て（アイガから婚出してしまった人の子孫も含めて）の参加する集まりで、全員の合意の下に選ぶこととなっている。今日と比べた時、かつてはタマタネ（*tamatāne* 父系的メンバー：字義通りには男性の子孫）が、ほぼ独占的に称号名へ接近することが可能で、タマファフィネ（*tamafafine* 女性メンバーの子孫。二次的にマタイになる権利をもつ）にあまりチャンスはないといった違いがみられるようである。1920年代にマヌア諸島で調査をしたミードは、タマタネの主導的権利に対して、タマファフィネは拒否権をもつと述べている［Mead 1969 (1930): 18］し、ドイツ領サモアの初代高裁長官を務めたシュルツもタマファフィネに順番が廻ってくるのは、タマタネに適任者がいなかった時だけであるとしている［Schultz 1911: 51］。しかし、タマタネの仲間内でだれが称号名を得るのかといった順位は、どうもかつてより一義的には決まっていなかったらしい。19世紀に活躍した宣教師ターナーは「息子が継ぐかもしれないが、叔父や従兄弟や、時には全くの他人に与えられることもある」［Turner 1984 (1884): 173］と記している。

　またシュルツによれば、長男が継承すると決まったわけでもなく、父の称号名を息子が継ぐとも限らず、死者の弟が継ぐこともあり、さらにその次の

代には叔父から甥へ渡されることもあったようである。先代のマタイは、これと思う若者に継承させたいという意志を表明することはできるが、いつもその遺言（*māvaega* マーヴァエガ）が聞き届けられるとは限らない。アイガの集まりはその遺言を参考にするが、異なる決定を下すこともできるのである。また場合によっては養子に称号名が与えられるという［Schultz 1911: 53］。

　このようなマタイ選出に関する柔軟性は、サモアの首長システムの大きな特長であり、これゆえに、世界中で同時進行している民主化の流れの中でこのような〈封建的〉システムが生き残ることができたといっても過言ではない。西サモア独立に際してサモア人代表は、これは我々の文化であり我々のやり方なのだと主張し、J・デイヴィドソン［Davidson 1967］やキージングら［Keesing & Keesing 1956］の学者たちもそれをサポートした。それから20年以上を経たのちのインタビューで政治リーダーたちも、このシステムがサモア文化のコンテクストにおける民主主義であることを強調していた。すなわちマタイ・システムは、継承方法の硬直化による愚かなリーダーを奉る必要がなかったし、またマタイ選出方法の民主性、つまり家族の中から管財人（trustee）としての代表を選び、代表がその上の政治組織の節目毎に代表を選んでいくのだという、一種の代表制システムであることを主張することにより、システム自体を現代に適応させることができたのである。

　そして恐らくはこの見解のせいで今日のマタイ選出方法も民主化をさらに倍増させた形へと変容してきているように思える。今日、土地称号裁判所でマタイ継承をめぐる裁判の大まかなガイドラインとなっているのは、第二次大戦後間もなくより10数年同裁判所で長官を務めたマーサックの『覚書』［Marsack 1961］である。これによれば、20世紀初頭のタマタネとタマファフィネの権利上の相違はフィリフィリガ（*filifiliga* 称号名の継承ラインに近い人々）とタウプレガ（*tāupulega* 称号名の継承ラインから遠い人々）に置き換えられている［Marsack 1961: 6］し、女性の称号名保持も法廷はこれを妨げな

10　しかしながら、マーサックは明確にフィリフィリガとタウプレガを区別することは難しいとして確言を避けている。もともとタマタネとタマファフィネの区別は血縁関係によって称号継承の順位を定めたルールであるが、フィリフィリガは継承ラインに近

いとしている。実際に今日の法廷では、タマタネ／タマファフィネの法的権
利上の区別は行わないとのことである［1978年頃同裁判所の登記官（レジスト
ラー）であったツイレツフガ・エネレー氏との談話］。つまりは伝統的規範にお
ける男／女の法的権利上の差異を現在ではなくすようにしているということ
だ。

　それでは実際に、マタイ選出の際のガイドラインとは何であろうか。

1. 血縁関係は尊重されるが、既に論じたように柔軟性が高い。女性メ
ンバーの夫や養子にも称号名が与えられることがあるが、「家族内で
意見が一致していない場合、また裁判所が継承者を指名する場合に、
他にアイガ本来のメンバーでふさわしい候補者がいる場合、裁判所
がファイアヴァー（*faiavā* 女性メンバーの夫）を指名することはない」
［Marsack 1961: 11］。

2. 多面的な意味での奉仕（タウツア）があり得る。まずは、先代マタ
イに対してどれだけ奉仕をしたか。奉仕にはさまざまなやり方があ
るが、マタイが村の行事などで必要な食物を調達するのに協力した
り、日常的にマタイにふさわしい食物の届物をしたり、教会に献金
したり、マタイの命令に従って農作業をしたり等々が挙げられる。
また村や地方などの地域に対しての奉仕もこれに含まれている。伝
統的にそうした奉仕は、村に住み込んで行われる性格のものであり、
またマタイ就任後も引き続き村に住んで、アイガの面倒をみること
が前提となっている［Marsack 1961: 12-13］。

3. 称号への全般的な適性も重要である。マタイとなる人は、そのアイ
ガの歴史や伝承、系譜等の知識に秀で、かつ演説や儀礼などサモア
固有の習慣に長じている必要がある。また彼がマタイとなったため

い人、タウプレガは遠い人、というのは同義反復に過ぎず、裁判所のガイドラインの
覚書としては余りに曖昧であるといわざるを得ない。しかしそれは、血縁よりも奉仕
が重視されるようになった傾向を物語っており、また男性の子孫が女性の子孫かが称
号に対する権利を区別するメルクマールとなりにくくなっていることを示している、
と解釈してよいと筆者は考えている。

200　　第6章　儀礼交換と称号システム

にアイガ内に争いが多発するようではいけないし、村の他のマタイたちからも反感をかうことのないような、温厚かつ尊重される人柄でなくてはならない［Marsack 1961: 13］。

4. 先代マタイの遺言は、家族が決定する際に大いに影響するが、それで決まるというわけではない［Marsack 1961: 13-14］。

　以上は、称号名の継承に関してアイガ内に争いがおこった時に、裁判所がいかなる人物に称号名を授与するかというガイドラインであるが、もしもアイガ内での合意が得られた時には、この範囲外のこともありうる。しばしばアイガの血縁者を通り越して、養子や婚入者に対して称号名授与が行われるし、また合意さえ成立すれば、それは全く赤の他人に対してでも構わないのである。近年特にしばしば、仲良くなった外国人に敬意を表して、ないしは何らかの（例えば一方的に与えられた金品に対する）お礼として称号名を授けることがある。土地称号裁判所では外国人が称号名を保持することを認めていないので[11]、正式な登記をすることはできないし、耕地や宅地の使用を行うこともまずないので、これは実質的価値のない名誉称号的なものに過ぎない。もともとスアファ（*suafa*）称号（土地所有をともない、アイガが称号授与の権利をもつ称号。称号名保持者はマタイと呼ばれる）とは別に、アオ（*ao*）と呼ばれる形式の称号があるが、これなど土地所有を伴わず名誉だけあるというもので、外国人に贈られたスアファ称号はこのアオ称号に相当する性格をもつ。しかし、同じサモア人同士でも、村に教会を建ててくれた血縁のない大工にお礼で授与した（実際には礼金が充分用意できなかったからその代わりだ、という陰口もあった）ケースも耳にした[12]。このように広い範囲における称号名授

11　マタイ登記は、現代の婚姻を行政が管理するのと同種の、政府によるコントロールである。婚姻が政府に届けられていなくても、結婚式を挙げた男女や共に長く棲んでいるカップルを人々はしばしば夫婦であるとみなすが、それと同様に登記がなされていなくてもサオファイ（*saofaʻi*）と呼ばれるマタイ就任式を行っていれば、人々はマタイであると認識してくれるのである。しかし、内縁の妻が受ける法的保護はある程度あるのに、登記されていない称号保持者のうける法的保護はほとんどない。

12　この場合は、大工のマタイは称号名を得た遠隔地の村で、山側の未開拓地を開墾して商業的プランテーションを作ったり、万屋の店舗を設けるなどの開発を行っている。

2.　理念的なサモア首長システム　　201

与は、最近頻発しているとはいえ、伝統の延長線上にあることに注目すべきである。

3. 西サモア（サモア独立国）の都市化

さて、称号分割と最近の不在マタイの急増という事態についての具体的ケースに入る前に、西サモアの都市化の概略を述べておこう。

サモアには、伝統的に村の連合としての地方の中心となる格の高い村（首村）が存在する。例えばウポル島は東西に３つの大地方に分かれているが、その東側の３分の１を占めるアツア（Atua）地方の首村はルフィルフィ（Lufilufi）村であり、西側のアアナ（A'ana）地方の首村はレウルモエガ（Leulumoega）村である。中央のツアマサガ（Tuamasaga）地方にはマリエ（Malie）村とアフェガ（Afega）村の２つの首村が、この地方の中心として互いに相互補完的役割を果たしている。

しかし、現在の首都アピアはそのような伝統的中心とはかかわりなく、むしろ東西に延びたウポル島の北岸中央にあり、船舶用の湾をもち、西サモアで唯一の平野部にあるという地形的条件から、商業を目的として19世紀の半ばに西欧人がつくった町なのである。コプラ買付けや見返りとしての商品を売るために、西サモア内はもちろんのことクック諸島やエリス諸島（現ツバル）まで行くコプラ・スクーナーの基地として大いに栄えた。19世紀の終わりからは、アピアは商業の中心であるばかりでなく、常に西サモアの植民地政府が置かれていたところであった。要するにアピアはおよそ伝統文化の対極に位置する町であり、サモアの近代化をリードする先駆けを務めてきたのである。

そうした西サモア唯一の都市であるアピアは、かつてはもっぱら白人や白人と結婚したサモア女性、そしてその子どもたち等の住む商業の町で、政府に勤めたり白人の家のメードや下男を勤める若干を除く普通のサモア人にとっては、役所に出頭したり、買物をしたりするときだけ来るところであった。しかしいつの頃からか、現金収入や教育、生活水準の向上を求めて、また西欧文化に憧れて村を離れて住むサモア人もでてくるようになった。

202　第６章　儀礼交換と称号システム

アピアに住むということは、宅地を買ったり、借地したり、あるいは借家することである。自給自足的なタロイモ、バナナなどの栽培に食物を頼ることは用地の確保の問題からまず難しく、また用地がある時も家人がみな職業に就いていたりして、現金収入依存型の生活を営むケースがほとんどである。都市の生活はそれなりに難しいことも多いのに、人々がその自由さや娯楽、活気に憧れるのはいずこも同じで、アピア都市化地域——この統計に用いられているのは、ヴァイシガノ（Vaisigano）西区とファレアタ（Faleata）東区の両選挙区を併せた範囲である——の人口も間断なく増加しつつある。アピア都市化地域はかつて白人の住む居留地のようなところであった。この地域の人口集中は、1956年で18.7%であり、漸次増加して1981年頃には、21.2%になっていた。現在でもその割合はさほど増えてはいない。その代わり、モータリゼーションの普及などのおかげで、都市化は従来のアピア都市化地域を越えて広がっている。アピアの後背の斜面も宅地開発が著しい。1990年までには、道路の建設に加えバス交通網の発達が著しく、特にアピアから北岸を西へいくルート沿いの村々はベッド・タウン化している。その意味ではアピア首都圏の人口集中のスピードは弱まってはいるものの、アピア首都圏は実質的にさらに拡大しているということもできるだろう。

　さてそうした西サモア（サモア独立国）国内の都市化に加えて、さらに国際的規模での都市化がある。既に前章においては具体的数値などを挙げて検討してあるが、出稼ぎを含む移住・移民の流れである。西サモア人のニュージーランド移住は第二次大戦後に飛躍的に増大した。表5-1（前章）は、ニュージーランド政府の国勢調査に表れたニュージーランド在住サモア人の統計である。1991年センサスによれば、西サモア国内の161,298人に対して、ニュージーランドにその3分の1以上にあたる85,743人のサモア人が居住している。一方のアメリカ領サモアは、住民が合衆国国民として合衆国に自

13　アピア都市化地域の定義は、政府部内でも役所によって微妙に異なる。これは選挙区
　　としてのアピア都市化地域である。

14　ちなみに、2011年のサモア独立国の人口187,820人に対し、2013年のニュージーラン
　　ド在住サモア人は、144,141人となっている。

15　合衆国国民（U.S. National）は合衆国市民（U.S. Citizen）と異なり、選挙権をもたな

3．西サモア（サモア独立国）の都市化　　203

由に出入りできるため、西サモア人のニュージーランド移住よりさらに進んだ都市化の状況を呈している。1980 年のセンサスによれば人口約 42,000 人が合衆国国内に住む［Franco 1987: 5］。一方でこの年のアメリカ領サモアの人口は 32,000 である[16]。

　さてこのような急激な移民の増加が社会にもたらす影響は、もちろん計り知れないものがあり、マタイ・システムの変容とどう関わるかが本章に与えられた課題である訳だが、ここにひとつだけ、海外移民の送金のデータを示しておこう。表6-1 は、西サモアの輸出入と私的送金の総額が示されている。全体に額が飛躍的に大きくなっていくが、それは 79 年以降の漸次的外貨切り下げによるところが大きく、80 年から 84 年にかけての切り下げ率は 86％にも及ぶ程である［山本泰 1987: 314］。しかしそれを差し引いてもなお送金額は相当増えているし、驚くほどの入超が続く中での西サモアの経済の悪化とも関連して、1970 年代後半を境として送金が輸出額を凌駕する程に増加していることは注目しておきたい。

　西サモアの識者はしばしばこうした状況について、「我々は何も輸出するものを持たないから人を輸出している。親は子どもを輸出して代わりに送金してもらうのだ」と自嘲しながらいっていた。実際、海外に住む兄弟姉妹や子どもをもたない世帯はほとんどなく、またそうした人々からの送金なしで暮らしの成り立っていることも少ないのである。日常的な暮らしにおいて海外からの送金に頼ることはあまりないが、しかし、儀礼交換や教会行事に際しては手紙を書いて送金を頼むことがしばしばである。また、クリスマスやホワイト・サンデーなどの行事に際しては移民の側から自発的に送金することも多いし、家を建てるなどの物入りにも送金は付き物である。また西サモアに居住する親戚を招いたり、訪問してくる親戚の滞在中の費用からお土産まで面倒をみたり、帰国に際して近親者への金を託したり、と統計に表れない援助も相当ありそうだ。

　　いが、合衆国のパスポートを支給されて国内を自由に移動することができる。

16　2010 年センサスで合衆国では 110,000 人が単一でサモア人を、総計 184,400 人が、他のエスニシティとの混合でサモア人を申告する一方、アメリカ領サモアの総人口は 55,500 人となっている。

表 6-1　サモア国収支（単位 100 万ターラー）

	1970	1974	1980	1884	1994	1998	2000	2002
収支総計					-48.41	-22.12	-19.94	-64.38
物品・サービス 収入・計					-132.24	-132.02	-169.19	-252.44
1. 貿易・計	-6.4	-9.7	-41.0	-66.0	-194.04	-230.15	-303.89	-407.94
輸出, fob	3.4	7.8	16.2	34.8	8.92	55.52	44.80	46.29
輸入, cif	-9.8	-17.5	-57.2	-100.8	-202.96	-285.67	-348.69	-454.23
2. サービス・収入・計					61.80	98.13	134.70	155.50
a) 旅行合計					49.95	104.77	127.52	143.63
b) 投資収入・計					-3.67	5.06	0.06	-9.46
c) 他のサービス					15.52	-11.70	7.12	21.33
B. 民間送金・計	2.0	5.9	17.2	41.0	83.83	109.90	149.25	188.06

［Western Samoa Government, Department of Economic Development 1975, 1984; Samoa Central Bank 1999; 2004］

それでは、マタイ・システムの変容の問題に再び入ろう。

4. 称号分割と不在マタイの増加

さて、伝統的にサモアにはマタイを広い範囲から補充することが可能であったことを前々節において検討したが、ここではさらに称号分割という、マタイの数を増やしていくサモアの首長システムに固有のメカニズムについて考察してみよう。

長い論争や議論の果てに普通選挙が導入された 1990 年に至るまで、西サモアはマタイのみが国会への代表をおくる選挙・被選挙権をもつという現代では珍しい制度を維持していた。これは国連信託統治領から独立する際に、伝統的慣習と現代世界で常識となっている「民主主義」との妥協の産物であった。[17] しかし一方この制度を逆手にとって、アイガ内において、アイガの合意を楯にマタイの称号名授与をどんどん行い、マタイの数を増やすことによ

って選挙に勝利をおさめるという手法が横行するようになった。最も有名な
のは、ヴァイシガノ第一（Vaisigano no.1）選挙区であるが、1964 年の選挙で
は投票数が 108 であるのに対し、3 年後の 1967 年には 1295 に急増しており、
相当数の人々が選挙のためにマタイの位に就いたことを示している［Tiffany,
S. 1975b］。[18]

　マタイを増やす際に、アイガ内で空位となっている称号名を探し出すこと
もあるが、それ以外にしばしば行われたのは、称号分割（title splitting）とい
う方法である。[19]称号分割とは、本来ひとつの称号名に就くマタイはひとりし
か存在しないはずであるのに、アイガ内での意思統一が図りにくい等の理由
から、2 人以上に同一の称号名を与えることである。これは独立前より行わ
れていた。マーサックは次のように述べている。

　　　1957 年 7 月に公表されたマタイ登記簿によれば、例えばサパパリイ
　　（Sapapali‘i）村には 21 人のパパリイ（Papali‘i）称号名保持者が、またサ
　　ツパイテア（Satupa‘itea）村には 20 人のアシアタ（Asiata）称号名保持者
　　が、またサラニ（Salani）村には 17 人のフイマオノ（Fuimaono）称号名
　　係持者がいる。この習慣は広範囲に行われており、事実、西サモアのど
　　の村にも見出すことができる。
　　　特定称号名への複数の指名が家族の繁栄に何らかのかたちで関係する
　　どころか、ファイプレ（*faipule*、国会議員）選挙の有権者数を増加させ

17　投票制度は、称号保持者の間で複数候補者から代表者を選ぶために行われるもので、
　　独立準備中だった 1954 年にニュージーランド政府によって導入された［Davidson
　　1967: 321］。

18　この目的での大量称号授与は社会問題として議会でも取り上げられるようになり、
　　1969 年にはマタイ制度を乱用から守るために、選挙法の改正が行われている。多数
　　のマタイ・パロタ（*matai palota* 選挙マタイ、選挙のためだけ任命されたマタイ）は、
　　1973 年の選挙前に土地称号裁判所の登記官により称号名を剥奪された。その後も数
　　回登記官による剥奪が行われている。

19　土地称号裁判所が設置されて以来、新しい称号名を作るということは不可能──ある
　　いはかなり難しくなった。というのは、裁判所は既に存在していた称号名を授与する
　　ことにしか同意しないからである。ある意味で、称号分割だけが、人口増にともない
　　増加する称号保持候補者のために称号を探す主たる手段となっているのである。

206　第 6 章　儀礼交換と称号システム

るため以外の何ものでもないケースもある。そしてそれは村のマタイたちの集まりからの要請であることも多いのだ[20][Marsack 1961: 6]。

　この時代から既に、選挙対策としての称号分割が行われていたことが伺えて興味深いが、一方称号分割は決して新しい発明ではなく、古くから行われている正統なるサモアの習慣であることにも注目しておかなくてはならない。キージングは 1934 年に既に、この称号分割がしばしば行われるようになっていることに注目し、無闇な称号分割に警告を発している[21][Keesing 1934: 245-246]。

　西サモアの村でフィールドワークをすると、村の最高位アリイ（*ali'i sili*、アリイ・シリ）がしばしばひとりではないことに驚かされる。まずアイガ全体はその最高位首長の称号名を頭とするいくつかの分枝に分かれていることが多い。これら分枝はイツー・パエパエ（*itū paepae*）——もしくはフアイファレ（*fuaifale*）[22]——と呼ばれている。それらは、決して最近の選挙制度によ

20　称号分割は、サモアでは古くから実施されてきたにも拘わらず、アメリカ領サモアではアイガの分枝間の葛藤を解消するための方策となっていないが、それは、アメリカ領サモアの高等裁判所が称号名継承の係争を解決する手段として、称号分割を用いることをよしとしていないからである［Keesing 1934: 245-46; Tiffany, W., 1975: 88-89］。非正規の称号名生成が行われていることが伺われるが、マタイの階層制度は西サモアよりもよく維持されている。アメリカ領サモア人の多くやアメリカ領サモア在住の西サモア出身者の多くが西サモアの称号名を保持していることも事実であるが、それはアメリカ領サモアの称号名が得にくいということも理由のひとつである。

21　称号の格式・価値は、確かに貨幣と同じく稀少性に負うところが大きい。従って無闇に称号授与を多発することは、インフレと同じく称号の威信の低下という危険を招く恐れがあるという主張は正しい。とはいえ、称号の数が今世紀初めより急激に増加していることは確かだが、人口も同時期には急増しているのである。総人口に対するマタイ数の比率は、1904 年より 1980 年まで 7 から 9 パーセントの間を動いており、それ以後はやや上昇気味ではあるが、1988 年 2 月の選挙時でも、10 パーセントを少しばかりこえた程度である。もっとも、1978 年と 1982 年の総人口に対する称号保持者の比率は、10.4 と 12.0 である［Pitt 1970: 69; Western Samoa Government, Department of Statistics 1980; Samoa Times 1988］。なお、2011 年センサスによれば、国内のマタイ数はのべ 16,787 人で、総人口 187,811 から見て、8.9% 程度である［Samoa Statistic Bureau website］。

4.　称号分割と不在マタイの増加　　207

り増加させられたものではなく、かなり昔から存在していたようである。

例えば、クレーマーの系譜によれば、アアナ（A'ana）地方のサーツアラ一族の初代アイオノ（Aiono）称号名の保持者とみなされるアイオノレヴァヴェ（Aionolevave）には3人の妻がいて、その最初の結婚、すなわちアミツアナイ（Amituana'i）の娘のイリガノア（Iliganoa）からは、ツアラ（Tuala）とツアイファイヴァ（Tuaifaiva）の2人の息子を、またレウルモエガ村のアリピア（Alipia）の娘トギトト（Togitoto）からはスアマタイア（Su'amatai'a）を、さらにおなじレウルモエガ村のオゴタイ（Ogatai）の娘フィリツア（Filitua）からはアイオノフィナイ（Aionofina'i）を得たとの記事がみえる［Krämer 1994 (1902) vol.1: Band l: 236］。これらの分枝がアイオノ一族の第2世代に始まったと結論づけるのはあまりにナイーブかもしれないが、この資料を見る限り、アイガ、サー・アイオノーの分枝が生成したのが古いことであることはいえる。今日サーツアラ一族のレアウペペ（Leaupepe）とアイオノの2称号名を最高位首長と仰ぐファシトオウタ（Fasito'outa）村において、アイオノ一族の中にはアイオノ・ツアラ、アイオノ・スアマタイア、アイオノ・フィナイの3つの分枝があることが確認されているが、先のクレーマーの系譜と合わせ考えれば、これら分枝の生成が古いものであることは確かだ。

また、アツア（Atua）地方のソロソロ（Solosolo）村についてみれば、レオタ（Leota）称号名に関して、4つの分枝があることはロンドン伝道協会作成のファアルペガ集で確認することができる[23]［Congregation Christian Church of Samoa 1978: 141］。ファアルペガでは、分枝について言及することは少ないが、レオタ・レウルアイアリイ（Leota Leulua'iali'i）、レオタ・セイウリ（Leota Seiuli）、レオタ・トオマタ（Leota To'omata）、レオタ・レムス（Leota Lemusu）の4つの分枝がファアルペガの中に明記されているということは、この分枝がかなり古いことを示しているのかもしれない。

これらイツー・パエパエ（ないしはそれより下位のフアイファレ）と呼ばれる分枝レベルの称号分割は、各々の称号名が主権（*pule* プレ）をもつ宅地・

---

22 イツー・パエパエもフアイファレもアイガの分枝であるが、イツー・パエパエの方が独立性が高く、互いに相手の分枝内の意志決定に意義をとなえる余地はない。

23 ファアルペガについては、第2章第4節や注6を参照。

208　第6章　儀礼交換と称号システム

表6-2　サマメア村とファガファウ村の在地並びに不在 matai 数の移動

		総人口	在地 matai	不在 matai	(＃1, ＃2)
サマメア村（ウポル島）	1965	135	5	5	(5, 0)
	1980	95	7	13	(11, 2)
ファガファウ村（サヴァイイ島）	1965	176	14	1	(0, 0)
	1980	206	26	16	(3, 6)

［藪内 1967：22-23；杉本 1982：161-165］
（ただし＃1は不在マタイ中のアピア在住者, ＃2はニュージーランド在住者）

耕地があり、自律的な親族組織であるアイガをそれぞれに率いている、という意味では、アイガ組織の増殖作用にすぎないといえなくもない。すなわちアイガの人口増加にともない、アイガ運営の限界が生じてアイガそのものが枝分かれをしたのであって、称号分割はむしろその結果なのである。それに対して最近の称号分割は、宅地・耕地の分割を含まず、称号名のみを共有するものである。そしてこうした急激な称号分割には、不在マタイの著しい増加を加えて考察する必要があろう。1965年にウポル島のサマメア（Samamea）村とサヴァイイ島のファガファウ（Fagafau）村で藪内と共に調査を行い、さらに15年後にも再調査を行った杉本は、そのマタイ数の推移を報告し考察している［藪内 1967: 22-23; 杉本 1982: 161-165］が、これはサモアで同じころ進行した不在マタイ増加の現象を端的に物語っている。表6-2はその報告から本章の論旨にそって筆者が作成したものである、双方ともにマタイ数の著しい増加とそれに伴って不在マタイが増えていることが示されている。

　以下に、筆者がフィールドワークの先々で見聞した、称号分割のケースを3つばかり挙げて考察してみよう。

1）A村のN称号名

　A村は自らを含む4つの村のツラファレたちが選出することのできるアオ（ao）称号 M[24] を最高位とする村であるが、名誉称号的性格の強い M は政

24　称号名の種類。通常のマタイ称号はスアファ（suafa）とも呼ばれる称号で、自らの名に託された土地を有しており、アイガの合議で選ばれるものであるが、アオの場合は、格は高いものの、支配できる土地は持たず、授与も地方のツラファレ団が行うことと

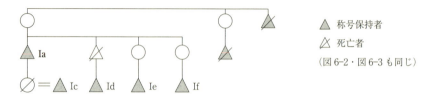

図6-1　アイガ・サーN　イツー・パエパエ I

治的には余り意味をもたず、むしろかつてのM称号名保持者の息子から生じたN称号名がMを除くアリイとしては最も格が高いと同時に実質的権威をもっているのである。さてN称号名はかつてより、4つのイツー・パエパエ（分枝）に分かれていたのであるが、筆者が調査を行った1979年初頭の段階で、各々に相当な数の称号分割が生じていた。全体でこの村からN称号を授与された人は25人に上っていたにもかかわらず、この村に在住しているのはたった5人、他の称号名で呼び倣わされているがN称号名も授与されているという人を含めてわずかの6人であった。

　N称号名が、かくも大勢に分割されている原因は色々あろうが、この称号名がこの村でMを除いては最も重要であるにもかかわらず、配下のマタイ称号名が全く存在せず、したがってアウアイガ形式を全くとらないことが大きく関連していると思われる。[25] お互いのイツー・パエパエ同士がいかなる系譜的関係に立つのかについては、残念ながらデータをもっていないが、ここでは各々のイツー・パエパエ内の状況を示すだけで充分であろう。

　まずイツー・パエパエ I について。このイツー・パエパエは現在9人のマタイが存在する。これらのマタイをそれぞれに **Ia**、**Ib**、Ic、Id、Ie、If、Ig、Ih、Iiと呼ぼう。この9人のうちでこの村に居住しているのは **Ia** と **Ib** のみである。（以下、在地マタイは太字で示す。）**Ia** は60代後半で、全部で5人い

　　　なっている。
25　この村は一体にアウアイガ形式をとるアイガが存在しないが、それが村として特に例外的であるというわけではない。これはアオ称号を頭とする村であるせいか、それとも単にシステムが破綻しているのか、それともひとつの村の存在様式なのか、現在は断定せず将来の課題としたい。

るN称号名の在地マタイの中で最も高齢であり、このアイガ全体を代表して地縁合議体（フォノ）で演説をしたり、カヴァを飲んだりの役をもっぱらに行っていた。もうひとりの**Ib**はほぼ50才、フォノでもそれほど目立つ存在ではない。その他Ic、Idは隣の村に、Ie、If、Igはウポル島のアピア市ないしその近郊、残りのIhはニュージーランド、Iiはアメリカに各々住んでいる。集めえた限りの系譜関係によれば、**Ia**、Ic、Id、Ie、If、Ihの6人は近親者から成っており（ただしIhの系譜関係は正確には不明）（図6-1）、この人々がこのイツー・パエパエを構成していることは間違いなさそうである。人々の噂では、**Ib**は父の称号名であるP称号名を継ぐつもりであったが、アイガ内の意志統一が図れないために、仕方なく遠縁の**Ia**に頼みこんで称号名のみの約束でN家のマタイにしてもらったのだということだった。村を上げての教会落成式が行われた時、ニュージーランド在住のIhを除く**Ia**を核とする近親マタイたちは、**Ia**の下に結集して一大アイガとして儀礼交換を行ったのである。IiとIgの2人についてみるなら、この大きな行事に参加することもなく、また調査期間中筆者と顔をあわせることもなく、不在マタイの中でも最も名ばかりのものであるといえそうだ。

　次にイツー・パエパエⅡ。この分枝には**IIa**、**IIb**、**IIc**、**IId**の4人のマタイが存在するが、そのうち**IIa**、**IIb**の2人が在地マタイである。**IIa**は父もその養父もこのアイガのマタイであり、彼を核とするこのイツー・パエパエの**IIc**、**IId**は各々**IIa**の妹の夫とまた別の妹の息子であるが、2人とも別の島に住んでおり、病気がちの**IIa**とは付き合いも薄く、マタイでありながらこのアイガの名声や繁栄を充分気遣っているとはいいがたい。**IIb**は**IIa**の友達であるが、さまざまな事情から落ち着くべきアイガをもたずにいたので、**IIa**がこのアイガのマタイにしてやり、落ち着ける場所を提供してやったのである。これは赤の他人でありながら、よくマタイを助けた（タウッァした）ために、マタイが彼の努力を評価してさらに協力を引き出すために称号名授与を行う、という方式の称号名授与のバリエーションといってもよい。本来ならば配下の称号名を贈るところだが、ないものは仕方がない。**IIb**は**IIa**の期待通り、儀礼交換等の際にはしっかりアイガのためにつくしているようであった。

4．称号分割と不在マタイの増加　　211

さてイツー・パエパエⅢ。このイツー・パエパエに含まれているのは、IIIa、IIIb、IIIc、IIId、IIIe、IIIf、IIIgの7人のマタイである。このイツー・パエパエの特徴は、マタイのみならずアイガ全体に牧師や教師など高等教育を受けた人が多く、今ではだれひとりとしてこの村に居住している者がいないということだ。IIIaはこのアイガの代表者といってよかろう。政府奨学生として外国で学んだエリートであるが、専門学校教師としての仕事に飽き足らず、このアイガのマタイ称号名を得て議員に立候補し、1970年より1期議員を務めている。[26] その後、諸々の事情で調査の時点では再当選を果たしていなかったが、政治家志望には変わりなく、村を時折訪れては村の人々に土産を配ったり、教会に多大な献金をしたりしていた。一方、IIIcはアピア国立病院の医師として活躍している。さらにIIIfは総理府の役人としてこれもアピア市で活躍中であり、誰も住んでいないものの、耕地のすぐ近くに家を所有していた。マタイの称号名をもてば、自らの名に付いてくる土地の他に、村の境界内の処女地を耕して自分の土地とすることができるが、IIIfは人を雇って自らの名で処女地の開墾を行って輸出用タロイモを栽培する企業家でもあった。その他IIIeは隣村に、IIIb、IIIdはサヴァイイ島のよその村に、またIIIgはアメリカ領サモアのツツイラ島に住んでいる不在マタイである。同じころ行われた教会落成式ではIIIa、IIIbの2人とアイガ構成員の牧師1人が参加して他の不在マタイの名において行われるものも含めて盛大[27] な儀礼交換を行い、大工への報酬を集めた時も、IIIaの名において行われた財の供出は、この村の牧師を除く最大であった。このイツー・パエパエのIIIaを核とする近親のマタイたちの親族関係は図6-2に示した通りである。

　最後にイツー・パエパエⅣ。このイツー・パエパエに属すマタイは**IVa**、

---

26 こうした外国帰りのエリートが、やがて郷里や縁故のあるアイガの高位称号を手に入れ、国会議員に当選する、という傾向は次第に顕著になってきている。かつては議員といえば、村や地域の高位首長に限られており、サモアの伝統文化には明るいけれども、今日の国際政治を始めとする西欧世界のシステムには疎いのが普通だったが、そうした西サモアの国会の雰囲気も変化してきた。2010年代ともなると国会議員で英語の読み書きのできない人はまずいないと思われる。

27 マタイ称号はもたないもののマタイ並みの敬意を表される。

212　第6章　儀礼交換と称号システム

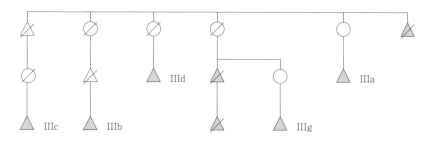

図6-2 アイガ・サーN イツー・パエパエⅢ

表6-3 A村のN称号保持者／イツー・パエパエ毎のマタイ数とその居住地

	マタイ総数	在地マタイ	隣村	サヴァイ島の他の村	アピア以外のウポル島	アピア付近	ニュージーランド	米領サモアと合衆国
イツー・パエパエ Ⅰ	9	2	2	0	0	3	1	1
イツー・パエパエ Ⅱ	4	2	0	0	2	0	0	0
イツー・パエパエ Ⅲ	7	0	1	2	0	3	0	1
イツー・パエパエ Ⅳ	5	2	2	0	1	0	0	0

　IVb、**IVc**、**IVd**、**IVe**の5人である。**IVa**と**IVb**——もっとも後者は他のアイガのリーダーとして他の名前のマタイとして活躍中であるが——を除けば皆、不在マタイであるとはいうものの、IVe以外は隣村に居住しているため、さほど疎遠ではない。また最近亡くなった**IVa**——隣村のアオ称号名も併せもち国会議員として活躍していたため、事実上はこの村に居住していないのに、在地マタイのそれを遙かに凌駕する物資を村の行事に供出していて人々は在地マタイ扱いしている——および**IVb**は、両世帯ともにまだ後継者がさまっていないため、その延長上で旧マタイの名において村に対する供出を行っていた。4つのイツー・パエパエの中では最もこの村に根を下ろしているといってもよいかもしれない。残念ながら、このイツー・パエパエの系譜関係は不明の点が多い。

　以上のN称号名の称号分割において、イツー・パエパエ毎に事情はさまざまであるものの、概略をまとめたのが表6-3である。総数25名のN称号名

4. 称号分割と不在マタイの増加　213

をもつマタイのうち、在住者は 6 人、近隣に住む人も含めて 11 人しか呼べ
ば聞こえる範囲にはいない。ちなみに当時のこの村の人口 246 人（1976 年セ
ンサス）に対して登記しているマタイ称号名の総数 69、重複を除けば計 65
名のマタイがいるが、このうち半数を超える 36 名が当地には住んでいなか
った。

2) B 村の Q 称号名

　この称号名がかつてより多くの同名称号に分割されていたこと、また早い
時期から選挙対策を目指して称号分割が実行されていたことは、例えばア
ライリマ夫妻の研究により知ることができる。彼らによれば、1959 年に 6
人いた Q 称号名保持者は 1964 年には 14 人になっていたのである［Ala‘ilima
and Ala‘ilima 1966: 242］。まずこの称号名は隣接する 2 つの村の各々の最高位
称号名として QX または QY の名をもつが、各々に独自の称号名起源伝承
をもち 2 つの村に分かれているところを見ると、称号名が分割されてから久
しいようである。さらに QX は 4 つ、QY は 5 つのイツー・パエパエをもつ。
筆者の調査になるのは後者 QY 称号名のイツー・パエパエのうちのひとつで
ある。

　QY 称号名のこのイツー・パエパエをイツー・パエパエ 1 とすると、この
イツー・パエパエには 1981 年現在 6 人の QY 称号名を保持するマタイ——
QY1a、**QY1b**、QY1c、QY1d、QY1e、QY1f——がいるが、その内で核とな
っているのは **QY1a**、**QY1b** の親子である。**QY1a**（称号名就任は 1940 年。以
下カッコ内は就任の年を示す）は 70 歳を過ぎ、妻を亡くしもはや息子に扶養
される弱々しい老人であったが、アイガの代表者として人々に敬意を払われ
ていた。**QY1b**（1974 年）は実質的な世帯の経営者である。QY1c（1971 年）
は政府の役人としてアピア近郊に住み、QY1d（1974 年）とごく最近就任式
を行ったばかりの QY1e は同様にアピアの民間セクターで働く都会人だ。特
に QY1d はストア・マネジャーとしてアイガの娘や息子を雇ってやったり、
その他の就職の面倒をみたりするので、村の他のマタイたちも頭が上がらな
い状態であった。もうひとり QY1f は、小島に位置するこの村が本島にもつ
土地に家を構え、その土地を耕して生活していた。ここは本島の中学に小島

214　　第 6 章　儀礼交換と称号システム

のアイガの子どもが通う時の拠点でもあった。ここに住む方が格段に便利であるのに、このイツー・パエパエの核たる **QY1a**、**QY1b** 父子が小島に住んでいるのは、このアイガにとっての最も格の高い土地がこの小島にあるからで、父子の世帯はここを離れる気は毛頭ないのである。

以上のマタイたちの系譜関係は図6-3に示した。

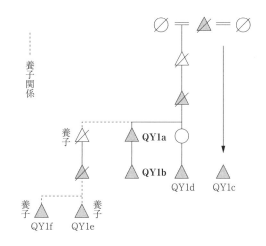

図6-3　アイガ・サーQY, イツー・パエパエ1

QY1eとQY1fは、2度養子縁組を繰り返しているのに称号名授与をされたということは、アイガの側からは彼らを仲間に取り入れることにメリットがあったということになるかもしれない。亡くなった彼らの養父もやはりこの称号名をもつマタイであったが、警察に勤めて出世した人で、この地に住むことはなかったようだ。QY1eの場合には、何度も儀礼交換に際して財を持ち寄ってきて、称号名が欲しい旨の意志表示があったらしい。アイガが何らかの意志決定のために集まれば、不在マタイたちは **QY1a**、**QY1b** の都合のいいように決めて結構であるといっているという。

3）C村のサーR（称号名Rを筆頭とするアイガ）

Rのアイガはかつてより2つのイツー・パエパエに分かれ、さらに各々内部で2つずつのフアイファレと呼ばれる分枝（イツー・パエパエに比べるとよりインフォーマルな分枝）に分かれており、その4つある分枝にひとりずつR称号名をもつリーダーが存在していた。このひとつの分枝であるフアイファレIはR1に率いられるアウアイガであったが、R1は老齢のために亡くなってしまった。この結果このアイガは、称号名の継承者を誰にするかで大いにもめ、土地称号裁判所へ訴訟がもちこまれるが、結局R1の長男のR1′を裁

判所が指名し、彼が就くこととなった。この間立候補した3人にこの名を分割しようということでアイガ内はまとまったが、同じイツー・パエパエ内の異なるフアイファレに属すR称号名の保持者はこれに同意せず、この計画は実現しなかった。

R1′の称号名就任は1979年暮であったが、年が明けてすぐ、すでにいる6人のマタイに加えてR1′は新しく8名にRの配下となる称号名を授けた。R称号名に関しては、もう一方のフアイファレの同意が必要となるが、Rが配下の称号名を授ける限りにおいては称号分割もR1′の一存で構わない。もっともフアイファレ内である程度の相談は行うのではあるが。

このアウアイガではかつてより、住んでいる人々の生活を守る形での称号名授与、すなわち在地メンバーに対する授与しか行われていなかった（とはいえ、そのうち1名はハワイに移住して不在マタイとなっていた）が、この大量の称号名授与で、計15名のマタイのうち4名が不在、そのうちの2名はハワイ及びニュージーランド在住となった。ちなみに同じアウアイガに属すがフアイファレを異にするアウアイガ、フアイファレIIには13名のマタイがいた。そのうちいわゆるアファカシ（*afakasi* 白人との混血一族）・ファミリーに属しながらR称号名をもつ最高位マタイが既にニュージーランド在住であり、他にニュージーランドに住むマタイが1人、首都圏に住む者が2人、他村に住む者が3人と不在マタイを7人も抱えているのだった。

アイガ・サーR全体はR称号名を4つの分枝それぞれのために4つに分割している。しかしながら、配下の称号名を時には分割もして与えることで、称号名を欲するアイガ・メンバーを満足させてきた。例えば称号名Gは、称号名Rの初代保持者の個人名に起源をもつが、8人に分割され与えられて

---

28 ハーフカースト（half caste 混血）がサモア語化したもの。外国人、特に白人との混血によって生じたファミリーであるが、単に人種的に混血なのではなく、ライフ・スタイルなどに西欧的なものを大きく受け継いでいる。彼らはバイリンガルのことが多く、植民地時代より政府の役所に雇われたり、商業に従事したりして、一般のサモア人に比べると金持であり教育もあった。植民地時代は、白人とサモア人とは異なる身分に属し、白人に分類されることの多いアファカシはマタイとして登記することはできなかったが、1962年の独立後可能となり、アファカシにマタイ称号を授けるということが行われるようになった。

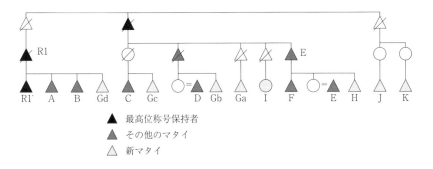

図6-4 アイガ・サーR イツー・パエパエⅠ

いる。分枝1に6名、分枝2に2名となっている。このケースから、分枝間のバランス感覚が称号分割に拍車をかけるということがわかる。

ひとつのイツー・パエパエ（ないしはファイファレ）内で、称号分割をせずにまた不在マタイをつくらずに格式を維持しようとしても、対を構成する別のイツー・パエパエ（ないしはファイファレ）が大量の称号名授与をやってのけると、なかなかもとの方針を守るのは難しい。必ずイツー・パエパエ（ないしはファイファレ）内のマタイを出していない下位分枝から、文句が出てくるからである。またイツー・パエパエ（ないしはファイファレ）内の一定の下位分枝に不在マタイを許すことがおこると、他の下位分枝の中からの要求にも応えざるを得なくなる。こうして、イツー・パエパエやファイファレ内で公平性を保とうとすればするほど、不在メンバーへの称号名授与が増えていくことになる。ほとんどのサモア人男性は、人生のある時点に達すればマタイとなることを欲するが、それは周囲から求められるからである。アイガ・サーRのファイファレⅠで大量の称号名授与が行われたことは、同じイツー・パエパエ内の対を構成するファイファレⅡで不在マタイが既に多く存在していたことと、恐らく無関係ではあるまい。[29]

---

[29] 大量のマタイ称号の授与は、このように一定の弾みがつきだすと止まるところを知らないが、逆に最高位称号を分割せずに孤高を保って安定しているアイガもある。アオ称号ではないが地方のレベルで敬意を払われている称号にそうしたケースが多い。例としては、レペア（Lepea）村のファウムイナー（Faumuinā）称号やロトファガ

＊　＊　＊

　議会に普通選挙を導入するように推奨した有名な『タマセセ報告』は、や
や穏健な言いまわしで、以下のように述べている。「委員会は、このように
称号名が分割されてしまった原因の一端（強調著者）が選挙にあると信じて
いる」。ここで「一端」としながら委員会が、称号分割の主たる原因を選挙
に求めていることは、選挙以外の原因を明示していないことや、次に「それ
ゆえ委員会は、マタイ称号の増加問題は（普通）選挙権が与えられれば解決
するものと固く信ずる」[Western Samoa Parliament 1979: 8] と導き出した結論
からも明らかである。さらに、サモア人識者の多くもマタイ選挙制度を称号
分割の原因と考えていたことを付け加えておく必要があろう。[30]

　しかしながら、以上の３つの称号分割のケースを検討してみると、最近の
急激な称号授与の増加はしばしば選挙制度のせいにされるが、必ずしもそう
はいえないことがわかるであろう。称号分割の個々の例からわかるのは、不
在マタイの称号名授与にもさまざまなケースがあるということである。最も
普通に考えられるのは、その村出身であるが、移民・職業をもつなどの理由
でアピアやニュージーランドに住み、もはや帰って村に住むことは考えられ
ないが、親や兄弟姉妹などがまだアイガに残り、アイガとのネットワークが
存在している人々である。しかし、親の代から既にアピアに住んでおり、ア
イガとはあまり縁がなかったのにお願いして称号名をもらった、または予期
しないままアイガから称号名を授与された（なにかの贈り物の如くに）という
場合もある。また結構多いのは、よその村に住んでいて、さまざまな事情か
ら在地の村では称号名を得ることができず、アイガ・ネットワークを通じて
別の村から称号名をもらう、というケースであろう。

　そしてそうした不在マタイのアイガとの関わりもさまざまなケースがみら
れる。称号名は貰ったもののもうほとんど関わりをもたなくなってしまった
マタイもあるが、町に住みながら毎月のように訪れ、アイガに貢献するばか

　（Lotofaga）村のフィアメー（Fiamē）称号が挙げられよう。

30　そのような意見は、当時の週刊新聞の『サモア・タイムズ』（Samoa Times）や『サモ
　ア・オブザーバー』（Samoa Observer）の投書欄でしばしば見かけた。例えば、The
　Samoa Observer 20th July 1990.

りか村の人々にもそれとなく金や物をばらまく代議士志願者もいる。そのような二極の間に、アイガが何か儀礼交換を行うときに戻ってきて貢献する人や、自ら儀礼のためにやってくることはできないが、求められればなにがしかの貢献をする人もいる。さて次節では、なぜ不在マタイが増えるかについての考察をしてみよう。

5. 不在マタイ増加のメカニズム

　理念的なアイガ・モデルに従えば、アイガの土地に住まずして、アイガの面倒を見ることはほとんど不可能である。ではアイガの土地を守りその土地に生きる在地マタイたちは、アイガの外部メンバー——アイガの不在者——にいったいどうして称号名を授与してしまうのだろう。実際には、もし誰かアイガの1人——称号名が重要なものであれば、アイガ・メンバーでなくとも村や地方のマタイでもかまわない——が裁判所にその人物が不在であることを訴え出れば、その称号登記は無効とされる可能性が高いのに、誰もそんなことはしない。アイガ・システムが生活の基盤である人々、すなわちアイガに居住している人々がアイガの裁定の多くを握っているはずなのに、どうしてマタイ・システムを崩壊させる一因となりうる、不在者への称号名授与を許してしまうのだろう。この節では在地マタイにとっての不在マタイを増やすことのメリットと、不在者にとってのマタイとなることのメリットの両側面について考察してみよう。

　まず第1に、アイガの在地メンバー、とりわけ在地メンバーを代表する在地マタイの立場について検討しよう。アイガの土地に住み、アイガを経営し、持続していく責任者としてのマタイは、先に示したようにアイガを生活共同体として成り立たせる経営手腕やアイガのセフルをリードする「お父さん」の役割を果たす他に、地縁合議体の会合に参加して議事進行や演説を含む儀礼的役割を滞りなく遂行するためのファアルペガ等を含む伝統的・儀礼的知識をもち、それに加えてアイガの体面を維持するために儀礼交換に充分な財を集積する能力が必要となってくる。

　儀礼交換に必要なものは、かつてはファイン・マットや樹皮布をはじめと

した女性の生産物であるトガ財と、ブタ・タロイモなどの食料や武器・道具類からなるオロア財であった。そのために昔は多くのブタを飼っていたものだし、マタイが自分の葬式用のブタを長年かけて育てることも多かった。マタイ制度の変容を検討するためには、儀礼財が大きく変容したことに注目しなくてはならない。今日では、ブタの代わりにカートン入り缶詰や塩漬け肉の樽詰、コーンビーフなど現金で入手可能なものを多用するようになり、また食物等の代替物として現金が同じく用いられるようになった。この交換財の変容により、儀礼交換にインフレがもたらされたのだが、それは、現金さえあれば比較的楽に大量の財を集めることができるようになったからである。そして、このインフレによってアイガはますます競覇的な関係になり、儀礼交換はますます拡大していった。[31]その結果、人々は儀礼交換に直面するたびに、ますます大金が必要となった。これは実はマタイ・システムにとっての大きな危機である。なぜなら、自給自足経済を運営するに足りるだけの（平たく言うなら、食っていけるだけの）土地をもち、本来なら経営が成り立っていくはずの在地世帯が、在地であるがゆえにアイガの名声を維持するべく儀礼交換を行うために、自らが自給することのできないものを必要とすることになるからだ。かつてはそんなことはなかった。どのアイガもブタもタロイモも生産していたし、ファイン・マットも編んでおり、それで充分だったのである。日常的にも、学校の授業料や、教会の献金、衣類を整えたり、お惣菜用の缶詰を買ったりするのに現金が要ることは要るが、こちらはたかが知れている。けれども儀礼交換に必要な現金は桁外れに大きな額だし、葬式など突然に必要となることも多い。これは既に第3章や第4章で検討した。

　こうして、アイガはアイガ経営の外側から現金を注入してもらう必要が出てくるわけだが、これが不在マタイの増加に大いに繋がってくるのである。

31　サモアの儀礼交換の拡大は、ある意味で19世紀の北米北西海岸インディアンのポトラッチの拡大に似ている。ポトラッチの拡大は、（人口減により）人口に比して儀礼名が増加し、（西洋人との交易により）物資が増加したときに生じた。サモアの場合、称号名は分割により増加し、物資を買うための現金は海外送金によってもたらされた。サモアの儀礼交換と同様に、ポトラッチ・システムにおいても、西洋渡来の工業製品が交換で配られるもののカテゴリーに含まれるようになった［Suttles 1991］。

220　第6章　儀礼交換と称号システム

もともとアイガに居住せずに生活している不在メンバーは、アイガの資源を利用せずに生活をなりたたせている。そのメンバーが在地メンバーの息子や娘であれば、彼らは親への義務があるから儀礼交換を含めてさまざまな機会にアイガへ現金を供給する。在地マタイは兄弟姉妹に送金を頼むこともできる。さらに甥・姪であれば、大きな儀礼交換の時には多少協力してくれるかもしれない。しかしながら、その関係を超えてしまうと、もう協力は期待できなくなる。そこで必死で行われるアイガとりこみ作戦が不在メンバーへのマタイ称号名授与となるのである。給与生活者であるアピア居住者や海外生活者は、村に住む人々よりも容易に現金を手にいれることができるから、そのターゲットになり易いといえよう。アイガへの系譜的関係がいかなるものであるにせよ、マタイにしてしまえばアイガを維持する義務が生じてくるから、儀礼交換に際して大いに協力を期待できる。また、そうした都市生活者はアイガの資源を利用する権利を潜在的にもっているが、都市でそれなりの地位を築いた人が田舎へ帰って住むことはまずないので、在地メンバーの生活基盤を脅かすこともない。つまり、生活資源を与えないのに儀礼交換には協力が期待できるという、在地マタイにとってこの上もない条件を不在マタイはもっていることになるのである。よしんば、称号名を授与したのに期待した協力が全く得られないとしても、次の代でそのラインから称号名を要求してきたときに、前任者の非協力を示して断わることだって可能だ。

　また、不在マタイへの称号名授与はそのような意識的戦略でなされていないことだってある。アイガが、すなわち在地マタイたちが、当面の儀礼交換に必要な財が集まらず困っている時、藁にもすがる気持ちで不在メンバーに助けを頼み、意外と気楽にその人が出してくれたとしよう。その不在メンバーはさらに以後何度かそうした機会に助けてくれたとする。こうした経緯からアイガはその不在メンバーに感謝の印として、マタイ称号名を贈っても不思議はない。困った時にアイガを助けるのは大きな貢献（*tautua*）なのだから。またこのように寛容に在地マタイを助けてくれた不在メンバーが称号名を欲しいと意志表示すれば、前節の QY のアイガの如くにアイガはおそらく授与せざるを得ないに違いないのである。しかしながら、アイガの好むと好まざるとに拘わらず、これら不在マタイたちは、ますます儀礼交換に大きな協力

5.　不在マタイ増加のメカニズム　　221

を果たしてくれるはずだ。

　以上のようなアイガにとっての不在マタイの経済的利点に加えて、不在マタイの政治的利点もある。政府の役人、著名人、有力者で、アイガに暮らすことはないが、血縁をもつ人々に、アイガはしばしばマタイ称号名の授与を行う。これはあたかも何らかの功績に対する褒美のような気すらするが、これはアイガにとっての一種のエリート取り込み作戦なのである。そうした〈優秀な〉人物は称号名を名乗ってくれるならアイガの名を世に知らしめるのにおおいに功績があるはずで、出世した人のもとには血縁関係をもつ複数のアイガが殺到して称号名授与を申し出ることもある。もちろんこうしたエリートは、経済的にも恵まれていることが多いから、儀礼交換への協力も大いに期待できるのである。

　かつてより、アイガで地道にマタイに仕える人よりもアピアに住む白人とのハーフ（アファカシ）に称号名を授与することは多く行われてきたし、それがマタイ・システムを崩壊させる原因であると糾弾する向きもある[32][Keesing 1934: 250]。がしかし、それは後者がアピアで商業等を営んで金持であり、そうした面での援助が大いに期待できたことと関連しているのである。現金面での援助をアイガは結構古くから必要としてきたようだ。

　では、今度は不在マタイの側からこの問題を検討してみよう。生活資源を利用することなく、ただ一方的に儀礼交換に財を提供するだけなのに、なぜアイガの不在メンバーはマタイ称号名を受けるのだろう。しばしば、「アイガに対するアロファ（*alofa* 愛情）」と説明される。この答えは微妙であるが、おおよそ以下の2つに要約できるだろう。

　まず、サモア社会の中でマタイであるかないかによって人々から受ける敬意が大きく異なるということが挙げられる。マタイであれば、アピアの公式な席でもその称号名で呼ばれ、マタイに相応しい敬語で語りかけられる。マタイたちが談笑している中に加わり、同席することができる。もしもそれが

32　例えば、1920年代のマウ運動の指導者だったO・F・ネルソンがサヴァイイ島の有力称号名タイシ（Ta'isi）を授けられたことは有名である。ただし、その後ハーフは、法律上欧米人かサモア人のどちらかの身分を選ばなくてはならなくなり、ネルソンは欧米人身分を選んだため、彼の称号名授与は有名無実となった。

サモアでちょっとは名の知られた称号名であれば、単にマタイの仲間入りができるのみならず、マタイのサークルでもたちまち一目置かれることになる。サモア人として、中年にさしかかっているのにマタイとなっていないということは、実に情けないことなのだ。1979年に行った面接調査の際に、称号名は勲章のような単なる飾りで人間の本質的価値を決めるものではない、私はそんなものはいらない、といっていた大学出のエリートの多くは、その後称号名を受け入れている。ニュージーランドなど外国にいる場合はどうだろうか。なるほど外国にいればそんなものは必要なさそうだが、しかし本国にいるほど切実に必要ではないにしても、海外サモア人コミュニティでマタイに捧げられる敬意は同じだ。

　それでは西サモア内の別の村に住む時はどうだろう。この時にはますますもってマタイであることが意味をもつ。マタイでない人は、論理的には誰かマタイの支配下に入り彼に利用できる土地を割り当ててもらうことになる。その時には、マタイに貢納にも似たスアを時に応じて捧げる必要があり、また儀礼交換など必要なときには、求められる量の財の供出を行わなくてはならない。しかし、よその村のマタイでもマタイとなることによって、実際に居住し、土地利用しているアイガのマタイ——名目的な主人である——に奉仕する必要はなくなる。儀礼交換等のための財の供出の命令に従うことなく、スアと呼ばれる食物の捧げ物をする必要はない。ただ、称号名授与をしてくれたアイガの儀礼交換にときどき参加すればよい。また、居住する村のマタイの集まりにモノタガ（monotaga）といって、食事を振る舞う儀礼を行うことによって、マタイの地縁合議体の会合に参加も可能である。

　そういうわけだから、もしも長く居住している村でアイガ内のごたごたからそこで称号名を授与されない場合には、よその村の血縁をたどって縁続きのアイガからマタイ称号名をもらおうとする。そしてそのような称号名授与が「呼び水」となって、居住するアイガでの称号名授与を促進することもあるのは興味深い。なぜなら、居住するアイガにしてみれば、もしも居住するアイガでの称号名を授与しなければ、この新しいマタイの入手できる儀礼財の多くをよその村にもっていかれてしまうからである。例えば事例の3番目、サーRのJとKはおそらくこのケースに当てはまる。

もう1つ、たとえ不在であってもマタイとなる利点は、称号名をもつことによって生じる潜在的権利である。例えば、ニュージーランドで職を失ったとしても、帰って土地の分け前をもらいそこで暮らしていける、という安心感をマタイになることによって得ることができる。もちろんマタイにならなくても、論理的にはアイガには戻っていけるはずだが、しかし在住のマタイの慈悲を請うて彼の支配下に入るのではなく、堂々と帰郷したい。またニュージーランドで暮らす彼の近親者たち、子どもや孫、甥姪だって、いざとなれば、オジさんがマタイだ、と威張ってアイガに帰ることもできよう。そうした保険としての称号名授与の機能は大きい。それというのも、サモアでは誰か分からぬ人がアイガ・メンバーかどうかを知るのに、その人の直系の先祖にそのアイガのマタイがいるかどうかを指標としてきたからである。そしてそれは近い先祖であればあるほどアイガとの関わりが大きい証となる訳だ。ニュージーランドである程度成功し、もはやサモアに帰ることも考えずにいたあるサモア人が、突然故郷のアイガからマタイ称号名授与の申し出があり、驚き戸惑った揚げ句に受けたが、最終的に彼を決意させたのは、それが子どもや孫、甥たちに対し将来何かの役にたつかもしれないということだったという。

　以上のように分析してみると、在地マタイの側にも不在マタイの側にも不在マタイへの称号名授与を歓迎する要因があるといえる。どちらの側にも利点が存在する以上、在地マタイの側の不在メンバーとりこみ作戦としての称号名授与は大いに成算のある事業であるといえよう。

6. 結

　さて以上の考察を終えて、サモアの近代化・都市化に伴い、首長システムにもシステム上の多くの変化が生じている様子が納得できたに違いない。首長（家長）としてのマタイの役割はさまざまであるが、アイガの土地に住み、アイガに生きる人々の労働力やアイガ固有の土地資源を配分し、アイガのモラルのリーダーとなる、さらに外部に対してアイガを代表して村の合議体の会合に出席したり、アイガの名において儀礼交換に参加したりする、といっ

た多くを数え挙げることができる。理想的なマタイは、単に優秀な経営者であるばかりか、儀礼や伝承によく通じた伝統的知識人であり、人々のモラルのリーダーとしてアイガの名声を保ち、さらに良い給料をもらっていて儀礼交換に充分な貢献を行う、そんな万能リーダーがマタイの理想像である。しかし、かつてはいざ知らず、今日そんな万能リーダーがいるだろうか。また、マタイは万能でもマタイの手足となって働く若者がどれだけいるというのか。多くのアイガは、有能な若者や少女がアピアで職についていたり、ニュージーランドに移民してしまったりで、労働力不足に悩まされているのである。かつては人々に労働の指示はするがあとは家の中で座っているだけだったといわれるマタイだが、今日ではアイガに暮らしていれば自ら自家消費用の根栽類の世話をしたり、商品作物（バナナ、カカオ、ココヤシの三大作物に加えて輸出用タロイモなど）の手入れをしたり、というのが現実である。

　こうして伝統的マタイの役割は、（a）一般的に若手の労働力を欠き過疎化する村にあって、アイガの土地を守る在地マタイと、（b）都市や海外に移住して近代的職業に従事し、アイガに主として儀礼交換用の現金をもたらす不在マタイとの二極に分化されざるを得ない。この二極化の傾向は、儀礼交換のインフレによって強化されたのであるが、さらに役割分化が儀礼交換のインフレを強化するという、双方向的な作用を互いに及ぼしている。役割を2つに分けてはじめて現代のアイガ・システムは成り立っているといっても誇張ではない。というのも、不在マタイなしに、あるいは不在マタイでなくともアピアやニュージーランドに住む近親者の助けなしに、うまく運営されているアイガはまずほとんど存在しないからである。[33] 海外在住のメンバーは、いずれこのアイガへのタウツア（貢献）を理由として称号名を授けられ、不在マタイとなる可能性が高い。不在マタイは今日ではアイガ・システムそのものに内在化されているのであり、これなしにアイガは成り立たないといってもよい。

　しかし、興味深いのは、マタイ・システムのもつ文化的統合力である。都

33　とはいうものの、政府の役人や教員などに就きながら、村に住んで伝統的なマタイの役目も果たしている人が稀にはある。自分が働くことで現金収入もある程度確保しつつ、自給用の農耕もアイガ・メンバーにやらせているのである。

6. 結　　225

市化と近代化によって村は都市であるアピア、さらには移民先の外国へと結びつき、また人口もそれに沿って少しずつ流れ移動しつつあるのに、依然としてサモア人の価値は各々の過疎化した伝統的村が中心である。称号名をもつ2名以上が出会えば、それがアピアであろうが海外であろうが、ファアルペガ（正式な呼びかけ）を詠唱して、伝統的社会組織内での互いの相対的な位置関係を確かめる。それぞれの個人は、それぞれの称号名によって、サモアの首長システムの全体的な宇宙の中で占める特有の位置があり、それを通じて互いの位置関係を確認することができるのである。サモアの高位称号名をもつ人が外国で客死すれば、その遺体は防腐措置が施されたのち、飛行機でサモアへ、そして村へと運ばれてそこで葬儀が行われる。もちろん、アイガのその地に埋葬されるのである。サモア人は世界中のどこでどのような活動をしていても、マタイ称号がある限り自分の属すべきところ——それは世界地図で見れば点にもならないかもしれない南太平洋のサモア諸島のX村のアイガ、サーYの土地である——をもち、そこに見えない根を生やしているのである。不在者のマタイ称号名はまさにその地と不在者とを結ぶメディアである。不在マタイの称号名というメディアを媒介としてマタイ・システムを維持するのに必要な現金が、移民先からアピアや村へ、またアピアから村へと流れこんでいくのである。われわれは既に称号分割はサモアの首長システムそのものに深く根付いていることを確かめている。マタイのみが選挙を行う制度は、それが称号分割を促進しマタイの威信を落とす結果になったという意見が大勢を占めた結果、1990年に廃止され普通選挙が導入されたのであるが、本章の検討によれば、称号分割が生じる理由は単に選挙だけのせいではない。マタイ称号の増加は称号名の威信を下落させ、ひいてはマタイ・システム、すなわち首長システムの崩壊を招く可能性はあるが、一方

---

34 普通選挙導入後に不在マタイは減少しただろうか。少なくとも国内のマタイ総数は一時人口比10%を超えていたので、8.9%となった今日（本章注21）、多少減少して、以前に近くなっているといえるかもしれない。ただし正確な統計データは持たないながら、海外移民で称号を授与されている人が結構多くなったと感じている。今日では、プレヌウ（村長）とアイガの主立ったマタイが海外に行き、海外で称号就任式が行われることがある。そのような事例は何件か耳にした。

226　第6章　儀礼交換と称号システム

でこれはとりあえず、首長システムの現代世界システムへの適応なのだと考えるべきであろう。

第**7**章

ファイン・マットの行方
——ファイン・マット復興運動と儀礼交換

1. 序

　アンティークのファイン・マット、サモア人が誇るファイン・マットが
人々の眼に触れることは少なくなっていた。サモア独立国教育省の博物館に
は、そのようなアンティークのファイン・マットがあるが、残念ながら海外
の太平洋関係の博物館にあるものの方が品質的には優れている。オークラン
ド博物館、テパパ博物館、ビショップ博物館などポリネシアのアンティーク
を集めてきたところでは複数のすばらしい作品がある。しかし、それらがサ
モア人の目に触れることは少ない。儀礼交換の場面を除いては、ファイン・
マットはやたらに広げたり見せたりするものではない。たいていは、ベッド
のマットの下や、衣装箱の底にそっとかくしてある。儀礼交換に持参する必
要ができて、出したら、帰ってくるかどうかはわからない。粗悪品のファイ
ン・マットが多く出回って、若い人が美しいファイン・マットを目にする機
会はきわめて少ない。移民 2 世、3 世の若者たちが、人人は何であんなもの
を後生大事に持っているのだろう、という疑問を持つのは当然である。
　そのような状況下で、ファイン・マットの復興運動が始まったのはなかな
か興味深いことであった。その先鞭をつけたのは、ウィメン・イン・ビジネ
スという NGO である。そしてその運動を受け継いで政府の文化事業が始ま
った。この章は、ファイン・マットの粗悪化の後日談である。この章では、

229

ウィメン・イン・ビジネスの活動と政府の事業とを素描して、それらの動きがもたらしているインパクトを検討、分析して本章の締めくくりとする。

2. NGO ウィメン・イン・ビジネスの活動

ウィメン・イン・ビジネスは正確には Women in Business Foundation という NGO としてスタートしたが、後に Women in Business Development Inc. と名称変更をし、今日に至っている。ここでは便宜的に WiBDI という略称で統一する。[1]

WiBDI は 1991 年に設立された NGO である。当時 NGO も ODA が受けられるようになり、政府との中間の援助代理機関として、各援助国政府が活用するようになって、太平洋には雨後の筍の如く NGO が誕生した。WiBDI はサモアでも比較的早くにその活動を始めた団体である。街の噂を聞くところによれば、創設者のひとりの女性が離婚したところ、それまで実業家として自信をもって経営に当たってきたのに、夫の後ろ盾がないという理由でたちまち銀行からの融資を断られる、という経験をして、女性実業家をサポートすることを考えたとのことである。

WiBDI は当初、都市に住む女性の小さな事業家を中心にサポートを考えていたが、やがて 1991 年にサイクロン、1993 年にタロイモ葉枯れ病でタロイモ全滅ということが起こり、村落部の人々の暮らしの方がはるかにサポートが必要であると実感して、1995 年には事業の主体を村落部の開発や現金収入確保に置くようになったという［Women in Business Development Inc. Official Page］。

1994 年とその翌年に、ニュージーランドの海外援助で、ハンディクラフト（手工芸品）開発のプロジェクトを行った。いくつかのワークショップが開催され、編み物や樹皮布の製品を売り出す目的で近隣諸国の女性団体と

---

1 この節は、WiBDI のディレクター、タフナイの論文（グリフィン編集の『ラランガ・パシフィカ、太平洋を編む』に収められた WiBDI のファイン・マット・プロジェクトの記述）［Tafuna'i 2006］とオフィシャルページの記述、彼女自身やそのスタッフへの面接調査をもとに書いている。

の間の交流が行われる過程で、サモア女性のファイン・マットについて自信を深める結果となった。WiBDI のリーダーたちは、年長女性から若年女性へとファイン・マットの製作技術を伝える必要性と、編み手たちの間での細かな技術上の情報交換をすることの必要性を感じた。1995 年から女性省（Ministry of Women）の援助で国内ワークショップを開催した。この時期 WiBDI の目的は、まだ現金収入確保というより、ファイン・マット製作で女性の誇りを取り戻すということが遙かに重要で、この文化活動はもっぱらニュージーランド海外援助の助力によるものだった。本来のファイン・マットはサモアの誰もが賞賛するものであるにも拘わらず、当時の普通のファイン・マットは寝具マットのように粗い目で作られていて、誇りのもてるようなものではなかった。WiBDI のスタッフの中には、女性が編むことを奨励するために、編み方を習う人もいた。

　その次のステップとして、女性に編む動機付けをするために、1997 年頃に WiBDI はスポンサーシップ・スキームを開始した。スキーム契約の下ではスポンサー（ファイン・マットの注文主）は、契約を結んでいる編み手に毎週労賃を払うというものである。スキームは週給を支払うことで編み手のインセンティヴを高めるという企画であった。この頃はまだ、スキームのファイン・マットの繊維は、当時の粗悪品ファイン・マットの繊維よりは細いが、アンティークのマットの繊維と同じではなかった。

　1999 年に、高齢の女性で、伝統的方法でラウ・イエの葉から繊維をとる方法を知っている人が手伝ってくれるようになり、その人の指導でワークショップをして、ラウ・イエの表皮のみ使って本物のファイン・マットが作れるようになった。その頃の粗悪品ファイン・マットは、繊維の幅が太いだけでなく、ラウ・イエを使っていても表皮をはがす手法は使われておらず、ましてやラウ・ファラ（寝具マットの材料）を使うこともよくあった。

　WiBDI では、伝統的な葉の処理方法は失われた技術で、その老女だけが知っていた、という話であった。ただ、現実にはその方法を近年は実施していないが、技術を知っていたという人や、母は知っていたという声は聞かれた。必ずしも、その老女が知っている最後の一人ではなかったと思われるが、既にそのような入念な処理をするファイン・マットの編み手は滅多にいなく

なっており、粗悪品のファイン・マットを作る人がほとんどだったのではないだろうか。粗悪品はすぐ出来るし、安くしか扱われないにしても即戦力になるファスト・マネーだ。それに、儀礼交換のためという場合でも、ふいの儀礼交換に間に合うように、仕上がっていないと意味はない。美しいファイン・マット作りは編み手としてまた女性としての誇りではあっても、それが認められず役に立たない世の中となっていた。

女性の現金収入確保を最初から狙っていたわけではなく、より多くのこの運動への女性の参入を促すために、現金収入の方法を考えた、というのは興味深い。女性として誇れる仕事を作り出すことがまず第一であったのだ。現金収入を求めて編み手となった人も、その点は大変評価していた。この伝統的な繊維の作り方を学んで、細い繊維を作ったが、あまりに細く弱々しい繊維だったので、これで編むことができるかどうか、編み手は大変不安だったが、できあがってみて大変美しい仕上がりであったという。この繊維で編むことを試していって編み手は習熟していった。WiBDI は伝統的方法で葉の処理を施して製作した大変細かい目のファイン・マットをイエ・サエ（'ie sae）と呼ぶことにした。[2]

イエ・サエを製作したいという編み手にとって難しいのは、イエ・サエが完成するまでこれを売れない、ということだった。1 年に 1 枚か 2 枚程度しか完成しないのであるから、最終的に入手する金額は大変大きいが、これでは定収入としてあてにはできない。そこにスポンサーシップ・スキームの意義があった。このシステムは以下の通りである。WiBDI は編み手にスポンサー（買い手）を見つけて、WiBDI は編み手の仕事ぶりを監督する。スポンサーは毎週定額を振り込むことになっていて、WiBDI は実際に仕事を点検

2　イエ・サエをこの段階で定義することは難しい。後に政府はイエ・サエの基準を設けた。イエ・サエの語はそれ以前の文献には見当たらない。タフナイの論文では、細いが表皮をはがしていない繊維で作ったファイン・マットもイエ・サエに含めているように読み取れる［Tafuna'i 2006: 141］。ということは大変細かい繊維を用いたファイン・マットはすべてこのカテゴリーにはいっているようにとれる。しかし、ここでは、現在の WiBDI も女性省も表皮をはがしたものしかイエ・サエと呼んでいないので、表皮をはがして細かく裂いた繊維で編んだものだけをイエ・サエと呼ぶこととしたい。

して、ふさわしい労賃を編み手に支払う。編み手がマットを完成すると、スポンサーは最後のまとまった金額を支払って、WiBDI は責任をもってファイン・マットを届ける。このスキームは海外でスポンサーになる人を想定していて、海外からも注文できるようになっている。どれだけの金額が必要かと考えると、必ずしも国内でスポンサーになれる人は多くないだろう。その点で海外からの注文という道を開いたのは大きいし、高額所得者にしてもいっぺんで高額の支払いは苦しいので、定額を週毎に支払うというのは、ローンの感覚で取り組み易い支払い方法であるだろう。2000 年頃にスポンサーシップ・スキームとしては初めてのイエ・サエが製作された。

　スポンサーシップ・スキームは、文化的にも経済的にも大変成功したプロジェクトである。このスキームを通してプロの編み手になった人も何人もいると WiBDI では説明を受けた。しかし、実際にファイン・マットを製作するにはかなり時間がかかるし、編み手がそう多いとは思えない。2004 年にWiBDI のオフィスを訪ねた折には、毎年 10 枚から 20 枚程度が生産されているということであった。2001 年の母の日には、WiBDI が主体となりファアレレガ・ペペを行った。できあがったファイン・マットを編み手たちが広げて持って、パレードをして市内を練り歩いたのである。

　さて、WiBDI が現在最も力を入れているのは、村落部におけるココナツ・オイルをはじめとする有機栽培の農産品の振興である。スポンサーシップ・スキームは、オフィシャルページでもかなり頑張って探さないと出てこないほどになってはいるが、これは、WiBDI が始まったときの重要課題であったので、今も力を入れているとのことであった。

3.　政府の文化経済政策

　この先、WiBDI の活動と政府の活動とは重なる部分が大きく、その後政府が事業の一部を吸収していく過程がある。WiBDI もスポンサーシップ・スキームは現在も継続しているが、政策の実施は女性省が主体となるようになった。このプロセスを分離して描くことには意味がないので、このあたりで政府を中心にして経過を見ていこう。

2002 年に WiBDI は編み手たちの署名を集めて、ファイン・マットの振興のために請願を行った。これは政府から注目を集めることに成功した。2002年の母の日（5月の第二日曜日）は、サモアのファイン・マット復興運動にとってターニングポイントとなった。この日、ツイラエパ首相は、ファイン・マットの編み手たちとその生産をたたえる演説を行い、このことは後に有名になった。また、彼は人々に「醜い」ラーラガ（粗悪品の小型ファイン・マット）を使うのをやめようと呼びかけたのであった。

　首相の演説に至るまで公式のファイン・マット政策というものはなかったが、それを境としてファイン・マット常設委員会が設置された。また、女性・共同体・社会開発省[3]（Ministry of Women, Community and Social Development、以下 MWCSD）の女性局がファイン・マット開発の主担当となった。この部局は村のウィメンズ・コミティ[4]（婦人会）を通じて村落部の女性の大半に行政サービスを届けている。女性村長（ウィメンズ・コミティの長）が村のファイン・マット生産の面倒を見るために任命された。オフィスは、ファレ・ララガ（*fale lalaga* 編み物の家、編み手の女性たちが集まって編み物をする作業集会）の作業を視察するために定期的に役人と専門家を派遣している。ファレ・ララガは伝統的な活動のひとつで、1週間に1度（たいてい水曜日か木曜日）集まっておしゃべりをしたり、歌ったり、食事をとったりしながら、一緒に編み物をする。視察チームは2週間かけてサモア中を回り、登録済のファレ・ララガに立ち寄って、ファイン・マット生産の進展をチェックする。2014年2月現在のデータによれば、ファレ・ララガはウポル島には101、サヴァイイ島には96が登録されているが、活動が継続中で視察が入っているものはその半数程度である。

　オフィスはこの他に、毎年ファアレレガ・ペペという伝統的行事にのっとったファイン・マットの展示を 2004 年以来行っている。年度末か年度初めの 12 月か1月に行うことが続いていたが、2012 年以来5月に行う。女性た

3　サモア政府の行革により、女性省と内務省等が合体して 2003 年発足。

4　主として保健関係の事業を村で展開する目的でニュージーランド植民地政府時代に作られたが、もともと伝統的に存在していたアウアルマ（*aualuma*）という女性組織をベースにしている。

234　第7章　ファイン・マットの行方

ラウ・イエのロール、50枚の葉を巻いたのが1単位、サヴァイイ島　2011年

ちはそれぞれにその年度に作成した最高のファイン・マットを掲げてアピア市（ウポル島）とサレロロガ市（サヴァイイ島）で行進する。各等級で最も優れたイエ・サエを編んだ3名の女性に、一等級1,000ターラー、二等級800ターラー、三等級500ターラーの賞金が与えられる。また、規格に合うイエ・サエを仕上げて行進した女性たちには報奨金が与えられる。これらは実際に編み手たちにとっては大変なインセンティヴとなっていた。

　その他の振興事業で、ワークショップを行うことは、政府に課せられている。現在はあまりしていないのだが、新しい編み手を教育し、獲得するということも、政府が実施するか、あるいはWiBDIに企画してもらって、財政的援助をする、といった方法もある。視察の際にある村からは、ラウ・イエのプロセス（葉の処理）の仕方を教えて欲しいという要望がはいった。

　WiBDIの請願の時には、ファイン・マットはイエ・トガ（トンガのマット）の代わりにイエ・サモア（'ie Sāmoa）と呼ばれるべきである、という意

3．政府の文化経済政策　235

美しく仕上がったファイン・マット、後方に編んでいる女性が見える、サヴァイイ島　2011 年

見を述べていた。WiBDI にいわせると、ファイン・マットはサモアの宝なのだから、トンガの何とかと呼ばれるのはおかしい、というわけである。ファイン・マットは正式にはイエ・サモアと呼ばれるべきであるというこの意見は採用され、政府の用語ではファイン・マットはイエ・サモアとなった。しかしこの政府通達はまだ余り知られておらず、一般的にはまだイエ・トガの語が使われている。

　イエ・サエという新しい名を、オーセンティックなファイン・マットに使おうという提案も受け入れられ、政府はさらにイエ・サエの基準を作った。イエ・サエには正しく処理したラウ・イエが用いられなくてはならず、編むための繊維は葉の表皮だけで作られ、大きさは 9 アガ × 12 アガ（およそ 180 センチ × 240 センチ）である[5]。イエ・サエの等級は、編んでいる繊維の幅で

---

[5]　最初このサイズは、8 アガ × 11 アガであったが、2010 年頃に改訂された。

きまる。一等級は 1.5 ミリ幅、二等級は 2 ミリ幅、三等級は 3 ミリ幅である。これより幅広の繊維で編んだファイン・マットは政府の基準ではイエ・サエとは呼ばない。

この政府基準は現実としては目標値であって、すべての編み手がこのように目のつんだファイン・マットを作れるというものではない。実際の視察に参加させてもらって見たところでは、どのファレ・ララガでも厳密な意味でのイエ・サエを作れる編み手はほんの少ししかいない。ただし、材料の吟味は厳密で、ラウ・イエを用いて、葉の表皮だけしか使わず、果肉部分は取り除く。そうして幅 4 ミリ以上の繊維にして（たいていは 5 ミリ程度）編み込んでいく。このような規格外イエ・サエは多くの編み手に好まれている。ということは、等級の入るようなイエ・サエはかなり根をつめないと作れない上、繊維も切れやすいということがあるのではなかろうか。

ただ、葉肉をとりのぞかないファイン・マットは、イエ・マロー（'ie malō）と呼ばれていて、視察に参加した専門家は、その編み手を明確に名指しして、こういうものを作ってはいけないと忠告し、排除していた。

このようにして、政府が盛んにファレ・ララガの制度強化を行い、ファイン・マットの量産に励んでいると、良質のファイン・マットはぞくぞくと出来ているかもしれない、という印象を受けるが、実際にはそう簡単ではない。視察団は訪問する度に、政府基準に合うイエ・サエの作業がどの程度進んでいるかをノートに付け、完成している場合も記録にとっているが、微々たる進歩であるという。後述するが、いわゆるラーラガ（粗悪品ファイン・マット）は小型で、政府規格のイエ・サエよりも小さい位であり、これは儀礼交換にもはや登場しないし、もう作られないようになったのであるが、それと品質は同じでサイズが数倍と大きいものが、ラーラガ禁止後には多数登場するようになり、そのような大ファイン・マットが 2011 年現在最も盛んに作られている。その大ファイン・マットの製作はファレ・ララガではなく自宅で熱心に行われている。視察の入るファレ・ララガにやってくる編み手たちは、政府の事業にその日だけ参加するが、あとは自宅で大ファイン・マットを製作していると考えられる。そのため、記録をさかのぼってみても、何年もあまり製作が進展しないイエ・サエを抱えている人が多い。

3. 政府の文化経済政策　　237

MWCSD 女性局の局長に、現実に厳密な意味でのイエ・サエを作れない編み手の方が多いし、また、規準通りのイエ・サエは一般の人が買える値段でもないし、厳格な基準のイエ・サエでやっていくのは難しいのではないか、と問うと、局長は確かになかなか厳しいものがあると認めた。しかし目標を高く設定することには意義があって、進歩は少しずつでいいから近づいていけばいいのだ、ということであった。

MWCSD 女性局は、女性の現金収入確保のプロジェクトを複数行っていて、ファレ・ララガにイエ・サエの増産を働きかけているのは、単なる文化事業ではないのだが、WiBDI のような仲介のスキームは持っていない。その代わり、イエ・サエを買いたいという人に、完成したものを持っていて売りたいという編み手を紹介している。連絡がつくような手はずを整える（多くは要望が合致する段階で連絡先を教えてあげるだけであるが）ことをしている。また、政府が、海外の賓客を招くような事業を行う際に、政府自身がイエ・サエを買い上げるにあたり実務を行うというのもこの部局の仕事である。2012年 6 月の独立記念日は独立 50 年記念であったので、近隣諸国の政治家やロイヤル・ファミリー等の出席があり、彼らに贈呈するために 17 枚のイエ・サエを買い上げたが、そのときのイエ・サエ探しや最後の仕上げなどをこの部局が担当した。

WiBDI と政府が過去 20 年間に行ったファイン・マット生産におけるシフトは、オーセンティックなスタイルのファイン・マットの復興であったが、同時に村落部に居住する女性たちの現金収入確保のためでもあった。過去において、ファイン・マットは儀礼交換において他の財と交換すべきものであった。それらは、時に、急な儀礼交換に必要となるために、姻族や友人に貸してあげたり、用立ててあげたりするものであった。そして、そのファイン・マットを貸したり用立てたりした人には、返礼や現金が与えられるのが常であった。もちろんファイン・マットを売り買いする行為はかつてよりあったが、買うことはともかく、売ることはあまり上品な行為と考えられていなかったために、裏でこそこそと行われる営みであった。そのようなネガティヴな意味合いを払拭したのが、最近のファイン・マット復興事業である。このおかげで、自分の作った美しいイエ・サエを売ることは、文化復興に参

加する意義ある仕事をしたと賞賛され、ビジネスとして評価されることとなった。また、WiBDI のスポンサーシップ・スキームは、ファイン・マット製作を労働としてとらえ、それに見合う賃金システムを作り出した。このような扱いを受けるようになったのは、1990 年代以来のファイン・マット復興運動の賜である。

4. イエ・サエの経済学

　イエ・サエの振興は文化復興運動であったが、人々がもはや文化的価値だけで行動するという時代は過ぎていた。WiBDI にしても政府にしても、イエ・サエの製作を現金収入の道とすることによって、初めて文化復興運動を盛り上げることができたことは、現代世界のあちこちで生じている現象と同じである。観光開発にしても、それが芸能などの民俗文化を変容していくと非難されることもあるが、一方で、そうやって現金収入の道を付けることによって芸能が守られていくという主張もある。ただ単に美しいファイン・マット製作を守ろう、というだけで女性たちがファイン・マットの編み手となる時代ではない。

　さて、イエ・サエはそのように高値で売れる商品となった。値段はいくら位かというと、人によって若干幅があるのであるが、一等級が 4,000 ターラーから 5,500 ターラー、二等級が 3,000 ターラーから 4,500 ターラー、三等級が 2,000 ～ 3,000 ターラー位、規格外のものは 700 ターラーから 800 ターラー程度であるといわれる。このうち WiBDI や MWCSD が関与するのは三等級のものまでで、規格外は自分で何とかする必要がある。市場で売るか、あるいは伝統的手法を用いる。自分が儀礼交換で贈る財としたり、トトマに応じたり、といった半ば互酬的な手法で現金化することになる。MWCSD は中間マージンを取らないが、WiBDI はそうはいかないので、仲介手数料が出て行く。WiBDI も完成品を預かっているが、値が高い分、売れた値段

6　2017 年については、1 ターラーが US\$0.39-0.40、日本円で 42 円から 45 円程度で推移している（Central Bank of Samoa website）

のうちから 1,000 ターラー程度をコミッションとしてとられると聞いた。

　非熟練労働者の年間のサラリーが 6,000 ターラー前後であるから、仮に 1 年で 1 枚製作して、5000 ターラーの収入を得るなら、内職としては結構な稼ぎであるといえるだろう。2 枚製作すれば 10,000 ターラーで、オフィス事務員より若干下回る位であるがサモアでは結構な賃金を稼ぐことになる。WiBDI の抱える編み手の中には、毎週の定期収入をあてにして、子女をアピアの親戚の家に下宿させ、大学やカレッジ（高校）に通わせた人も何人もいるそうである。サヴァイイ島で WiBDI のオフィサーと一緒に視察したときにも、夫が大変協力的でラウ・イエの葉の処理を全部してくれたり、また別な夫は妻がイエ・サエの仕事に専念できるよう家事を協力してくれたりする、という話も聞いた。男性にとっても結構魅力的な副収入になりそうであるが、まだ編み手として参入している男性の話は聞かなかった。現在もジェンダーによる役割分担は厳格であるため、隠している可能性もある。ただ、ファアファフィネ（fa'afafine）の場合は女性の仕事をするのがおかしくはないので、ファイン・マットを編めると公言している人——ただし公務員として働いているので、現在実際に編んではいない——もいる。

　さて、もともと人々の生活水準や現金がますます必要になっているということを考慮に入れると 5,000 ターラーのファイン・マットを買える人はどれだけいるか、ということが筆者には疑問であった。非熟練労働者の年収が 6,000 ターラー前後であり、一般事務員の給料が 11,000 ターラー程度［Government of Samoa, Samoa Bureau of Statistics 2013: 43］であるならば、ほとんどの人々は 5,000 ターラーもファイン・マットにつぎ込むのは無理というものだ。またそのような購買は特別なので噂にもなる。ある牧師が自分の娘の結婚式でファイン・マットを必要としていて、ファアレレガ・ペペで賞をとった A さんの一等級のイエ・サエを 5,000 ターラーで買ったよ、という評判が話題となるほどである。国内で買える人はおそらくごくごく少数である。

7　男性だが女性の行動様式を好むトランスジェンダー。女装をしている場合もしていない場合もあるが、いわゆる「女性の仕事」を好み、「女性の仕事」をしている場合が多い［山本真鳥 2004］。

では、海外の人だろうか。想像できるのは、海外のサモア人移民である。意外な感じがするのは、トンガ人が多く含まれているということだ。トンガは、過去においてもサモアのファイン・マットを珍重していた。一種の家宝扱いである。トンガでのファイン・マット需要について報告を行っている[山本真鳥 2013] が、驚きであったのは、トンガの貴族層において WiBDI のスポンサーシップ・スキームを知っている人が結構いたことである。これは、オークランド在住のサモア人移民の間で、WiBDI の知名度を訊ねたときの反応とは正反対で、大きな違いであった。また、たまたまトンガで知り合った女性は、彼女が教会の集まりでサモアに行ったときも、トンガ人なら買うのではないかと思われて、アンティークのファイン・マットを買わないかと持ちかけられたということである。

　トンガでは、ファイン・マットは特別な儀礼（結婚式が主）の際に花嫁や花婿がまとうが、家宝であり、ファイン・マット自体は母から娘への相続品となり、母系ラインの中に長らく留め置く財となっているのである。オバ（多くの場合、長女）の所有するアンティークのファイン・マットは、オバの子であるイトコたちと同様、自分の儀礼の際に使わせてもらうことができる。しかしその所有権はオバにある。まさにワイナーがいうような「譲渡されざる財」[Weiner 1992] である。トンガの場合、サモアと違ってファイン・マットは贈与財には全くなっていない。そこが、ファイン・マットを所有することにおいてトンガ人の場合とサモア人の場合の大きな差である。

　サモア人の場合、ファイン・マットは人々の手から手へと渡されていくべきものである。良いマットは、パオロ交換に際して、またスアやトーファーとして返ってくることが多いとはいえ、確実ではない。また、大きなパオロや信徒団グループになれば、一旦全体で分担して財の供出を行うので、パオ

8　トンガの質屋が贈与財を質草として金融を行っていることについて、Addo & Besnier 2008 の興味深い論文がある。交換財である樹皮布やマット、カゴ等を質草として現金を入手するトンガ人の行動に関するエスノグラフィーである。この中に、質草となるのは、それほど高い財ではなく、中間的な価値のものである、との記述がある。筆者もオークランドの金融会社の倉庫を見せてもらったが、ファイン・マットは全く存在していなかった。

ロ交換でたとえ自分の供出したファイン・マットが返ってきたとしても、パオロ交換後の再分配の際に、それがパオロや集団内の他の人のところに行く可能性は充分にある。筆者の知り合いは、牧師の妻のアイガが当事者を務める葬式に、信徒団として財を集めて大勢で乗り込んだ際に大変良いファイン・マットを供出したが、返礼として戻ってきたそのマットは、終了後の再分配で信徒団の敬意をこめて牧師に渡されたという。知人は決してこぼしているのではなく、手を離れたファイン・マットの運命について淡々と説明してくれただけである。また、儀礼の際に入手した美しいファイン・マットを長らくとっておいた牧師は、家族として一緒に暮らした妻の妹——息子や娘の面倒を見てくれた——が結婚することになったとき、彼の秘蔵のファイン・マットを妹の相手方（婿方）への主交換に出すことを決めたという。もちろんそれが手元に戻ってくることはなかった。しかしそれは想定されていたことである。彼女のこれまでの家族にしてくれたことに対して、お礼をするとしたらこれしかないと思った、と牧師は説明してくれた。

　余裕のある人、有力者の娘や息子など、いずれは執り行われる儀礼が大きなものになることが予想される人は、とっておきのファイン・マットをとりわけておく。それは、例えば結婚式であれば主交換、葬式であれば死者の妻のアイガとのパオロ交換、儀礼を執り行ってくれた牧師へのお礼、等々に用いられる。葬式のお棺には上に一枚の上質ファイン・マットをのせなくてはならない。ファイン・マットはすべて、ベッドのマットレスの下や衣装箱の中など、他人だけでなくほとんどの家人の目に触れない場所に大事にしまってある。やたら人に見せたりすることはないし、関係ない儀礼のときに取り出したりはしない。とりわけ、高品質のとっておきのそのようなマットは大事に大事に保管しておくのが通例である。

　一生に一度あるかないかのためとはいえ、贈与してしまうものに5,000ターラーも支払うのは誰にでもできることではない。また、サモア人であれば贈与交換でまさか入手しないとも限らない。したがって、移民にしてもサモア在住の人にしても購入する人がトンガ人に比して少ないのは、ファイン・マットの財のあり方に関わるものであろう。

　国内のサモア人でこれほどの大金を払ってイエ・サエを入手しようという

人はほんの一握りにすぎず、もともとそれほど多くないイエ・サエのほとんどは海外に流れていくようである。MWCSD 女性局や WiBDI の担当者の話を総合すると、毎年の政府規格のイエ・サエの編める編み手の数は 20 人程度、そのうちスポンサーシップ・スキームで仕事をしているのが 15 人位であろう。そこから勘定するとイエ・サエの生産はおそらく年によって違うが 20 枚～30 枚程度であろうか（2014 年頃の推測）。とすると、編み手も生産も決して多いわけではなく、海外の潜在的な購買欲もそれほどではないと考えられる。微妙なところで、イエ・サエの需給が保たれ、値段が決まっていると思われる。

　さて、サモアは一般的互酬性が大変強い社会である。そこで 5,000 ターラーもの大金を入手した人はどうなってしまうのだろう。大金やものを大量に入手した人は、周囲から要求されずとも、何かと周りにお金をばらまく必要がある。お金を貸して欲しいと来る親戚もありそうだし、何も言わずとも物欲しそうにしている親族や友人もあろう。その点は気になったが、人々の説明では、互酬性の範疇にはいるファイン・マットの方はそのようなおねだりの対象となるが、高級イエ・サエは違うらしい。「ビジネス」という認識が高いのだろうか。イエ・サエ製作を行うことを計画している 30 代半ばのサヴァイイ島の村落部で出会った女性は、彼女の義理の母が堅い粗悪品の大マットを編んでいるのを横目で見ながら、「ああやって一生懸命編んでいても、ふいの儀礼交換がおきれば、そっちに出さなくてはならなくなるし、親戚の人が欲しいといってくるかもしれないし、あれはね、お金にはならないのよ」といって、自分の試みの正当性を力説していた。また、サヴァイイ島のサレロロガ市近郊の村に住む 20 代前半の、大変評判の編み手の女性は、姉と協力しながら驚異的スピードでイエ・サエを仕上げ、1 年に 2 枚を越すファイン・マットを完っている[9]。彼女は、大家族の中で不自由ない暮らしをしているので日常的な収入は必要ないからか、いっぺんで 5,000 ターラーで売

9　新しいタイプの編み手である。ニュージーランドの親族の下で高校に通ったので、完璧な英語が話せる。スクール C（中等教育修了試験）も複数の科目で合格を取得しているが、オフィス勤務で稼ぐ位はイエ・サエを編んで稼げるし、都市生活をしたくもないし、これでハッピーです、という。

れる方を選択しているが、その収入は実質的に家長となり家のきりもりをしている祖母にすべてを渡している、とのことであった。[10]

　その点、WiBDI のスポンサーシップ・スキームの編み手たちは、「労賃」が毎週入ってくるので、1 回の金額は決して高い方ではないし、生活するためのお金であることが明白なので、あまり周囲に一般的互酬性を期待されることはないだろう。あたかも給与生活者のような形である。

　イエ・サエはトトマされたり、欲しいと乞われたりすることはないのだろうか。それだけ高級で、売れば高額なマットであるために、さすがになさそうであるが、一件だけそのようなケースを耳にした。これは優秀な編み手がいて毎週ファレ・ララガを開催しているアピア近隣の村のできごとである。そのファレ・ララガの主催者の女性と話しこんでいるときに、タクシーが止まって彼女に話があるという。中座から戻ったその女性に尋ねると、相手は牧師で、近隣の国から訪れている外国の牧師にプレゼントをするので、良いファイン・マットを 1 枚用立ててくれないか、という話であった。はい、考えます、と返事をしたというが、その後、あの話どうなった？と訊ねると、結局 1 枚進呈したそうだ。「では代金は？」、「まあね。きっと私のために、精一杯お祈りをしてくれるでしょうから」という皮肉交じりの返答であった。

　政府規格でないファイン・マット——材料は表皮だけの同様のものを使うが、繊維幅が 4 ミリ以上の幅広のもの——に関して、政府や WiBDI は関与しない立場であるが、こちらは恐らく、通常の儀礼交換の贈与に供されることもありうる。また、個人的なルートを使って市場で売買もありそうだ。2014 年 3 月に短期調査に訪れると、そのようなマットが少数ながら市場で1,000 から 1,500 ターラーで売られているのを見た。

5. 大ファイン・マットの経済学

　2002 年のツイラエパ首相演説の中で、ラーラガ[11]（粗悪品ファイン・マット）

10　もっとも、この祖母のところで親族内の分配がある程度行われるのかもしれない。
11　第 5 章 4 節参照。ラウ・イエもしくはラウ・ファラの葉肉をとっていないまま編んだ、

244　第 7 章　ファイン・マットの行方

の利用中止を呼びかけたというのは、現在では誰もが知っている半ば伝説的ストーリーとなっている。そのために、ラーラガは西サモア系の儀礼交換（サモア独立国、ハワイの一部、ニュージーランド、オーストラリア、などで行われる儀礼交換）では用いられなくなったという。首相は、1枚のイエ・サエの方が、千枚のラーラガより価値があると述べた。そして、エスカレートする儀礼交換の慣習を心配していた。儀礼があまりに華美になるのを防ぐ目的で、魚肉缶詰の48缶入りカートンの輸入を禁じた位である。人々は結局24缶入りカートンを2箱用意するだけだ、と笑っていたが。そして、儀礼の式次第等の伝統文化に通じた高位の称号名保持者たちからなるファレウラ・コミティ（Faleula komiti ファレウラ委員会）を形成し、現在行われているような大げさで豪奢な儀礼は、必ずしも古来のものではなく、かつて儀礼交換で贈られていたファイン・マットは上質であるが数はずっと少なかったといった講演をテレビで話してもらったりした。さらにニュージーランドのサモア人コミュニティにファレウラ・コミティを派遣して、そうした講演会を開催するといったこともしている。ラーラガを放逐して、イエ・サエで儀礼交換を行うようにして、食物なども量を減らし、こぢんまりした儀礼にして人々の負担を減らそうというのが、もともと海外で西洋流の経済学や経営学を学んだ首相の考えだったようだ。

　ラーラガは放逐されたが、数少ないイエ・サエだけが儀礼交換に残るということにはならなかった。むしろイエ・サエはほとんど登場しない。その代わりとなったのが、品質的にはラーラガと同じような大きなファイン・マットであった。ものによっては縦で4〜5メートル、横は7メートル、普通でも縦横2倍、面積で4倍、といった大きさで、あまりに大きすぎる場合、両側の人が手で持つことはできないので、棒に結びつけて広げることが必要であった。そのような大ファイン・マット、イエ・テテレ（'ie tetele）は1990年代には、移民コミュニティの各地で見られる種類のファイン・マットとなっていた。80年代の終わり頃、オークランドではファイン・マット（ラーラガに相当）が過剰に集まっていたため、聖歌隊のコンクールの賞品としてフ

　寝具マットに近いファイン・マット。

大ファイン・マット、アメリカ領サモアの称号就任式にて　1993年

ァイン・マットの10枚1組の束をあげることにしたところが、参加の数が減るほどの不人気賞品であることがわかった、という話を聞いた。その後、儀礼交換でのファイン・マットの数は以前よりは減少していったとのことである。当時はあまり気づかなかったが、1990年代の初期の移民コミュニティやアメリカ領サモアでの写真には、大ファイン・マットの姿が映し出されている。1993年、西サモアの儀礼交換を見慣れていた筆者の目には必ずしも少ない儀礼交換とは映らなかったが、ともかく大変大きなファイン・マットが交換されていたのには驚かされた。この大ファイン・マットがトーファーやスアに伴うマットとして利用され、そのあとに、10枚1束のラーラガを贈るというのが、いつものパターンとなっていた。

　ラーラガを使わなくなったサモア独立国（西サモア）では、代わりにこの大ファイン・マットが儀礼交換の中で活躍を始めた。大ファイン・マットは市場での値段も高く、ラーラガからの乗り換えは大変だったと思われるが、人々はそれを遂行した。ラーラガを捨ててしまった人々もいたが、再利用を

図る人々もいた。いくつかのラーラガを合わせて、1枚の大ファイン・マットを作る老女たちもいたらしい。そのような人がいるという噂をオークランドで耳にしている。

　イエ・テテレだけで儀礼交換を行うようになったサモアでは、トーファー（首長や牧師に捧げるファイン・マット）や重要なスア（賓客に捧げる食物セット＋ファイン・マット）などに用いるファイン・マットのためにとりわけ大きなイエ・テテレが必要となるのであった。

　人々が大ファイン・マットを利用するようになったのはなぜか、なかなか説明は難しい。人々は首相の指示があったからだと説明するが、それではなぜ首相の望むイエ・サエに転換しなかったのであろう。ラーラガを利用しなくなったのは、首相の演説があったからだという人々の説明には納得できない。恐らくラーラガはあまりに数が増えすぎたため、価値を失いつつあったということではないかと想像している。ラーラガの価値は、儀礼交換の場で、1枚10ターラーであったが、90年頃には、5ターラー程度まで下がっていた。つまり、ラーラガの終焉は、首相の指示があったとはいうものの、早晩迎えるはずだった。その切り替えがスムーズにいったのは、首相の指示と関わりがあったかもしれない。儀礼交換はある意味で、移民コミュニティと本国社会をすべて合わせたサモア世界で、本国社会がイニシアチヴをとれる局面であり、またこれが盛んになればなるほど、海外から現金を呼び込むことができるのであるから、いずれにしてもラーラガからの転換を計ることができたのは本国社会にとってはよかったといえるかもしれない。

　この大ファイン・マットであるが、大きさや目のつみ方によって値段は異なる。人々は、同じアガで数えるが、親指と中指を伸ばした20センチ強程度の長さで数えるのはイエ・サエ——日本の座り机のようなテーブルの上で編む——などの大きさであり、大ノァイン・マット——床の上で編むしかない——には、30センチ弱程度の足の長さで測る。したがって大ファイン・マットで20アガといえば、長軸6メートル、40アガといえば12メートルということになる。20アガ位が手軽であるが、これは1ヶ月〜2ヶ月程度でできる。

　ファイン・マット復興運動が始まった頃、イエ・サエがスタンダードとな

5. 大ファイン・マットの経済学　　247

る前の段階として、葉肉を除去しないが繊維を細くして編む手法が使われた
ことがあった。イエ・イニイニ（'ie iniini）と呼ばれるファイン・マットがそ
れである。政府基準のイエ・サエは大変美しいが、破れやすいという欠点が
ある。そのため政府基準のイエ・サエの繊維を用いては 12 アガ以上のもの
は作りにくい。イエ・サエの大マットが存在しない理由である。イエ・イニ
イニはしなやかではないが、目が詰んでいて、それなりに大きなサイズを作
れる。この種のものは大ファイン・マットの中でも大変評価されるものであ
り、場合によっては数千ターラーで売れるものであったが、プロの編み手で
ないとできない仕事であった。

　2011 年に、政府や WiBDI のリストには入っていないイエ・イニイニの編
み手を知るチャンスがあった。この女性は、50 代後半であろうか。サヴァ
イイ島出身で、10 年ほど前にウポル島に出てきた。サヴァイイにいたとき、
夫はタロイモ等サブシステンスの食料生産にもっぱら携わっており、彼女が
現金を稼ぐことをしていた。それはファイン・マットの生産である。市場に
行ってファイン・マットを売るということはしたことがなく、仕上がった頃
に必要としている人がやってきてトトマで現金を得る、ということでやって
きた。注文を受けてイエ・サエを作ることもあった。現金の代わりにウシ
をもらって、それを育てて売ったこともあるという。娘の高校・大学の授業
料もその稼ぎで支払いをした。娘が大学講師として教えるようになり、もう
サヴァイイ島にいることもあるまい、ということでアピアに出てきた。最初
は親戚の家に居候していたが、ローンで土地を買って、持ち家に住むように
なっている。ちなみに、頭金はファイン・マットから得た収入を充て、月々
の支払いは娘のサラリーで支払うということをしている。夫は材料の葉——
敷地内に育てている——の処理を一手に引き受けてくれているので、一緒に
暮らす姪と共にファイン・マット編みに明け暮れている。この女性は繊維が
細くても葉肉をとらない大マットの方が作りやすいという。多分、それはイ

12　そのため、しなやかな大きなファイン・マットは、繊維の葉肉をとり除いているが繊
　　維を太くしている。この種のマットも、サイズの大きさを愛でる風潮の中、政府基準
　　にあまり注意を払わない人には好まれており、結構高額で取引されている。

町の市場で、みやげものに混じって売られている大ファイン・マット　2017年

エ・サエが繊細な編み物で、気をつけないと繊維を切ってしまうということがあるからだろう。また、手の違いがはっきり出てしまうので、姪と一緒に編むというのが難しいせいもあるかもしれない。イエ・イニイニは大きなサイズとなるので、工期は3ヶ月余りと似たような数字である——彼女のイエ・サエは政府基準よりはやや大きめの繊維であった——し、値段も両方とも同じようだという。その場合、姪と一緒に気楽に作れるイエ・イニイニの方がずっといいそうだ。しかし、2014年に短期滞在した折に訪ねると、そのときは、イエ・イニイニとイエ・サエの両方を作っていて、相変わらずイエ・イニイニの方を好むが、社会の要請にしたがってイエ・サエも作らざるを得ないようであった。この女性は、市場で製品を売ったことがないという。何人かの比較的現金収入に余裕のある「顧客」が、欲しいということになり渡すと、即座に入金はないが、いずれもらえる、という商法になっている。ここまで来ると、もうトトマの域を脱している。

5. 大ファイン・マットの経済学

このようなプロで大ファイン・マットを作っている人は他にもあるかもしれないが、把握できなかった。政府高官などでかなりの現金収入があるが、編めない女性と話した限りでは、彼女のようなプロまたはセミプロの編み手を知っていて、そこからいつも入手しているように受け取れた。しかし、そのようなプロよりずっと多いのは、主婦業の合間に作っている人たちである。政府基準やその枠から外れるもの（繊維幅が3ミリを越す）もいれたイエ・サエの編み手は数多いが、特に後者のイエ・サエの編み手はそれほど熱心ではない。彼女らに訊ねると、ファレ・ララガのときにはイエ・サエを編んでいるが、家ではほとんど大ファイン・マットを編んでいるという。また、ファレ・ララガに組織化されていない編み手は多い。柱のみで壁のないサモアの建築物の中は遠目にもよく見える。村落部を車で走っていると、家の中でファイン・マットを編んでいる女性が実に多いのに気づく。その場で話を聞くと、彼女らの取り組み方はラーラガを編んでいたころとほとんど変わっていないことがわかった。すなわち、いつくるかわからない儀礼交換のために編んでおり、うまく儀礼交換なしで済めば、市場で売ったり、トトマに応じたりする。彼女らは、筆者が見つけたプロの編み手ほどの技術はもたず、ラーラガの技術で大ファイン・マットを作っているに過ぎない。先のプロの編み手のように数千ターラーもするイエ・イニイニではないので、家事の合間に作っていても1〜2ヶ月で仕上げることができ、もし売りさばいても数百ターラーにしかならないであろう。それでも労働者の年収は6,000ドル程度であるから、内職としては悪くないし、儀礼交換で伝統的義務を果たすこともできるのである。仮に8週間で800ターラーの大ファイン・マットを作って売るとして、1週間は100ターラーということになり、日銭は入ってこないが、1枚10ターラーのラーラガよりもよい収入であるといえる。とすれば、大勢の女性たちの取り組みは依然としてイエ・サエには向かわず、大マットの汎用性の高さ——伝統的義務も果たせるし、現金あるいは食物を得ることも可能なので——が選択の主たる要因であることがよく理解できる。一般の女性たちが大ファイン・マットを編んでいるのは、過去に固執しているからではなく、合理的選択によるものなのだ。

　ちなみに、今日の儀礼交換に登場するファイン・マットのほとんどは大フ

250　第7章　ファイン・マットの行方

ファイン・マットであり、イエ・サエを見ることは少ない。2011年の調査中に政府の次官まで登りつめた老人の葬式があった。1週間も続く弔問のうちに、一度パオロに紛れてパオロ交換を観察したり、ときどき様子を外から観察したりしたが、政府規格外の比較的大きなイエ・サエは出たものの、「本物」か、それに近いイエ・サエは、最後の妻のアイガのパオロへの返礼にしか登場せず、それも2枚だけであった。しかし、2014年に再訪したときには、少しずつであるがイエ・サエが増えているとの声が複数あった。ただし残念ながら儀礼交換を間近に観察する機会は得られなかった。多分、値段からして政府規格のイエ・サエではなく、それよりやや目の大きなイエ・サエであろうと想像しているし、それらの比率が少しずつ増えていくことは予想できる。

　MWCSD女性局の説明としても、現在のところ政府規格のイエ・サエはほとんど海外に送られてしまい、儀礼交換には出ないということである。ファイン・マット復興運動の担い手たちの中でも、2つの方向性があるといってよい。すなわち、現金収入確保手段としてファイン・マットの製作を振興していくか、それとも純粋にファイン・マットの文化を守ろうとするのかである。前者は、イエ・サエの購買者が海外の人に限られる現実は当面仕方ないと考えているのだろう。後者はせっかく復興運動を行ってもそれが海外に流出するばかりでは意味がないと考えている。後者は政府の関係者であり、立法によって海外にイエ・サエを持ち出すことを禁止しようと考えている。実際に、現行法によっても、良質のファイン・マット（文化財）を海外に持ち出すことは禁止されているのだが、あまり守られていない現実がある。

　よく考えてみると、後者にはこの運動の経済的部分が見えていないように私には思える。海外にイエ・サエを売らないで国内市場で売り買いをする限りでは、購買者が限られるため値下がりすることは明らかである。そうなったときに、イエ・サエを作ろうという編み手のインセンティヴは明らかに下がるのであり、それは、復興運動には大きな痛手となるだろう。現在の高値が編み手となる人々には重要である。また政府も編み手をできるだけ増やそうとあの手この手で頑張っているが（なかなか今のところ政府の思い通りに増加しているわけではなさそうであるが）[13]、これもあまりに行き過ぎるとイエ・

サエの値下がりにつながるので、そのあたりのさじ加減が微妙である。[14]

6. 結

　この章を終える前に、さまざまなファイン・マットについて、まとめておこう。

　70年代、80年代には、粗悪品のファイン・マットが横行したが、90年代になると、ファイン・マットのかつての品質をとりもどそうとする運動が始まる。やがて、繊維を細くして編むイエ・イニイニと呼ばれるファイン・マットの製作が始まった。その後、かつての繊維の作り方を再現することができるようになり、ラウ・イエを用いて葉肉をとり去り、細く繊細な繊維を作って編む「本物」指向のイエ・サエが誕生した。ここまでの事業をやり遂げたWiBDIは、スポンサーシップ・スキームという、編み手と買い手を結びつけるシステムを作り、イエ・サエの普及を目指した。その後この事業の主体を引き継いだ政府は、厳格な規格をつくり、それに沿って作られたものは大層高値で取引されるようになった。また政府は、ファレ・ララガという編み手の集会作りを奨励したり、編み手に賞金を出すことでイエ・サエの増産に弾みを付けようとした。しかし、イエ・サエの買い手の多くは、海外の移民やトンガ人で、国内にイエ・サエはあまり循環していない。またイエ・サエが余り高額であるために、人々はこれをとっておきの儀礼のために退蔵する傾向が高く、このせいでますます人の目に触れない。

　代わりに普及したのは、ラーラガと品質は変わらないが、サイズがずっと大きなファイン・マット、イエ・テテレである。これは90年代にも用いられていたが、ラーラガに取って代わるかのごとく盛んに用いられるようになった。一方、政府の奨励した厳格な基準によるイエ・サエは普及が難しいが、

13　2017年のファアレレガ・タマは300枚もの1等級イエ・サエが出展されたとのことであるが、この時には上位3名だけでなく、全員に1,000ターラーが配られたとのことであり、この間にそのような振興策がとられたということだろうか。

14　これについてはファイン・マット復興運動と女性開発政策を集中的に論じた筆者の最新論考を参照いただきたい［山本真鳥 2018］。

少し幅が広めの繊維で編んだイエ・サエはサモアの市場に出てくるようにもなり、儀礼交換の場に少しずつ登場してきている。

ファイン・マットの商品化の現況を述べたこの章で、ファイン・マットがいくらで取引されたといった詳細なデータを述べてきたが、実際にファイン・マットがそのように重視され、人々がファイン・マットを追究するのは、ファイン・マットが儀礼交換において重要な贈与財だからである。贈与財としての価値を失ったら、人々はせいぜい1枚のファイン・マットを家において、「これはね、昔サモアで珍重されていたものなんだよ。とても大切な宝だったんだ」と青少年や子ども達に語りかけるためだけの存在になるだろう。この儀礼交換を含む互酬的交換システムは、未だサモア人の海外コミュニティと本国とを結ぶ伝統的なサモア世界の中で衰えない勢いをもっている。互酬性こそが、ファイン・マットに象徴されるサモアの経済規範に基づく財のやりとりにおいて、重要性を帯びている。ほとんどのサモア人はファイン・マットの美しさを口々に褒める。しかしそれは、精緻な編み目の作り出す美のためばかりではなく、その背後にある互酬性の倫理（モラリティ）ゆえなのだ。

ファイン・マットの商品化は 19 世紀より存在していた。筆者が調査を開始した 1970 年代にも、ファイン・マットは市場で売られていた。しかしながら、ファイン・マットを売る人をサモア人は侮蔑的な目で見ていた。近年、ファイン・マットは市場でさらにオープンに売られるようになった。ファイン・マットの出来具合で賞をもらう編み手には人々の賞賛が集まり、そのおかげで作品のファイン・マットは高値で売れるようになった。しかしそれ故に、サモア固有の価値が減退していると誤解してはいけない。人々がそんなに高値のファイン・マットを買うには理由がある。彼らは儀礼でファイン・マットを贈与しなくてはならないからだ。商品化が起こる理由は、サモア人が伝統的価値を守る必要があるからである。

精緻に編まれたファイン・マットが美しくて大切であるのは、それがサモアの互酬性の価値を体現しているからである。その価値とは、贈与し合うことであり、人々と社会とをファイン・マットは結びつけてくれるのである。

付記

　本書の執筆が終了した後、2017年8月末に別なプロジェクトにてサモア
を訪れる機会を得た。MWCSDでは、イエ・サエの増産には成功して、数
多いファイン・マットが、5月の母の日に行われるMWCSD主宰のファア
レレガ・ペペの儀礼（女性たちがファイン・マットの出来映えを披露して練り歩
く）に、一番繊維の細いno.1クラスのイエ・サエには1000サモア・ドルの
報奨金を出している。同年のファアレレガ・ペペには300枚集まり、政府は
30万サモア・ドルも支払わなくてはならなかったとの話である。翌年には
賞金を下げるかもしれないらしい。増産に伴い、若干値崩れが生じている様
子である。どうやら、報奨金は現在その値下がりをカバーしているようであ
るが、政府も支えきれないところがあるかもしれない。

　しかし奇妙なことに、イエ・サエはほとんど儀礼交換には登場してこない
らしい。おそらくイエ・サエは退蔵されたり、別な使い方をされたりしてい
るのだろう。トンガ人に買われてしまう場合もあり、比較的余裕のある人々
が、将来の重要な儀礼交換のためにとっておく場合もありそうだ。海外流出
も避けられない。やはり儀礼交換で多く出回っているのは、イエ・テテレで
あった。市場では、2011年と同様に、イエ・テテレが多く売られている一方、
政府規格からは外れるが、やや編み目の大きいイエ・サエが売られていた。
どちらかというと、小さいサイズで目が細かい品質の優れたものより、大き
めのサイズのものが好まれ、そうするとあまり目の詰んだものは作れないと
いうことではなかろうか。

　政府事業としては、MWCSD内の事業の見直しが行われた結果、ファイ
ン・マットの担当は女性局から経済開発局に移された。そのため、これまで
のようなファイン・マット増産政策が維持されるものか女性局の面々は若干
危惧していた。

　一方、ファイン・マットを無形文化遺産に登録する点については、若干変
更があり、交換儀礼——儀礼交換が行われるときの贈り手と受け手の間で行
われる儀礼——を登録申請することにして、ファイン・マットそのものに関
する無形文化遺産登録を行うことは、追求しないようである。

第8章

結　論

　本書は、サモア世界——本国と移民社会を合わせてのグローバル化するサモア社会文化圏——での数々の変遷を経てなお続く、儀礼財（ファイン・マット）を巡る交換システムと社会や権力との関わりを描く民族誌の試みである。

　まず第1章「序論」において、筆者が取り組む互酬性の理論枠について明らかにした。互酬性は現在でもさまざまに大勢の研究者が取り組む魅力ある論題であるが、用語や概念には微妙な差異や混乱があり、その点をきちんと精査して議論を始めないといけない。筆者が基づくモース、サーリンズ、レヴィ゠ストロース、ポランニー等の議論を検討し、交換、互酬性、互酬性の中でも、均衡的互酬性と一般的互酬性、また再分配と互酬性の比較を主として検討した。さらに、本書の中心であるサモアのファイン・マットに関して、先行研究の検討を行い、課題を抽出した。先行研究はファイン・マットをどうとらえるかにおいて、両極端になっている。一方は、ファイン・マットの商品化の側面を強く取り上げる余り、儀礼交換におけるやりとりの側面を無視し、他方はファイン・マットの儀礼的価値にばかり注目するために、その経済的な意味を見逃している。この両方をバランスをとって見ていく必要がある。

　第2章「サモア社会の概観となりたち」では、サモア諸島、とりわけ西サモア（現在はサモア独立国）の概要を述べたのち、西サモアの称号システム——サモア全体の地縁組織がそれによって統合されていく制度——を1つと

255

りあげ、社会組織がどのように成り立っているかを記述分析した。それによって、サモア社会は系譜に依存して首長称号名間の関係付けが行われるラメージ型の社会ではなく、地縁組織の中の複雑な口頭伝承や会議の席順、カヴァ杯の順位、パラマウント首長等への関与等々に基づく格付けにより成り立つ社会であることを証明した。系譜のような一元的なルールではなく、さまざまな指標によりブリコラージュ的に補強されていたということを示したのである。このために、この社会は首長間の格付けが行われながら、それがやや不安定であるために競覇的な性格を強く持っているのである。このような社会ではかつて首長権力が再分配によって保たれた側面が存在しなかったわけではなかろうが、それに立脚していたとはいえそうもない。

　第3章「交換システムの基本構造」で論じたのは、大量の財の移動の生じる儀礼交換の分析で、これはサモア社会を解く大きな鍵となる。儀礼交換が大量に行われる儀礼は必ず、親族・姻族間のトガ財とオロア財を交換するパオロ交換（助力の財と返礼の循環）を伴い、多くのアイガをこれに参加させるようなイモヅル式の財のフローを引き起こすのである。そこでは、ほとんどが親族・姻族間での互酬的な財の交換で成り立っている。しかし過去の口頭伝承をひもとくと、サモアにも主従関係を軸とした再分配の財のフローが認められないわけではない。しかし現在、そのもともと弱かったと思われる再分配機能はほとんど見当たらないが、それを補うかの如く親族間の互酬的財の交換が盛んに行われているのは、首長称号の平準化が進行していることと無縁ではない。

　第4章「交換財の変容」は、財のカテゴリーに切り込んで、伝統的財のカテゴリーに始まり、その新しい財の取り込み方や、また財のカテゴリー内の品目の変容はない場合も、財の質が大きく変化している点などを分析している。サモア社会は歴史の進行に伴って、社会を成り立たせる上で大切な儀礼交換制度に、新しい財を取り込んだり（その品目の中には現金すらとりこまれている）、財の品質を落としたりして、微妙な対応をしてきた。まさに親族・姻族間の儀礼交換が、この社会で果たす重要な役割を示しているのであるが、それと同様に見逃せないのは、市場経済の進展とともに、現金で購入可能な財が交換に多く用いられるようになり、その結果として儀礼交換をめぐる経

256　　第8章　結　論

済関係に大きな変化をもたらしたということである。

第5章「移民と本国社会」は、いわゆる MIRAB 国家としてのサモア独立国（西サモア）が第二次大戦以後直面した移民現象を記述・分析している。戦後の出稼ぎとして始まった海外移民は、やがて環太平洋先進諸国の都市にサモア人コミュニティが成立するに伴い、定着している。本国東西両サモアの人口はあわせて 244,000（2010 年、2011 年のセンサス）ほどであるが、アンダーカウントを計算に入れずとも、既に、ニュージーランドとオーストラリア、アメリカ合衆国をあわせたサモア人人口はこれを凌駕している。サモア移民の場合、本国親族への送金が、海外移民の大きな目的とされているし、実際に多額の送金があり、本国もそれで貿易赤字を埋めているところがある。興味深いのは、そのような送金を引き出す、「持てる者は持てない者に分け与える」という一般的互酬性の経済理念が、「なにかお返しをしなくては」という本国人からの反対給付を呼び、また、逆に送金を引き出すための手段として、本国に存在するが海外では作れないもの、ファイン・マットや称号名などを海外移民に贈与する、ということが行われているということである。その結果として、市場交換とは別に、恒常的な海外からの送金、そして海外へのファイン・マットや称号名のフローが生じている。ファイン・マットはそのようにして作られるトランスナショナルなサモア世界の「通貨」として、また一般的互酬性の共同体のシンボルとしてサモア人のアイデンティティに関わるものとなっているのである。

第6章「儀礼交換と称号システム」は、第5章と時間が相前後しているが、行われていることの基本は、ほぼ同年代のものである。これは、第5章が移民を中心に書かれているのに対して、ここで扱っているのは本国の首長システム（称号システム）への影響である。称号システムについては第2章で詳述している。村落部の地縁共同体を存在の根とするサモアの親族集団が成り立っていくために、地元でさまざまな機会に儀礼交換を行わなくてはならないが、そのためには現金の出費が不可欠となってきている。土地保有集団のアイガは、その長として称号名をもった家長すなわちマタイをいただいているが、マタイは土地をどんなにうまく活用しても、儀礼交換に必要な現金を調達できず、同じアイガで都市や海外で働いて現金にアクセスできる人の協

力を仰がなくてはならない。そのようにして、都市住民や海外在住者にマタイ称号名授与が行われるようになった。今日のアイガはアイガの土地を守り、在地アイガの経営にあたるマタイと、都市や海外から現金を調達して協力するマタイとの分業でなりたっている。すなわち称号分割の動機の裏に儀礼交換があると論じている。

　第7章「ファイン・マットの行方」は1990年代半ば頃から生じたファイン・マット復興運動を詳述し、ファイン・マットの今後について考察している。ファイン・マット復興運動を始めたのは、ウイメン・イン・ビジネスというNGOであった。女性の職業や収入についてのプロジェクトを実施しているこの団体は、女性が誇りとしてきたファイン・マットの品質を取り戻すことによって、女性の誇り、しいてはサモアの誇りを取り戻す意図をもってこの運動に取り組んだのであるが、同時にファイン・マットの編み手がしかるべき現金収入を得るという道も模索している。ある段階で政府に請願を行ってから、政府も復興をサポートする事業を始めた。政府は多くの女性を巻き込み厳格な基準での超上質ファイン・マットを増産する計画をたてた。ところがそのようなファイン・マットは、もともととても手間暇のかかる品であるので、増産はなかなか難しい。また大変高価なものであるので、買い手は海外在住者が多いらしく、国内の儀礼交換に登場することはほぼない。そしていざというときのために退蔵されている事例がほとんどである。一方、首相演説により放逐された粗悪品ファイン・マットの代わりとして民間でもっぱら重用されてきたのが、粗悪品と変わらない品質の、しかしサイズが大きい大ファイン・マットであった。しかし、政府規格よりは落ちるが、かつてのものよりずっと上質で薄手のファイン・マット——政府の計画の派生で出てきた——が次第に儀礼交換の場に登場してきている。今後、この新しい政策が何をもたらすのか、注目が必要である。ただ基本的に儀礼交換はサモア社会で欠かせないものなのである。

　本書の主たる議論は、ファイン・マットという儀礼財が粗悪化、復興という運命をたどりながら、サモア社会の儀礼交換に用いられ続けてきたのであるが、その儀礼財を中心に、あわせてサモアという首長制に基づく社会の変

化を描くことに集中している。とりわけ、筆者が 1978 年に調査に入って以来の変化は、断続的な調査により目の当たりにすることができた。サモア社会とりわけ西サモア（のちにはサモア独立国）は戦後に海外への移民が急増し、その送金が社会のあり方を大きく変えたのである。

　本来存在していたサモアの首長制は、ポリネシアに一般的な再分配によってもっぱら支えられる首長制ではなく、その経済基盤はやや脆弱であり、競覇的性格をもっていた。そして、サモア社会ではそれを補うべく姻族・親族間の互酬性が重要性を帯びていた。もちろん再分配も現在よりは強く存在していた可能性はあるが、少なくとも首長称号名の格付がとりわけ 20 世紀になってから平準化すると共に、互酬的贈与交換によって支えられる儀礼交換を行って、首長称号名の名声を維持する傾向が高まったとみられる。

　その結果として盛んに行われる儀礼交換は、親族間の交換としての構造を有していた。それは、トガ（女財）とオロア（男財）の財のカテゴリー分けであり、婚姻に際して行われる花嫁方と花婿方との間の交換では前者からトガ財が、後者からはオロア財が贈られ、互いに財を取り交わす形となっていたが、儀礼交換を執り行う当事者アイガに対する姻族たちは、かつて縁組を行ったときの男方／女方の別に則して贈る財を調整していた。儀礼交換はこのように、互いに姻族となる親族集団の連帯のネットワークを広げる意味をもっていた。財のカテゴリーは、この社会に欧米から新しい財が入ってくるとそれを柔軟に取り込むことを行っていたが、そのようにして、このシステムは自らを強化する力をもっていた。しかし、この男方と女方の財の区別は、後に移民が増えてくると、移民との間で、移民は男財を、本国人は女財を送るというように変化していく。

　この国は現代の南太平洋に位置し、さしたる資源も持たない極小国家として、戦後、移民を環太平洋諸国に送り込み、そうやって移民の送金で何とか生き延びてきたのであるが、その移民の送金は本国社会の儀礼交換や首長制に大きなインパクトをもっていた。移民の送金は、この社会の古くからの規範としてある一般的互酬性の論理で、すなわち、「持てる者が持たざる者と自分のものを分け合う」という理念の下に行われた。移民は持てる者なので、持っているものを本国の親族と分け合うことは当然であった。しかし一方で、

259

一方的に財を贈られるばかりであることを好まない本国人は、反対給付とし
て本国で持っていて移民が持っていないもの、称号名とファイン・マットを
移民へと贈り、結果としてそれらは移民社会にどんどん流出したのである。
また移民から現金を引き出すために本国人が呼び水としての称号名やファイ
ン・マットを移民に贈ることも多く行われた。

　称号名とファイン・マットはそれによって大きな変更を被ることになった、
ということは本文中に論証した通りである。称号名は分割することにより、
在地マタイと不在マタイとして役割分担によって親族集団の切り盛りをする
という体制を生むこととなった。称号名の分割は止まらず、今や増殖したマ
タイ名は、実質的に家長の役割を果たしていない若者も入手するようになっ
ている。ファイン・マットは、数を増やす必要上から粗悪化に陥った。送金
の反対給付として海外向けに贈る必要があったと共に、移民から現金を引き
出す目的での贈与も行われた。両方ともそうやって増殖していき、希少価値
を減じていったのである。

　そのような移民コミュニティでのファイン・マットの意味も検討の必要が
ある。移民社会においてファイン・マットの交換はサモア人としてのアイデ
ンティティに関わるものとなった。ファイン・マットのやりとりが行われる
儀礼交換——そこではとりもなおさず現金も飛び交うのだが——に参加する
こと、故郷の儀礼交換に出席したり、送金したりすることは、大いにアイ
デンティティに関わる事項であり、これに参加しない人は、コミュニティの
周辺や圏外に位置するものとみなされる。もちろん、自ら逃げだそうとする
人々もいる。しかし、粗悪品化も大きな要因であるが、大量のファイン・マ
ットが移民社会に滞留するようになってしまった。

　本国人と移民とをあわせ、ある種共通の倫理観や文化的価値観をもち、広
く交流やコミュニケーションが行われている全体をあわせ、筆者は「サモア
世界」と呼ぶようにしている。サモア世界はグローバリゼーションにともな
って出現した。この空間が均質であるとは考えていないが、何らかの共通価
値をもっており、人々はそれに突き動かされたり、反発したりする。送金と
いう形でサモア世界の中心は支えられているが、その送金は恐らく、中心部
分の文化的伝統的ヘゲモニーと深く関わっている。もしも、移民がこぞって

260　　第8章　結　論

そうした価値にそっぽを向いたら、本国社会は没落してしまうだろう。今の
ところそのような気配はないが、未来永劫いつまでも本国のヘゲモニーが続
くとも思われない。

　おそらく、ファイン・マット復興運動は、そうした本国のヘゲモニーを維
持する力をもつことと関係している。そのような精緻なファイン・マットの
製作は、サモア外に住む人々には当面は縁がないことだろう。そのようなファ
イン・マットを賞賛し、またお金さえあれば、購入するかもしれないが。
ファイン・マット復興運動によって、しばらくは本国社会のヘゲモニーは続
くであろう。

　これらのファイン・マットの商品化の動きを見て、ファイン・マットが市
場経済の中に入ってきたので、この社会の市場経済化もどんどん進行してい
ると考える人は多いに違いない。ただ、われわれが留意しなくてはならない
のは、ファイン・マットが商品化しているといっても、なぜ大金を出して
までファイン・マットを入手したいという人がいるかということを考える必
要があるということである。それは儀礼交換に欠かせないからである。つま
り、ファイン・マットは商品としての顔も交換財としての顔も合わせ持って
いるということであり、入手経路と利用経路はコンテクストが異なるという
ことになる。それらの新しい上質ファイン・マットは、多くの場合退蔵され
て、なかなか人目に触れることが少ない。しかし、それらはここぞという場
面、親の葬式や娘の結婚式などの時に衣装ケースの中やベッドの下から取り
出されて、陽の目を見、贈与されるのである。

　クラ交換が多くの変容を受けつつも継続しているように、ファイン・マッ
トとサモアの贈与交換は簡単には廃れそうもない。

初出一覧

（すべて大幅に加筆してある。書かれていない章は書き下ろしである。）

第2章 「サモア社会の概観となりたち——地縁組織と称号システム」（「ファレ
　　　アタの地縁組織——サモア社会における称号システムの事例研究」『国立民
　　　族学博物館研究報告』第9巻1号，pp.151-189（1984）、及び、The territorial
　　　organization of Faleata: A case study of the title system in Samoa society. Iwao
　　　Ushijima and Ken'ichi Sudo eds. *Cultural Uniformity and Diversity in Micronesia.*
　　　Senri Ethnological Studies vol.21, pp.205-237)

第3章 「交換システムの基本構造——ファイン・マットと親族間の儀礼交換」（山
　　　本泰・山本真鳥『儀礼としての経済—サモア社会の贈与・権力・セクシュア
　　　リティ』pp.41-184、1996のサマリー）

第4章 「交換財の変容——市場経済への対応と新しい財の取り込み方」（「サモ
　　　アにおける交換財の変容」『文化人類学』1号，pp.126-148（1985）京都：ア
　　　カデミア出版会、及び Transformation of exchange valuables in Samoa. *Man and*
　　　Culture in Oceania 6: 205-37, 1990)

第6章 「儀礼交換と称号システム——西サモアにおける首長称号保持者間の役割
　　　分化」（「都市化の中の首長システム——西サモアにおける首長称号保持者間
　　　の役割分化」『国立民族学博物館研究報告別冊』6号，pp.301-329（1989）、及
　　　び Urbanisation of the chiefly system: Multiplication and differentiation of titles in
　　　Western Samoa. *The Journal of the Polynesian Society* 103 (2): 171-202, 1994)

文　献

アンダーソン、ベネディクト（白石隆・白石さや訳）（1987）『想像の共同体
　　――ナショナリズムの起源と流行』社会科学の冒険7、東京：リブロポート
　　（Anderson, Benedict, *Imagined Communities: Reflections on the Origin and Spread of*
　　Nationalism. London: Verso, 1983)。
アンダーソン、ベネディクト（関根政美訳）（1993）「〈遠隔地ナショナリズム〉の
　　出現」『世界』9月号，pp.179-190（Anderson, Benedict, *Long-Distance Nationalism:*
　　World Capitalism and the Rise of Identity Politics. The Wertheim Lecture 1992,
　　Amsterdam: Centre for Asian Studies Amsterdam, 1992)。
織田　竜也（2004）「対抗資本主義が生まれるとき――スペイン・カタルーニャに
　　おける地域通貨活動」『文化人類学』68（4）：487-510.
岸上　伸啓（編）（2016）『贈与論再考――人間はなぜ他者に与えるのか』京都：
　　臨川書店。
杉本　尚次（1982）『西サモアと日本人酋長――村落調査記 1965-1980』東京：古
　　今書院。
中川　理（2007）「地域通貨のリアリティ――南フランスの SEL の事例から」春
　　日直樹編『資源人類学　第5巻　貨幣と資源』東京：弘文堂，pp.261-298.
比嘉　夏子（2016）『贈与とふるまいの人類学―トンガ王国の《経済》実践』京
　　都：京都大学学術出版会。
深田　淳太郎（2006）「パプアニューギニア・トーライ社会における自生通貨と法
　　定通貨の共存の様態」『文化人類学』71（3）：391-404.
ポランニー、カール（玉野井芳郎・栗本慎一訳）（2005）『人間の経済 I――市場社
　　会の虚構性』東京：岩波書店（Polanyi, Karl (Harry W. Pearson ed.) *The Livelihood*
　　of Man. New York: Academic Press, 1977)。
馬淵　東一（1980）「オナリ神研究をめぐる回顧と展望」『成城大学民俗学研究所
　　紀要』4：1-98.

265

マリノフスキ、ブロニスワフ（増田義郎訳）（2017）『西太平洋の遠洋航海者
　　——メラネシアのニュー・ギニア諸島における、住民たちの事業と冒険の報
　　告』講談社学術文庫（Malinowski, Bronislaw, *Argonauts of the Western Pacific: An
　　Account of Native Enterprise and Adventure in the Archipelagoes of Melanesian New
　　Guinea.* London: Routledge and Kegan Paul, 1922）。

丸山　真人（2001）「地域通貨——環境調整型経済を構築するために」エントロ
　　ピー学会編『「循環型社会」を問う——生命・技術・経済』東京：藤原書店，
　　pp.199-216.

モース、マルセル（有地亨・伊藤昌司・山口俊夫訳）（1973）『社会学と文化人類
　　学 I』東京：弘文堂（Mauss, Marcel, *Sociologie et Anthropologie.* Paris: Presses
　　Universitaires de France, 1950）。

モース、マルセル（森山工訳）（2014）『贈与論　他二篇』岩波文庫（Mauss, Marcel,
　　Essai sur le don. Année Sociologique N.S. tome1, 1923-24）。

森山　工（2014）「訳者解説」マルセル・モース『贈与論　他二篇』岩波文庫，
　　pp.467-489.

レヴィ＝ストロース，クロード（有地亨・伊藤昌司・山口俊夫訳）（1973）「序
　　文」マルセル・モース『社会学と人類学 I』東京：弘文堂（Lévi-Strauss,
　　Claude, Introduction in Marcel Mauss, *Sociologie et Anthrropologie.* Paris: Presses
　　Universitaires de France, 1950）。

レヴィ＝ストロース，クロード（馬淵東一・田島節夫監訳）（1977、1978）『親族
　　の基本構造　上下』番町書房（Lévi-Strauss, Claude, *Les Structures Élémentaires
　　de la Parenté.* Paris: Presses Universitaires de France, 1949）。

藪内　芳彦（1967）『ポリネシア——家族・土地・住居』東京：大明堂。

山本　真鳥（1976）「サモアにおける伝統的政治体系——主にトンガとの比較にお
　　いて」（東京大学大学院社会学研究科に提出の修士論文、未発表）。

山本　真鳥（1984）「ファレアタの地縁組織——サモア社会における称号システム
　　の事例研究」『国立民族学博物館研究報告』98（1）：151-189.

山本　真鳥（1985）「サモアにおける交換財の変容」『文化人類学』1：126-148，京
　　都：アカデミア出版会。

山本　真鳥（1986）「サモアの家族」原ひろ子編『家族の文化誌』東京：弘文堂，
　　pp.117-134.

山本　真鳥（1989）「都市化の中の首長システム——西サモアにおける首長称号保
　　持者間の役割分化」『国立民族学博物館研究報告別冊』6：301-329.

山本　真鳥（1996）「移民社会とホームランド──サモア人の経験」青木保他編『岩波講座文化人類学　第7巻　移動の民族誌』pp.127-157，東京：岩波書店。

山本　真鳥（1998）「フィールドノート・サモア移民の「伝統的」団体旅行」『法政大学多摩論集』14：257-288.

山本　真鳥（2000）「隙間に生きる人々──あるサモア移民家族のハワイ暮らし」森廣正編『国際労働力移動のグローバル化』（法政大学比較経済研究所研究シリーズ16）pp.229-271.

山本　真鳥（2004）「ジェンダーの境界域──ポリネシア社会の男の女性（マン・ウーマン）」山本真鳥編『性と文化』東京：法政大学出版局，pp.187-219.

山本　真鳥（2008）「多様なる嗜好品の世界・カヴァ」高田公理編『嗜好品文化を学ぶ人のために』京都：世界思想社，pp.80-84.

山本　真鳥（2012）「選挙制度のグローカリゼーション──サモアの近代」須藤健一編『グローカリゼーションとオセアニアの人類学』東京：風響社，pp.123-153.

山本　真鳥（2013）「トンガ調査覚書：サモア産ファインマットを追って」『経済志林』80（3）：289-307.

山本　真鳥（2016）「イフォガ──サモア社会の謝罪儀礼」丹羽典生編『〈紛争〉の比較民族誌──グローバル化におけるオセアニアの暴力・民族対立・政治的混乱』横浜：春風社，pp.43-66.

山本　真鳥（2018）「ファイン・マット復興運動と女性の現金獲得──サモア独立国ジェンダー開発政策」『経済志林』85（4）：775-802.

山本　泰（1987）「『間人社会』の比較社会学」見田宗介・宮島喬編『文化と現代社会』東京：東京大学出版会，pp.291-324.

山本泰・山本真鳥（1981）「消費の禁止／性の禁止（1）──サモア社会における交換システムの構造」『東京大学新聞研究所紀要』29：67-186.

山本泰・山本真鳥（1982）「消費の禁止／性の禁止（2）──サモア社会における交換システムの構造」『東京大学新聞研究所紀要』30：81-161.

山本泰・山本真鳥（1996）『儀礼としての経済──サモア社会の贈与・権力・セクシュアリティ』東京：弘文堂。

吉岡政徳（2018）『豚を殺して偉くなる──メラネシアの階梯制社会におけるリーダーへの道』東京：風響社。

Ablon, Joan (1970) The Samoan funeral in urban America. *Ethnology* 9(3): 209-227.

Addo, Ping-Ann & Niko Besnier (2008) When gifts become commodities: Pawnshops, valuables, and shame in Tonga and the Tongan diaspora. *Journal of the Royal Anthropological Institute* 14(1): 39-59.

Ahlburg, Dennis A. (1991) *Remittances and Their Impact: A Study of Tonga and Western Samoa*. Canberra: National Centre for Development Studies, ANU.

Akin, David (1999) Cash and shell money in Kwaio, Solomon Islands. In David Akin and Joel Robbins eds. *Money and Modernity: State and Local Currencies in Melanesia*. Pittsburg: University of Pittsburg Press.

Ala'ilima, Fay C. & Vaiao Ala'ilima (1966) Consensus and plurality in a Western Samoan election campaign. *Human Organization* 49:240-255.

American Samoa Government, Economic Development and Planning Office (1988) *American Samoa Statistical Digest 1988*. Pago Pago: American Samoa Government, Economic Development and Planning Office.

American Samoa Government, Economic Development and Planning Office (1991) *American Samoa Statistical Digest 1991*. Pago Pago: American Samoa Government, Economic Development and Planning Office.

American Samoa Government, Department of Commerce, Statistical Division (2014) *American Samoa Statistical Yearbook 2014*. Pago Pago: American Samoa Government, Economic Development and Planning Office.

Appadurai, Arjun (1986) Commodities and the politics of value. In A. Appadurai ed. *The Social Life of Things: Commodities in Cultural Perspective*. Cambridge: Cambridge University Press, pp.1-11.

Barringer, H., R.W. Gardner & M.J. Levin (1993) *Asian and Pacific Islanders in the United States*. New York: Russell Sage Foundation.

Barth, Fredrik (1969) Introduction. In Fredrik Barth ed. *Ethnic Groups and Boundaries: The Social Organization of Culture Difference*. Boston: Little Brown and Company, pp. 9-38.

Congregation Christian Church of Samoa (1978) *O le Tusi Fa'alupega o Samoa.* Apia: Malua Printing Press (First Edition in 1940s).

Davidson, James W. (1967) *Samoa mo Samoa*. Melbourne: Oxford University Press.

Douglas, Norman & Ngaire Douglas eds. (1994) *Pacific Islands Yearbook*. 17th Edition, Suva: Fiji Times.

Franco, Robert W. (1987) *Samoans in Hawaii: A Demographic Profile*. Honolulu: The East West Center.

Freeman, J. Derek (1964) Some observation and kinship and political authority in Samoa. *American Anthropologist* 66: 553-568.

Freeman, Derek (1983) *Margaret Mead and Samoa: The Making and Unmaking of an Anthropological Myth*. Cambridge, MS: Harvard University Press.

Fuimaono, Paepaelemuliaga Rosalia Me (2008) *Fa'avagagaina Faiva Alofi Lima o Tama'ita'i Samoa*.

Gifford, Edward Winslow (1971) *Tongan Society*. New York: Kraus Reprint (originally published by Honolulu: Bernice P. Bishop Museum, Bulletin 61, 1929).

Godelier, Maurice (translated by Nora Scott) (1999) *Enigma of the Gift*. Chicago: University of Chicago Press.

Government of Samoa, Samoa Bureau of Statistics (2013) *Statistical Abstract 2014*. Apia: Samoa Bureau of Statistics.

Grattan, F.J.H. (1985) *An Introduction to Samoan Custom*. Papakura, NZ: R. McMillan. (first published in 1948).

Handy, E.S.C. & W.C. Handy (1924) *Samoan Housebuilding, Cooking and Tattooing*. Bulletin 15, Honolulu: Bernice P. Bishop Museum.

Henry, Fred (1979) *History of Samoa*. Apia: Commercial Printers Ltd.

Hiroa, Te Rangi (1971) *Samoan Material Culture*. Bernice P. Bishop Museum Bulletin 75. New York: Kraus Reprint Co (reprint of 1930 edition, published by Honolulu: Bernice P. Bishop Museum).

Kaeppler, Adrienne (1978) Exchange patterns in goods and spouses. *Mankind* 11: 246-52.

Keesing, Felix M. (1934) *Modern Samoa: Its Government and Changing Life*. London: Allen and Unwin.

Keesing, Felix M & Marie M. Keesing (1956) *Elite Communication in Samoa: A Study of Leadership*. Stanford: Stanford University Press.

Kopytoff, Igor (1986) The cultural biography of things: Commoditization as process. In A.Appaduirai ed. *The Social Life of Things: Commodities in Cultural Perspective*. Cambridge: Cambridge University Press, pp.64-91.

Krämer, Augustin F. (translated by Theodore Verhaaren) (1994) *The Samoa Islands*. vol.1, Constitution, Pedigree and Traditions; Vol.2, Ethnography, Honolulu: University of Hawai'i Press (*Die Samoa-Inseln: Entwurf einer Monographie mit be-sonderer Berücksichtigung Deutsch-Samoas*. Band.1(1902), Band II (1903), Stuttgart: Schweizerbartsche Verlag).

文 献 269

Linnekin, Jocelyn (1991) Fine mats and money: Contending exchange paradigms in colonial Samoa. *Anthropological Quarterly* 64: 1-13.

Macpherson, Cluny (1991) I don't go there so often now: Changing patterns of commitment to island home-lands among some migrants and their children. Paper presented at Seventeenth Pacific Science Congress, Honolulu, 27 May to 2 June.

Macpherson, Cluny (1992) Economic and political restructuring and the sustainability of migrant remittances: The case of Western Samoa. *The Contemporary Pacific* 4(1): 109-135.

Marcus, George (1980) *The Nobility and Chiefly Tradition in the Modern Kingdom of Tonga*. The Polynesian Society, Memoir, no.42, Auckland: The Polynesian Society.

Marsack, C. C. (1961) *Notes on the Practice of the Court and the Principles Adopted in the Hearing of Cases Affecting (1) Samoan matai Titles and (2) Land Held According to Customs and Usages of Western Samoa*. (revised edit.) Apia: Government Printer.

Mead, Margaret (1943) *Coming of Age in Samoa*. Harmondsworth, Middlesex: Penguin Books (first published in 1928).

Mead, Margaret (1969) *The Social Organization of Manua*. Bernice P. Bishop Museum Bulletin 76. Honolulu: Bernice P. Bishop Museum (first published in 1930).

Meleiseā, Malama (1987) *The Making of Modern Samoa*. Suva: Institute of Pacific Studies, University of the South Pacific.

Meleiseā, Malama (1995) "To whom gods and men crowded": Chieftainship and hierarchy in ancient Samoa, In Judith Huntsman ed. *Tonga and Samoa: Images of Gender and Polity*. Christchurch: MacMillan Brown Centre for Pacific Studies, pp.19-36.

Milner, G.B. (1966) *Samoan Dictionary Samoan-English / English-Samoan*. London: Oxford University Press.

New Zealand Department of Statistics (1988) *Birthplaces and Ethnic Origin*. New Zealand Census of Population and Dwellings, Series C, Report 6. Wellington: Department of Statistics.

New Zealand Department of Statistics (1992) *Pacific Island Population and Dwellings, 1991 Census of Population and Dwellings*. Wellington: New Zealand Department of Statistics.

New Zealand Department of Statistics (2002) *Pacific Progress: A Report on the Economic Status of Pacific Peoples in New Zealand*. Wellington: New Zealand Department of Statistics.

New Zealand Department of Statistics (n.d.) Demographics of New Zealand's Pacific Population (http://www.stats.govt.nz/browse_for_stats/people_and_communities/ pacific_peoples/pacific-progress-demography/population-growth.aspx)(2016/9/3)

New Zealand Government (1973) *Official Yearbook*. Wellington: Department of Statistics.

New Zealand Government (1985) *Official Yearbook*. Wellington: Department of Statistics.

O'Meara, J. Timothy (1990) *Samoan Planters: Traditions and Economic Development in Polynesia*. New York: Holt, Rinehart & Winston.

Orans, Martin (1997) Fine mats: Funny money and femininity. (manuscript)

Pitt, David (1970) *Tradition and Economic Progress in Samoa*. Oxford: Clarendon Press.

Pitt, David & Cluny Macpherson (1974) *Emerging Pluralism: The Samoan Community in New Zealand*. Auckland: Longman Paul.

Pouillon, Jean et Pierre Maranda eds. (1970) *Échanges et Communications: Mélanges Offerts à Claude Lévi-Strauss à l'Occasion de son 60ème Anniversaire*. The Hague, Paris: Mouton.

Powles, Charles Guy (1979) The persistence of chiefly power and its implications for law and political organisation in western Polynesia. Unpublished Ph.D. thesis, Australian National University.

Sahlins, Marshall (1958) *Social Stratification in Polynesia*. Seattle: University of Washington Press.

Sahlins, Marshall (1963) Poor man, rich man, big-man, chief: Political types in Melanesia and Polynesia. *Comparative Study in Society and History* 5(3): 285-303.

Sahlins, Marshall (1972) *Stone Age Economics*. London: Tavistock.

Samoa Bureau of Statistics (n.d.) Population and Housing of the Independent State of Samoa. (http://redatam.sbs.gov.ws/cgibin/RpWebEngine.exe/PortalAction?&MODE= MAIN&BASE=MYAPP2011&MAIN=WebServerMain.inl 20/6/2017)

Samoa Bureau of Statistics (2017) *2016 Census Brief no.1*. Apia: Samoa Bureau of Statistics.

Samoa Central Bank (1999, 2004) *Bulletin* XIV (1), XIX (1). Apia: Central Bank.

Samoa Central Bank Exchange rates. (http://www.cbs.gov.ws/index.php/statistics/exchange-rates/daily-exchange-rates/ 22/6/2017)

Samoa Observer (1990) Letter to the Editor, Friday 20th July, 1990.

Samoa Times, 1988. 19th Feb.

Schoeffel, Penelope (1999) Samoan exchange and 'fine mats': An historical reconsideration. *The Journal of the Polynesian Society* 108(2): 117-148.

Schültz, E. (1911) The most important principles of Samoan family law, and the laws of inheritance. *The Journal of the Polynesian Society* 20:43-53.

Shore, Bradd (1976) Incest prohibitions and the logic of power in Samoa, *The Journal of the Polynesian Society* 85(2): 275-298.

Stair, John B. (1983) *Old Samoa: Or Flotsam and Jetsam from the Pacific Ocean*. Papakura: Macmillan (reprint of 1897 publication by London : Religious Tract Society).

Strathern, Andrew (1971) *The Rope of Moka: Big-men and Ceremonial Exchange in Mount Hagen, Papua New Guinea*. Cambridge: Cambridge University Press.

Stuebel, J.B. (1897) *Samoanische Text*. Berlin: Geographische Verlagshandlung Dietrich Reimer.

Suttles, Wayne (1991) Streams of property, armor of wealth: The traditional Kwakiutl potlatch. In Aldona Jonaitis ed. *Chiefly Feasts: The Enduring Kwakiutl Potlatch*. Seattle: University of Washington Press.

Tafuna'i, Adimaimalaga (2006) *E a le inailau a tamaitai*: The women's row of thatch was completed. In Arlene Griffen ed. *Lalanga Pasiika, Weaving the Pacific: Stories of Empowerment from the South Pacific*. Suva: Pacific Studies Programme, PIAS-DG, USP and the Commonwealth Foundation, pp.103-163.

Tauafiafi, Lealaiauloto Aigaletaulealea (2015) Pacific Immigration Quota opens but NZ's "mean-spirited" immigration policies remain. *Pacific Guardians* (http:// pacificguardians.org/blog/2015/03/22/pacific-immigration-quota-opens-but-nzs-mean-spirited-immigration-policies-remain/.html) (2016/9/2).

Tcherkézoff, Serge (1997) Le mana, le fait "total" et L'"esprit" dans la chose donnée: Marcel Mauss, les 'cadeaux à Samoa' et la method comparative en Polynésie. *Anthropologie et Sociétés* 21(2-3): 193-223.

Tiffany, Sharon (1975a) Entrepreneurship and political participation in Western Samoa: A case study. *Oceania* 46:85-106.

Tiffany, Sharon (1975b) Giving and receiving: Participation in chiefly redistribution activities in Samoa. *Ethnology* 14: 267-286.

Tiffany, Sharon W. & Walter W. Tiffany (1978) Option, cognatic descent and redistributions in Samoa. *Ethnology* 17: 367-390.

Tiffany, Walter W. (1975) High Court Adjudication of Chiefly Title Succession Disputes in American Samoa. *The Journal of the Polynesian Society* 84: 67-92.

Turner, George (1984) *Samoa: A Hundred Years Ago and Long Before*. Suva: Institute of

Pacific Studies, USP (reprint of 1884 publication by London: Macmillan).

Turner, George (1986) *Samoa: Nineteen Years in Polynesia*. Apia: Commercial Printers Ltd (reprint of the Samoan part of *Nineteen Years in Polynesia* in 1861 by London: J. Snow).

U.S. Department of Commerce, Bureau of Census (1993) *We the Americans: Pacific Islanders*. Washington DC: U.S. Department of Commerce.

U.S. Department of Commerce, Bureau of Census (2012) *The Native Hawaiian and Other Pacific Islander Population: 2010*. Washington DC: U.S. Department of Commerce.

Weiner, Annette B. (1992) *Inalienable Possessions: The Paradox of Keeping-while-giving*. Berkeley: University of California Press.

Western Samoa Government, Department of Economic Development (1975) *Third Five Year Development Plan 1975-1979*. Apia: Department of Economic Development.

Western Samoa Government, Department of Economic Development (1984) *Western Samoa's Fifth development Plan 1985-1987*. Apia: Department of Economic Development.

Western Samoa Government, Department of Statistics (1967) *Statistical Yearbook*. Apia: Department of Statistics.

Western Samoa Government, Department of Statistics (1978, 1980, 1982, 1989, 1990) *Annual Statistical Abstract*. Apia: Department of Statistics.

Western Samoa Government, Department of Statistics (1983) *Report of the Census of Population and Housing 1981*. Apia: Western Samoa Government.

Western Samoa Parliament (1979) *Parliamentary Paper 1979, No.13*. Apia: Legislative Department.

Whistler, W. Arthur (2004) *Rainforest Trees of Samoa: A Guide to the Common Lowland and Foothill Forest Trees of the Samoan Archipelago*, Honolulu: Isle Botanica.

Women in Business Development Inc. Official Site (http://www.womeninbusiness.ws/) (2016/9/7).

Yamamoto, Matori (1987) Territorial organization of Faleata: A case study of the title system in Samoan society, In I. Ushijima & K. Sudo eds. *Cultural Uniformity and Diversity in Micronesia*. Senri Ethnological Studies 21. Osaka: National Museum of Ethnology, pp.205-37.

Yamamoto, Matori (1990) Transformation of exchange valuables in Samoa. *Man and Culture in Oceania* 6:81-98.

Yamamoto, Matori (1994) Urbanisation of the chiefly system: Multiplication and role differentiation of titles in Western Samoa. *The Journal of the Polynesian Society* 103(2): 171-202.

Yamamoto, Matori (1997) Samoan diaspora and ceremonial exchange. In Ken'ichi Sudo & Shuji Yoshida eds. *Contemporary Migration in Oceania: Diaspora and Network.* JCAS Symposium Series 3, pp.65-76.

Yamamoto, Matori (2001) The meaning of the Samoan way of life in the United States. *Journal of International Economic Studies* 15: 53-64.

Yamamoto, Matori (2011) Nationalism in Microstates: Realpolitik in the two Samoas, *Keizai Shirin (The Hosei University Economic Review)* 78(3): 283-299.

現地語グロッサリー

カタカナ	現地語	意味
アイガ	'āiga	親族集団。複合世帯（pui'āiga）から、村をベースとした複数の複合世帯からなるアウアイガ（'au'āiga）や、全国にまたがる名家までアイガとよばれるが、本書では断りがない限りアウアイガを指す
アヴァ	'ava	カヴァ。Piper methysticum を乾燥させたもの、儀礼的に飲用する。ポリネシア各地に存在
アウアイガ	'au'āiga	村をベースとした複数の複合世帯からなる親族集団
アウアラ	'āuala	ラギ（高位首長とその妻の葬式）に出るツラファレの弔問の葬列
アウアルマ	aualuma	伝統的な村の女性組織
アツア	atua	神
アファカシ	afakasi	欧米系ハーフ
アリイ	ali'i	首長
アリイ・シリ	ali'i sili	最高位アリイ、高位アリイ
イエ・イニイニ	'ie iniini	葉肉を取らぬまま細編みにしたファイン・マット
イエ・サエ	'ie sae	政府基準のファイン・マット
イエ・サモア	'ie Sāmoa	政府の定めた新しいファイン・マットの呼称
イエ・テテレ	'ie tetele	大ファイン・マット（品質は粗悪品と同じ）
イエ・トガ	'ie tōga	ファイン・マット。細編みゴザ
イエ・パラギ	'ie Pālagi	白人の布、すなわち生地のこと
イツー・パエパエ	itū paepae	アイガの分枝、アイガとしての主権をもつ

275

イツーマーロー	*itūmālō*	地方。国の下位区分
イナチ	*inati*	取り分。財の集積から受ける分配
イフォガ	*ifoga*	謝罪儀礼
ウムサーガ	*umusāga*	家の落成式
オロア	*'oloa*	男財。男性の作るもの。ブタ、タロイモ、武器、道具類、コーンビーフや魚肉缶詰。現金もこのカテゴリーに入ると考えられる
サオファイ	*saofa'i*	称号就任式
サオファガ	*saofaga*	儀礼交換に際して当事者アイガが決める各世帯毎の財の供出量
シアポ	*siapo*	樹皮布
シイ	*si'i*	パオロが儀礼交換に持ち寄る財
スア	*sua*	来客に捧げる食物セットとファイン・マットやタパとの組み合わせ、またはマタイに捧げる食事
タウツア	*tautua*	マタイ、アイガ、地縁組織等に奉仕すること
タウプレガ	*tāupulega*	称号名の継承ラインから遠い人々
タウポウ	*tāupou*	最高位アリイの娘格の称号
タオンガ	*taonga*	マオリ語で貴重財の意。*hau* という霊力が込められていて、返礼を促すという
タファイファー	*tafa'ifā*	由緒ある特定の4つの称号を手に入れた人がなれるサモア王の地位
タマアイガ	*tama'āiga*	四大称号名で、Malietoa, Tuimaleali'ifano, Tupua Tamasese, Mata'afa。パラマウント首長
タマタネ	*tamatāne*	親族集団内の男性の子孫
タマファフィネ	*tamafafine*	親族集団内の女性の子孫
ターラー	*tālā*	サモア独立国（西サモア）の貨幣単位。サモア・ドル
タリア	*talia*	儀礼交換の際に主人側で交渉を行うツラファレ
タリ・トガ	*tali tōga*	当事者アイガを代表して、財のやりとりの采配を行うツラファレの役割
ツペ	*tupe*	貨幣

ツムア	tumua	ウポル島のアアナ地方とアツア地方の首村。具体的にはそれぞれに、レウルモエガ村とルフィルフィ村
ツラファレ	tulāfale	英語では orator または talking chief と呼ばれる。儀礼の際に演説をするのが主たる仕事とされるが、他にも、食物等の分配も行う。かつては、ali'i の縁組も行った
テウガ	teuga	パオロの持ち込むシイに対する返礼
トガ	tōga	女財。女性の作るもの
トトマ	totoma	親族、知り合い等にファイン・マットをねだること。相手がくれたときには、お礼としてお金を払ったり、儀礼交換で入手した食料などで返礼する
トーファー	tōfā	首長に献ずるファイン・マット
ヌウ	nu'u	村
パオノ	paono	パンダナスの一種。葉を編んで床用マットを作る
パオロ	paolo	姻族間で財の交換を行う際の相手方
パセセ	pāsese	足代、交通費
ピトヌウ	pitonu'u	小村。村の中の区分
ファアイポイポガ	fa'aipoipoga	結婚式
ファアイロア	fa'ailoa	結婚の追認式
ファアウルファレガ	fa'aulufalega	教会落成式
ファアサモア	fa'aSāmoa	サモアの習慣
ファアタウ	fa'atau	公的場面で、演説する役目を誰がすべきか行う議論
ファアファフィネ	fa'afāfine	男性トランスジェンダー
ファアラベラベ	fa'alavelave	儀礼交換。とりわけ親族・姻族が巻き込まれる場面に対しこの語が用いられる
ファアルペガ	fa'alupega	地縁組織に対する公式の呼びかけ。地縁組織毎に定式化されている
ファアルマガ	fa'alumaga	お土産の食物
ファアレレガ・ペペ	fa'alelega-pepe	ファイン・マットが完成したときに行うディ

現地語グロッサリー　277

		スプレイ。マットを広げもち、村を練り歩く
ファイアヴァー	faiavā	アイガの女性メンバーの夫、婿
フアイファレ	fuaifale	アイガの分枝、イツー・パエパエほどの独立性をもたない
ファイプレ	faipule	国会議員
ファレ・ララガ	fale lalaga	女性たちが集まって編み物を行う場所
プイアイガ	pui'āiga	世帯
フィリフィリガ	filifiliga	称号名の継承ラインに近い人々
フェアガイガ	feagaiga	兄弟からみた姉妹。敬意を払うべき存在
フォノ	fono	地縁合議体
プレ	pule	権力
プレヌウ	pulenu'u	村長
マーヴァエガ	māvaega	マタイが死ぬ前に遺言として伝える称号名継承者指名
マタイ	matai	称号名保持者。称号名を保持する世帯の長
マタイ・パロタ	matai palota	選挙のために称号を授けられたマタイ
マナイア	mānaia	高位首長の跡取り称号
マラガ	malaga	旅行。伝統的マラガは、村同士の交流を旨とした互酬的慣習で、受け入れ方が訪問者を歓待する
マーロー	mālō	国。政府
モノタガ	monotaga	フォノ全体に食事を振る舞うことで、異なる村で得た称号名をそのフォノで有効にしてもらうこと
ラーラガ	lālaga	粗悪品ファイン・マットの蔑称
ラウ・イエ	lau 'ie	パンダナスの種類。ファイン・マットの材料
ラウ・ファラ	lau fala	パンダナスの種類。寝具マットの材料
ラウガ	lauga	演説
ラウムア	laumua	ウポル島ツアマサガの首村。具体的にはアフェガ村とマリエ村
ラギ	lagi	高位首長とその妻の葬式
ラフォ	lafo	ツラファレに与えるファイン・マットまたは現金

索　引

女財　　→トガ財

ア行

アアナ（地方）　40,54
アイガ　35,86,103,153,191~201
アイツ　75
アウアイガ　90,101,154
アウアラ　107
アウアルマ　117
アツア（地方）　40,75
アフェガ（村）　202
アメリカ領サモア　34
アラタウア　61
アリイ　20,36,60~69,105~107,117
イエ・パラギ（白人のイエ）　146
石蒸し　87
イツアウ　61
一般的互酬性　12,13,177~189
イツーマーロー　41
ウム　133
演説　36,52,103
オランズ（M. Orans）　22
オロア財（男財）　5,84,126,137,146,
　174,220

カ行

カヴァ儀礼　103
忌避　127
牛肉の塩漬の樽詰　138
教会の落成式　111
儀礼交換（ファアラベラベ）　1
銀行ローン　140
結婚式　85
結婚の追認式　85
高位アリイ　116~119
互酬性　6~8,11~17,178,183,253
コーンビーフの缶詰　138

サ行

最高位アリイ　42,53,60,117
再分配　13,116
サヴァリ　56
サオファガ　112
魚の缶詰のカートン　138
サモア式　86

279

サモア諸島　34
サモア独立国　33
サーリンズ（M. Sahlins）　8,11~13,24
シイ（持ち寄り財）　92,100,127,141
シェッフェル（P. Schoeffel）　22~26
首長制　14,24,33,193
樹皮布　84,88,123,128,137
称号システム　35
称号就任式　86
称号分割（title split）　181
称号分裂（title split）　42
称号名　35
称号名保持者　36
譲渡できない所有物　8~10,98
寝具マット（ファラ・リリイ）　131
スア　88,141
杉本尚次　209
ストラザーン（A. Strathern）　19
世帯　90
送金　155
贈与　6
村長　103

タ行

タウツア　197,200
タオンガ　6,9,23
タウポウ　23,50
タマアアイガ，タマアイガ　24,107,
　120
地縁合議体（フォノ）　38,47,52~55
地方　41
ツアマサガ（地方）　40

ツイアアナ　65,119
ツイアツア　119
ツペ　135
ツムア　62
ツラファレ　20,36,69,73
テウガ（返礼）　92,100,127
当事者アイガ　90~94,100,103
トガ財　4,84,126,146,174,220
土地称号裁判所　196,199,201,206
トトマ　136,188
トーファー　86,141,148

ナ行

西サモア　34

ハ行

パオロ　86,98,115
白人式　86
パパ　131
パラマウント首長　33,69,89,107
パンダナス　131
比嘉夏子　183
ファアイポイポガ　85
ファアオソ　90
ファアタウ　52
ファアルペガ　37~39
ファアレレガ・ペペ　134
ファイン・マット　1,18~26,84,128~
　137
ファレアタ（地方）　38~46
ファレ・オロア　138

280　索引

ファレ・ララガ　117,234,238

プイアイガ　90

フェアガイガ　127

フェソアソアニ　92

フォノ（地縁合議体）　38,47~55,
191~193

不在マタイ　205~209

フリーマン（D. Freeman）　23,81

返礼　6~8,11,92,101,145

奉仕　→タウツア

ポランニー（K. Polanyi）　13~15

ポリネシア　34

マ行

マタイ（家長）　36

マタイ・システム　24,193~202

マラガ　21,178

マリウ（葬式）　105

マリエ　202

ミード（M. Mead）　81,98,128,198

モース（M. Mauss）　4~8

持ち寄り　→シイ

森山工　6

ヤ行

吉岡政徳　17

ラ行

ラウ・イエ　1,128,131~133,176

ラウ・ファラ　1,131,176

ラギ（葬式）　105

落成式　110

ラフォ　87~89,141,148,149

ラーラガ　18,27,234,244~247

リネキン（J. Linnekin）　19~21

ルフィルフィ（村）　202

レヴィ＝ストロース（C. Lévi-Strauss）
6~8,124

レウルモエガ（村）　202

ワ行

ワイナー（A. Weiner）　8~10,98,241

アルファベット

MWCSD（Ministry of Women, Community
and Social Development）　234

WiBDI（Women in Business Foundation,
Women in Business Development Inc.）
230

山本真鳥（やまもと　まとり）

1950年生まれ、文化人類学専攻。1981年東京大学大学院社会学研究科博士課程単位取得退学。法政大学経済学部助教授を経て、1990年より同教授。カリフォルニア大学客員研究員（1990-92年）、ハワイ大学及びイーストウェストセンター客員研究員（2011-12年）、文学博士（総合研究大学院大学）

著書に『儀礼としての経済—サモア社会の贈与・権力・セクシュアリティ』弘文堂（1996年、山本泰と共著）、『人間と土地—現代土地問題への歴史的接近』有志舎（2012年、小谷汪之・藤田進と共著）、編著に『オセアニア史』山川出版社（2000年）、『性と文化』法政大学出版局（2004年）、*Art and Identity in the Pacific: Festival of Pacific Arts.* 国立民族学博物館地域研究企画交流センター（2006年）、『ハワイを知るための60章』明石書店（2013年、山田亨と共編著）など

グローバル化する互酬性—拡大するサモア世界と首長制—

2018（平成30）年10月1日　初版1刷発行

著　者　山　本　真　鳥

発行者　鯉　渕　友　南

発行所　㍿　弘　文　堂　　101-0062　東京都千代田区神田駿河台1の7
　　　　　　　　　　　　　　　TEL 03(3294)4801　　振替 00120-6-53909
　　　　　　　　　　　　　　　http://www.koubundou.co.jp

装　丁　松　村　大　輔
組　版　堀　江　制　作
印　刷　大　盛　印　刷
製　本　牧　製　本　印　刷

©2018　Matori Yamamoto. Printed in Japan.

JCOPY ＜(社)出版者著作権管理機構 委託出版物＞
本書の無断複写は著作権法上での例外を除き禁じられています。複写される場合は、そのつど事前に、(社)出版者著作権管理機構（電話 03-3513-6969、FAX 03-3513-6979、e-mail: info@jcopy.or.jp）の許諾を得てください。
また本書を代行業者等の第三者に依頼してスキャンやデジタル化することは、たとえ個人や家庭内での利用であっても一切認められておりません。

ISBN 978-4-335-56137-5